Roland Büchner
Heinz Cornel
Stefan Fischer

Gewaltprävention und soziale Kompetenzen in der Schule

Verlag W. Kohlhammer

Dieses Werk einschließlich aller seiner Teile ist urheberrechtlich geschützt. Jede Verwendung außerhalb der engen Grenzen des Urheberrechts ist ohne Zustimmung des Verlags unzulässig und strafbar. Das gilt insbesondere für Vervielfältigungen, Übersetzungen, Mikroverfilmungen und für die Einspeicherung und Verarbeitung in elektronischen Systemen.

1. Auflage 2018

Alle Rechte vorbehalten
© W. Kohlhammer GmbH, Stuttgart
Gesamtherstellung: W. Kohlhammer GmbH, Stuttgart

Print:
ISBN 978-3-17-032711-5

E-Book-Formate:
pdf: ISBN 978-3-17-032712-2
epub: ISBN 978-3-17-032713-9
mobi: ISBN 978-3-17-032714-6

Für den Inhalt abgedruckter oder verlinkter Websites ist ausschließlich der jeweilige Betreiber verantwortlich. Die W. Kohlhammer GmbH hat keinen Einfluss auf die verknüpften Seiten und übernimmt hierfür keinerlei Haftung.

Inhaltsverzeichnis

1	Einleitung oder zum Anlass dieses Buches	9
2	Vermittlung von sozialen Kompetenzen und Gewaltprävention als Aufgaben in der Schule	12
	2.1 Kinder und Jugendliche mit Problemen, die Probleme in pädagogischen Institutionen verursachen	14
	2.2 Strafen und Ausgrenzung als Reaktion auf unerwünschtes bzw. abweichendes Verhalten	19
	2.3 Professionelle Kompetenzen, um handlungsfähig zu bleiben	29
	2.4 Umgang mit Scham und Beschämung in der Schule	32
	2.5 Ziele einer Neuorientierung in der Schule	34
	2.6 Methoden und Methodenbausteine zur Vermittlung von sozialen Kompetenzen und Gewaltprävention	36
3	Trainingsraum-Methode – ein Programm zur Stärkung der Eigenverantwortung	39
	3.1 Ausgangslage	39
	3.2 Konzeption	43
	3.3 Voraussetzungen und Umsetzung des Programms	45
	3.3.1 Aufstellung und wertschätzende Anwendung von Regeln	46
	3.3.2 Wie reagieren Lehrkräfte auf Regelverstöße?	49
	3.3.3 Sozialer Trainingsraum	50
	3.3.4 Zusammenarbeit und Beratungsgespräche mit Eltern	52
	3.3.5 Grenzen des Trainingsraumkonzepts	54
	3.4 Schritte der Implementierung	55
	3.5 Beispiele, Übungen und Arbeitsmaterialien	58
4	Konfrontatives Sozial-Kompetenz-Training	65
	4.1 Braucht Pädagogik Konfrontation und wie kann diese gerechtfertigt werden?	65
	4.2 Ausgangssituation in Hinblick auf den Bedarf des Sozial-Kompetenz-Trainings	70

	4.3	Konzeption des Konfrontativen Sozial-Kompetenz-Trainings	72
		4.3.1 Theoretische und praktische Grundlagen	72
		4.3.2 Methodenaufbau und Durchführung...............	73
	4.4	Voraussetzung und Umsetzung	74
		4.4.1 Rahmenbedingungen, Grundsätze und fachliche Prinzipien......................................	74
		4.4.2 Verhalten als PädagogIn/TrainerIn – Welche Haltung ist förderlich?..	75
		4.4.3 Methodenbausteine	77
		4.4.4 Aufbau einer KSK-Trainingssitzung	79
		4.4.5 Auswertung und Transfer	80
		4.4.6 Mögliche Themen und Trainingsmodule	80
		4.4.7 Wirkungs- und Erfolgskontrolle	81
		4.4.8 Vorteile und Chancen................................	82
	4.5	Schritte der Implementierung	82
	4.6	Beispiele, Übungen, Arbeitsmaterialien	86
	4.7	Weitere Interventionsmöglichkeiten	91
5	**Mediation und Streitschlichtung**		**94**
	5.1	Was ist Mediation?	94
	5.2	Welche Bedeutung kommt konfrontierenden Haltungs- und Handlungsaspekten in der Mediation zu?	95
		5.2.1 Freiwilligkeit..	95
		5.2.2 Neutralität und Allparteilichkeit	96
		5.2.3 Schweigepflicht	97
	5.3	Konzeption der Mediation	98
		5.3.1 Vorphase und Vorbereitung.........................	99
		5.3.2 Mediationsgespräch	99
		5.3.3 Wichtigste Methoden der Mediation	101
		5.3.4 Möglichkeiten und Grenzen der Mediation	103
	5.4	Voraussetzungen und Umsetzung	104
	5.5	Streitschlichtung	106
		5.5.1 Ablauf der Streitschlichtung	108
		5.5.2 Voraussetzungen und Umsetzung	108
	5.6	Beispiele, Übungen und Arbeitsmaterialien	110
6	**Neue Autorität und gewaltloser Widerstand in der Erziehung**		**119**
	6.1	Konzept der Autorität durch Beziehung nach Haim Omer ...	119
		6.1.1 Begriff der Autorität und seine Verwendung in der deutschsprachigen Pädagogik	119
		6.1.2 Neudefinition der Autorität durch Haim Omer im Kontext von gewaltlosem Widerstand in der Erziehung...	123
	6.2	Voraussetzungen und Umsetzung	126
	6.3	Beispiele und Übungen.....................................	129

7		Wiedergutmachung im Kontext der Schule	**133**
	7.1	Ausgangslage	133
	7.2	Konzept der Wiedergutmachung als Verfahren	134
	7.3	Voraussetzungen und Umsetzung	137
	7.4	Beispiele, Übungen und Arbeitsmaterialien	142
8		Ausblick	146
Literaturverzeichnis			149
Autorenverzeichnis			157

1 Einleitung oder zum Anlass dieses Buches

Immer wieder werden Kinder und Jugendliche von LehrerInnen sowie Fachkräften der Kinder- und Jugendhilfe als »schwierig«, »auffällig« und auch gewaltbereit erlebt. Dabei handelt es sich vor allem um als »auffällig« erlebtes Sozial-, Lern- und Arbeitsverhalten, das einen Unterricht lahmlegen und das soziale Klima einer ganzen Schule belasten kann. Manche Kinder und Jugendlichen mit diesen Verhaltensweisen, entlang der verschiedenen Schulformen, geraten in eine Spirale von Schulschwänzen, Schulverweigerung, psychischen Problemen, Ausbildungsabbruch, Integrations- und Selbstausgrenzungsproblemen sowie Gewalt und Kriminalität. Diese jungen Menschen fordern nicht nur LehrerInnen, sondern auch die Fachkräfte der Schulsozialarbeit in ihrer fachlichen Kompetenz und oft genug der ganzen Persönlichkeit heraus und machen sie immer wieder ratlos. Sie fühlen sich überfordert und sind unsicher, wie auf die komplexen Erscheinungsformen von abweichendem Verhalten zu reagieren ist. Die Erfahrung zeigt, dass einerseits entgegen mancher Erwartungen viele dieser Kinder und Jugendlichen trotz zeitweiliger Probleme und dem Ausprobieren von Grenzen letztlich doch so viele Ressourcen entwickeln und mobilisieren, dass sie gut integriert in das Erwachsenenleben starten, andererseits aber auch bei einigen wenigen allein mit »herkömmlichen« Mitteln im Sinne von schulischen »Erziehungs- und Ordnungsmaßnahmen« sowie polizeilichem Eingreifen und juristischen Sanktionen heute keine dauerhaften pro-sozialen Verhaltensänderungen erreicht werden. Diese wenigen dürfen aber nicht aufgegeben werden – um ihrer selbst willen nicht, weil sie die Arbeits- und Lernbedingungen anderer stören und auch um späteren Gewalteskalationen vorzubeugen. Die Institution Schule und ihre LehrerInnen selbst müssen lernen, dass sich ihre Rolle insbesondere im Verhältnis zu den Eltern geändert hat.

In der Fachliteratur gibt es dazu viele Klagen, Vorschläge, Konzepte und Programme für alle Zielgruppen in der Schule, doch wenige sind erprobt. Der Informationsstand und die Kompetenzen der Nutzung dieser Konzepte und Programme sind aber insbesondere bei den Lehrkräften gering, weil sie wenig Hoffnung haben, dass sich an ihrer Alltagssituation etwas ändern wird.

Wenn die Schule ihre Rolle und Aufgabe als Ort der Förderung von sozialer und interkultureller Kompetenz sowie Gewaltprävention wahrnehmen soll, dann darf die Zielgruppe der Maßnahmen und Programme nicht mehr nur die Schülerschaft sein – wie bei der ganz überwiegenden Zahl der auf dem Markt vorhandenen Konzepte und Modelle –, sondern dann müssen auch die anderen in der und für die Schule Verantwortlichen zu Zielgruppen werden, insbesondere die Lehrkräfte, Schulleitung und Schulaufsicht, aber auch die Eltern, die jeweiligen Gemeinden (»Unterstützungssysteme«) und nicht zuletzt die Schulpolitik.[1]

In diesem Buch geht es nicht um eine Skandalisierung von Gewalt in der Schule, sondern um neue Handlungsstrategien und innovative Praxismodelle sowie eine sachliche Verständigung darüber, wie durch frühzeitiges und gezieltes Handeln ein kompetentes »Fallverständnis« und abgestimmte Interventionen zur Förderung der sozialen Kompetenz, Verhinderung und Reduzierung von Gewalt, schwierige Schulkarrieren sowie ›Opfer‹ vermieden werden können und nicht am Ende das »Warten auf die Jugendhilfe, Polizei oder Justiz« steht. Mit »Strategien« sind innovative Handlungskonzepte und Praxismodelle gemeint, die in der Praxis der Schule erfolgreich erprobt wurden und von den Lehrpersonen mit Unterstützung der Fachkräfte der Schulsozialarbeit überwiegend selbst realisiert werden können. Damit können sie – unabhängig von möglichen wünschenswerten Kooperationen – den Lernort Schule positiv verändern und sind dabei nicht vorrangig auf externe Hilfen von Fachkräften der öffentlichen und freien Jugendhilfe (Jugendamt, speziell Jugendgerichtshilfe, Erziehungsberatung, Jugendberatung, Jugendberufshilfe, Jugendmigrationsdienste etc.), der Schulpsychologie oder gar der Polizei angewiesen.

Allerdings bestehen die vorliegenden Handlungsansätze nicht aus sofort umsetzbaren Rezepten mit Erfolgsgarantie. Dieses Buch kann zum einen Informationen und Wissen vermitteln und damit eine Grundlage für das Handeln schaffen. Aber das Handeln selbst erfordert häufig mehr als Handlungswissen. Es erfordert Selbstbeobachtung, Selbstreflexion und gute Planung, zuweilen auch hilfreiche BeobachterInnen und nicht zuletzt: üben, üben, üben! Entsprechend werden in diesem Band nicht nur Theorien und Konzeptionen präsentiert, sondern auch Übungen, Beispiele und Arbeitsmittel. Und wer darüber hinaus vertiefend gemeinsam üben, Problemsituationen analysieren und Lösungskonzeptionen diskutieren will, der kann dies in entsprechenden Weiterbildungsveranstaltungen tun.[2] Niemand kann einen plötzlichen Wandel insbesondere bei ungünstigen, seit langem eingefahrenen Konfliktkonstellationen garantieren – aber wir können von hunderten positiven Erfahrungen berichten.

Das Anliegen der Verfasser ist die Erweiterung der individuellen Handlungskompetenz und (Wieder-)Herstellung der professionellen Präsenz im Umgang mit herausfordernden und als »auffällig« erlebten Kindern und Jugendlichen vor allem in der Schule. Obwohl die meisten Methodenbausteine im Kontext der pädagogischen Alltagsarbeit der Schulen entstanden und zuerst erprobt wurden, haben inzwischen viele Fachkräfte der Jugendhilfe sie auch in offenen Jugendtreffs, in der Heimerziehung und im betreuten Wohnen erfolgreich implementiert und angewendet. Dass sie dabei kreativ, situations- und institutionsangemessen vorgehen

---

1 Steffen 2004, S. 354; zur Notwendigkeit einer »systemischen Gewaltprävention/-intervention« siehe Schubarth 2004, S. 243–253; Hanke 2007, S. 104–130
2 Informationen zum Interventions- und Weiterbildungsprogramm »Selbstwertstärkende konfrontierende Pädagogik und Neue Autorität in der Schule & Jugendhilfe« im Internet unter www.soziales-training.de sowie zum Weiterbildungszertifikatskurs »Pädagogik für Vermittlung sozialer Kompetenzen und Gewaltprävention« unter www.ash-berlin.eu/¬weiterbildung

mussten, zeichnet Pädagogen und Pädagoginnen aus und grundsätzlich ist die Übertragung von erfolgreichen Arbeitsansätzen auf andere Berufsfelder oft vielversprechend.

Jenseits konkreter Problemlösungen bei Unterrichtsstörungen, Konflikten und Gewaltvorfällen ist die Schule aber ohnehin für die Vermittlung sozialer Kompetenzen und für die Gewaltprävention ein idealer Ort, weil er von allen Kindern und Jugendlichen aufgesucht wird und Hilfe ohne Stigmatisierung als »Fall« geleistet werden kann. Es mag von Jahr zu Jahr schwerer werden – aber zunächst sind die Kinder und Jugendlichen tatsächlich Tag für Tag da, können angesprochen und ihr Verhalten thematisiert werden. Dies stellt einen nicht zu unterschätzenden Vorsprung gegenüber solchen Jugendhilfemaßnahmen dar, die den jungen Menschen erst zur Kontaktaufnahme und Zusammenarbeit motivieren müssen und ihn dazu als »Fall nach Vorkommnissen« oder gar Delinquenz definieren mit häufig zusätzlichen Problemen und Konflikten im Verhältnis zu den Sorgeberechtigten.

Heute sind ein neues Selbstverständnis und Veränderungen in der Haltung und Zusammenarbeit von Lehrkräften ebenso gefragt, wie moderne schulische Organisationsstrukturen, um eine positive und aggressionsfreie Lernumgebung gemeinsam mit den SchülerInnen zu gestalten. Der Umgang miteinander muss hinsichtlich Sozialkompetenz fördernder und gewaltpräventiver Maßnahmen ebenso kritisch reflektiert werden, wie die eigene Organisationsstruktur der Schule.[3] Daher geht es in diesem Buch um ein erweitertes Leitbild aller in der Schule Beteiligten und in diesem Zusammenhang vorrangig um ein neues Selbstverständnis, ein Umdenken der LehrerInnen sowie um die Erweiterung des Methodenspektrums im Umgang mit »auffällig« und gewaltbereit erlebten Kindern und Jugendlichen.

Um diese Ziele für Sie, die Leser und Leserinnen zu erreichen, werden wir im zweiten Kapitel dieses Buches zunächst die Vermittlung von sozialen Kompetenzen und Gewaltprävention als Aufgabe der Schule definieren, diese Zielstellungen ausbreiten und vor dem Hintergrund zeitgemäßer Erziehungsmittel Methodenbausteine zur Vermittlung vorstellen. Diese Methodenbausteine werden dann in den folgenden fünf Kapiteln praxisnah konzeptionell beschrieben und mit vielen Beispielen, Übungen und Arbeitsmaterialien den Lesern und Leserinnen zur Verfügung gestellt. Abschließend geben wir in zwölf Punkten einen Ausblick.

---

3 Schubarth/Niproschke/Wachs 2016, S. 355 und Büchner 2003, S. 178

2 Vermittlung von sozialen Kompetenzen und Gewaltprävention als Aufgaben in der Schule

In diesem Kapitel wollen wir erläutern, was die Vermittlung von sozialen Kompetenzen und Gewaltprävention als eine Aufgabe der Schule meint, wie wir das Problem definieren, welche Erziehungsmittel uns zur Verfügung stehen und welche Ziele einer Neuorientierung wir mit welchen Methoden verwirklichen wollen.

Der Gewalt vorzubeugen ist ein unumstrittenes Ziel der Schule in zweifacher, kurz- und langfristiger Hinsicht: Ein gemeinsames Lernen im Unterricht ist nur in einem Klima möglich, das in einem weiten Sinne gewaltfrei ist, nämlich frei von körperlichen Angriffen, Mobbing, Beleidigungen und sonstigen persönlichen Verletzungen. Deshalb ist der Unterricht, sind die Umgangsformen in der Klasse und die Schulregeln so zu gestalten, dass diese genannten Störungen möglichst selten vorkommen und Schüler und Schülerinnen, Lehrer und Lehrerinnen vor ihnen geschützt werden. Der Erziehungsauftrag der Schule geht aber weiter und so soll auch die Gewaltprävention in der Schule späterer Gewaltdelinquenz vorbeugen. Es ist in der Kriminologie bekannt, dass einerseits gewalttätiges Verhalten erlernt wird und andererseits bereits in Familie, Kindertagesstätte und Schule durch Bindungen, Vorbilder im Umgang mit Konflikten und Vermittlung von Werten Gewaltprävention betrieben werden kann, was hinsichtlich der Gewaltkriminalität bei mehr als 98 % aller Menschen auch gelingt: Sie werden von Polizei und Justiz nicht als gewalttätig registriert. Gewaltprävention sollte sich im Übrigen nicht nur auf die eigenhändig ausgeübte Gewalt beziehen, sondern auch auf Gewaltakzeptanz, Androhung von Gewalt, Propagierung von Gewalt und Gewaltbereitschaft. Dass dies in Elternhaus und Schule unterschiedlich gut gelingt, zeigen allein schon die verschiedenen Anteile von Jungen und Mädchen.[4] Und das ist sicherlich keine zufällige Verteilung. Es muss bedacht werden, dass im 20. Jahrhundert »die Fähigkeit und Bereitschaft zur Gewaltausübung als positiv bewertete Eigenschaft von Männern galten, Wehrhaftigkeit und Kampfesmut als männliche Tugenden gesehen wurden.«[5] Zwar haben sich gerade in Deutschland die Männlichkeitsideale seit den sechziger Jahren des 20. Jahrhunderts verändert – aber das gilt nicht für alle Bevölkerungsgruppen und es gibt gesellschaftliche Bereiche mit großer Gewaltverherrlichung, die regelmäßig mit Männlichkeit assoziiert werden. Das geht nicht an allen Schülern vorbei.

Viele Schulgesetze der Länder nennen als Bildungs- und Erziehungsziele die Entwicklung eines aktiven sozialen Handelns, die Fähigkeit Konflikte gewaltfrei zu

---

4 Möller 2015, S. 63
5 Scherr 2015, S. 52

lösen und als Grundsätze unter anderem die Förderung auch der sozialen Fähigkeiten und die Prävention von Beeinträchtigungen der sozialen und emotionalen Entwicklung.[6] Es ist also völlig unbestritten, dass die Schule nicht nur einen Auftrag zur Wissensvermittlung hat, sondern auch soziale Kompetenzen fördern soll.[7]

Soziale Kompetenzen bereiten auf das Arbeitsleben vor, sind Schutzfaktoren gegenüber psychischen Erkrankungen oder Verhaltensauffälligkeiten und eine Voraussetzung für prosoziales Verhalten.[8] Unter sozialen Kompetenzen wird »die Verfügbarkeit und Anwendung kognitiver, emotionaler und motorischer Verhaltensweisen verstanden, die zu einem langfristig günstigen Verhältnis positiver und negativer Konsequenzen in sozialen Situationen führen«.[9] Der Begriff der sozialen Kompetenz hat in der Psychologie unterschiedliche Bedeutungen. Er bezeichnet in der klinischen Psychologie die Fähigkeit, sich gegenüber anderen auf angemessene Weise durchzusetzen und in der Entwicklungspsychologie die Anpassung des Individuums an seine Umwelt mit ihren Normen und Werten, um einen möglichst optimalen Entwicklungsverlauf zu garantieren.[10] Für unseren Sprachgebrauch im Kontext der Schule müssen diese Unterschiede aber genauso wenig interessieren, wie die verschiedenen Dimensionen sozialer Kompetenz.[11]

Schule soll dabei Team- oder Kommunikationsfähigkeiten vermitteln und frühzeitig Prävention von Risikoentwicklungen wie Gewalt, Delinquenz und Drogenmissbrauch leisten sowie die demokratische Teilhabe im Gemeinwesen fördern.[12] In der Schule findet dieser Erwerb sozialer Kompetenzen meist informell und ohne didaktisches Konzept statt, wobei die Beziehungen zu den Mitschülern und Mitschülerinnen im Mittelpunkt stehen.[13] Wir werden in diesem Buch Methoden vorstellen, wie dieser Lernprozess strukturiert und unterstützt werden kann. Letztlich geht es bei den sozialen Kompetenzen um ein ganzes Bündel von Fähigkeiten zur Bildung positiver Beziehungen zu Gleichaltrigen und Perspektivenübernahme, der Konfliktfähigkeit und Kenntnis von Problemlösungsstrategien sowie um die Fähigkeit, Gespräche zu initiieren und Freundschaften schließen zu können, aber auch Regeln anzuerkennen und angemessen auf konstruktive Kritik zu reagieren und den Instruktionen des Lehrers oder der Lehrerin zuzuhören, ihnen – gegebenenfalls nach kritischen Rückfragen – nachzukommen und, falls notwendig, um Hilfe zu bitten.[14]

Was sind die Bedingungen, unter denen in der Schule soziale Kompetenzen und Gewaltprävention vermittelt werden oder werden sollen? Das ist das Thema der folgenden Unterpunkte.

---

6 So zum Beispiel das Berliner Schulgesetz in den §§ 3 und 4; alle anderen Bundesländer haben ähnliche Formulierungen.
7 So auch Jerusalem/Klein-Heßling 2002, S. 164
8 Scheithauer 2015, S. 431
9 Jerusalem/Klein-Heßling 2002, S. 164
10 Scheithauer 2015, S. 431
11 Vgl zur Diagnostik sozialer Kompetenzen Kanning 2003
12 Jerusalem/Klein-Heßling 2002, S. 164
13 Ebd., S. 166
14 Scheithauer 2015, S. 432 und Jerusalem/ Klein-Heßling 2002, S. 164 f.

2.1 Kinder und Jugendliche mit Problemen, die Probleme in pädagogischen Institutionen verursachen

Wenn Erziehungsverantwortliche Kinder und Jugendliche als vermehrt auffällig und gewalttätig erleben und sich dadurch überfordert fühlen, dann wollen wir im Interesse der Handlungsfähigkeit der Erziehenden, der Förderung guter Lebensbedingungen der Kinder und Jugendlichen uns einleitend mit drei Aspekten bzw. Fragen kurz beschäftigen:

1. Was wissen wir über diese Kinder und Jugendlichen, Schüler und Schülerinnen?
2. Was beeinflusst die Wahrnehmung der Lehrer und Lehrerinnen, Erzieher und Erzieherinnen und führt zu Überforderung, Ohnmacht und Hilflosigkeit?
3. Steigt die Gewalttätigkeit an den Schulen tatsächlich, wird die Situation also tatsächlich immer schlimmer?

Störungen im Unterricht, Mobbing und Gewalttätigkeiten in der Schule sind ein großes Thema, aber kein Lehrer und keine Lehrerin, kein Sozialarbeiter und keine Sozialarbeiterin behauptet, dass die Mehrzahl daran mehrfach beteiligt ist. Jeder Schüler und jede Schülerin zeigt einmal Verhalten, das von den Regelungen und Erwartungen abweicht (wie das auch Erwachsene tun), aber Probleme verursacht ein kleiner Teil, der immer wieder auffällt, wobei dieses Auffallen auch dazu führt, dass ihr Verhalten ganz besonders in den Blick gerät. Ohne dass das hier an dieser Stelle vertieft werden kann, weiß jede pädagogische Fachkraft heute, dass dies keine von Geburt aus schlechten Kinder sind, sondern dass sie bisher etwas in Elternhaus, KiTa und Schule noch nicht gelernt haben, was für andere längst selbstverständlich ist.

Von Hermann Nohl stammt der Hinweis, dass sich die Sozialpädagogik nicht so sehr um die Probleme kümmern solle, die Kinder und Jugendliche verursachen, sondern vielmehr um die, die diese haben. Es geht dabei nicht darum, diese Aspekte gegeneinander auszuschließen, sondern um den Zugang der Pädagogik: Indem wir uns um die Probleme der Kinder und Jugendlichen kümmern, um die Ursachen und Hintergründe ihrer Verhaltensweisen, können wir angemessen auf sie einwirken und damit auch dabei mitwirken, dass sie weniger Probleme verursachen – aktuell beispielsweise im Unterricht, aber auch langfristig im Sinne von Integration und Gewaltprävention. Die Konsequenz daraus muss sein, dass wir mehr über diese Schüler und Schülerinnen und ihre Probleme wissen und mit den Personen und Institutionen kooperieren, die über dieses Wissen verfügen.

Die Wahrnehmung der Probleme als Überforderung, Ohnmacht und Hilflosigkeit entspringt nicht einem direkten Abbild des SchülerInnenverhaltens, sondern setzt dieses in das Verhältnis zu den eigenen Möglichkeiten der Gestaltung des Unterrichts, Vermittlung von Bildung und Erziehung. Indem wir in diesem Buch praxisnahe Handlungsstrategien und innovative Praxismodelle vermitteln, wollen wir nicht nur der Überforderung, Ohnmacht und Hilflosigkeit entgegenwirken, sondern die Wahrnehmung selbst beeinflussen. Palmowski spricht von der »Fragwürdigkeit unserer Wahrnehmungen« und dem Herstellen von Unterschieden durch Versorgung mit Informationen.[15] Wer auch auf abweichendes SchülerInnenverhalten, auf Störungen und Interessenverletzungen vorbereitet ist und ein Repertoire von Reaktionsmöglichkeiten kennt, der kann gelassener reagieren und damit wirksamer und erfolgreicher.

Gegenwärtig herrscht die Meinung vor, dass die SchülerInnen gewalttätiger als früher seien und dass auch die Schwere der Gewalt zunehme. Empirische Studien belegen aber Folgendes:

»Der Lebensraum Schule ist für Kinder und Jugendliche ein verhältnismäßig sicherer Ort. Die empirisch nachgewiesenen Viktimisierungsraten von Jugendlichen sind im Elternhaus deutlich höher als durch Gleichaltrige. Auch die Akzeptanz von Gewalt unter Jugendlichen sinkt ... Jugendgewalt ist bundesweit rückläufig ...«.[16]

Ein Anstieg der Gewalt von Kindern und Jugendlichen ist nicht belegt und oft finden Pauschalisierungen statt.[17] Seit der Jahrtausendwende kann keine Zunahme schulischer Gewalt festgestellt werden, in einigen Studien wird sogar von einem leichten Rückgang berichtet.[18] Insgesamt ist ein langfristiger Vergleich auch schwierig, weil Gewalttätigkeiten nicht immer gleich wahrgenommen und registriert wurden, so dass längere Zeitreihen kaum bestehen. Während es heute praktisch für alle Schulen verbindliche Vorgaben hinsichtlich des Meldens von Gewaltvorfällen gibt, war das noch vor 50 Jahren nicht einmal auf Schulebene üblich. Auch ist die gesellschaftliche Sensibilität in vielfacher Hinsicht gewachsen: Raufereien unter Jungs wurden damals als sozial adäquat wahrgenommen und nicht als Körperverletzung und für Mobbing-Handlungen hatte man nicht einmal einen Begriff.

Klagen über die immer brutalere, aggressivere Welt gibt es aber schon lange. Friedrich Hacker schrieb sein Buch »Aggression – die Brutalisierung der modernen Welt« 1971 und bezog sich auf empirische Fälle der 1960er Jahre[19] – da waren die Großeltern der jetzigen Schüler und Schülerinnen Jugendliche und junge Heranwachsende.

Kerner weist darauf hin, dass in Deutschland zum einen die Gewaltkriminalität im Vergleich zu früheren Jahrhunderten gesunken ist und zum anderen, dass Deutschland eher zu den gering belasteten Staaten gehört.[20] 2015 gab es nach der polizeilichen Kriminalstatistik etwa 180.000 Fälle der Gewaltkriminalität und 2116 Fälle von Mord und Totschlag. 20 Jahre vorher (1995; vorher sind die gesamtdeutschen Zahlen unzuverlässig) gab es etwa 170.000 Fälle von Gewaltkri-

---

15 Palmowski 2007, S. 80 f.
16 Böhm/Kaeding 2015, S. 404
17 Oertel/Bilz/Melzer 2015, S. 256
18 Ebd., S. 261
19 Hacker 1971; vgl. auch Neubauer/Hurrelmann 1993, S. 635, die von Untersuchungen aus den 70er Jahren des 20. Jahrhunderts berichten, in denen Lehrer und Lehrerinnen angaben, »daß zwischen einem Fünftel und einem Drittel der ihnen anvertrauten Kinder auffällig oder gestört sei.«
20 Kerner 2015, S.126

minalität und 3928 Fälle von Mord und Totschlag. Knapp 6 % mehr Gewaltkriminalität (im Vergleich zum Jahr 1999 ging die Gewaltkriminalität allerdings seither zurück) und 46 % weniger Mord und Totschlag (in den letzten drei Jahren verzeichnen wir die niedrigsten Fallzahlen der Geschichte) – das ist kein Beleg für die Zunahme der Gewaltdelinquenz in unserer Gesellschaft, zumal subjektiv ein Anstieg von 6 % so wenig im Alltag wahrnehmbar ist, wie ein Rückgang von Mord und Totschlag auf knapp die Hälfte.[21] Die Anzahl der Verurteilungen wegen vollendeten Mordes sind heute deutlich geringer als vor 50 Jahren – obwohl die Bevölkerungszahl unter anderem durch die Vereinigung heute deutlich höher ist.[22] Insgesamt geht die Anzahl der rechtskräftig verurteilten Personen seit vielen Jahren in Deutschland zurück. Im Jahr 2015 waren es 739 500 Personen[23] – das waren weniger als 1 % der Bevölkerung und damit wurde pro Kopf der Bevölkerung der niedrigste Wert der letzten 50 Jahre erreicht. Allein in den letzten acht Jahren ging die Verurteiltenzahl um fast 20 % zurück.

Nun könnte man einwenden, dass diese Daten nur die registrierte Kriminalität widerspiegeln und die Realität im Dunkelfeld ganz anders aussehe. Aber auch das ist gut erforscht, weil es nicht nur polizeiliche Kriminalstatistiken und Aufstellungen der Schulbehörden und Ministerialverwaltungen gibt, sondern die Deutsche Gesetzliche Unfallversicherung unter anderem alle Raufunfälle an Schulen registriert (und versichert). Hier kann man von einer stabilen, regelmäßigen, weitgehend vollständigen Erfassung aller schwerwiegenden Fälle ausgehen, soweit eine ärztliche Behandlung notwendig ist. Betrachtet man die Daten der letzten 20 Jahre, so zeigt sich ein Rückgang von mehr als 50 % und auch in den Hauptschulen sind die Raufunfälle pro 1000 Schüler und Schülerinnen um mehr als 40 % seit 1993 zurückgegangen. 99 % aller Schüler und Schülerinnen wurde nach diesen Daten in dieser Zeit Jahr für Jahr nicht Opfer eines Raufunfalls und insgesamt jeder 1000. Opfer eines Raufunfalls mit einer Fraktur.[24] Dabei sind unterschiedliche Jahrgänge und Schultypen natürlich verschieden stark repräsentiert – Grundschulen weniger als weiterführende Schulen und Gymnasien weniger als Hauptschulen.[25]

»Verlaufsforschungen anhand von Selbstberichten zeigen auf, dass Gewaltdelikte unter Kindern und Jugendlichen im Dunkelfeld bereits um das 15. Lebensjahr herum ihren

---

21 Alle Daten sind auf Basis der Polizeilichen Kriminalstatistiken berechnet.
22 Vgl. Strafverfolgungsstatistiken Rechtspflege, Fachserie 10, Reihe 3, 2015
23 Vgl. Strafverfolgungsstatistik Rechtspflege, Fachserie 10, Reihe 3, 2015
24 Alle Berechnungen auf Basis der Angaben der Deutschen Gesetzlichen Unfallversicherung. Insgesamt handelt es sich um zuletzt etwa 85 000 Fälle, von denen etwa dreiviertel von männlichen Schülern verursacht wurden. Zwar kann man argumentieren, dass es natürlich auch Körperverletzungen ohne Bedarf einer ärztlichen Behandlung gibt, die dann auch nicht an die Deutsche Gesetzliche Unfallversicherung gemeldet werden. Es ist aber zum einen sehr unwahrscheinlich, dass solche Gewalttaten in den letzten Jahren und Jahrzehnten stark angestiegen sind, aber zugleich immer weniger ärztlicher Behandlungsbedarf vorliegt und zum zweiten würde eine solche Diskrepanz gerade der These widersprechen, dass solche Gewalttaten auch in der Intensität zunehmen.
25 Diese Kategorien wurden unabhängig von den jeweiligen Schulformnamen in den Bundesländern von der Gesetzlichen Unfallversicherung übernommen.

Spitzenwert erreichen und danach rasch abfallen, im Grundlegenden bei Mädchen ähnlich wie bei Jungen und bei Migranten ähnlich wie bei Einheimischen.«[26]

Möglicherweise hat sich nur die Wahrnehmung von Gewalt und Störungen verändert, es geschieht weniger im Verborgenen, in Anstalten und wegsperrenden Institutionen. Vielleicht sind wir auch sensibler geworden für Kinderrechte[27] und Gewaltlosigkeit einerseits und Störungen sowie angemessene, verhältnismäßige Reaktionen darauf andererseits. Der schlagende Lehrer der zwanziger, dreißiger und fünfziger Jahre des letzten Jahrhunderts und der Lehrer oder die Lehrerin, der oder die in den sechziger und siebziger Jahren auf Ungehorsam der SchülerInnen mit Strafarbeiten und beschämender Verächtlichmachung vor der Klasse reagierte, hat weder das Schülerverhalten noch sein eigenes statistisch erfasst noch an die Schulleitung oder das Bildungsministerium gemeldet.

Wenn wir uns frei machen von den – nicht haltbaren – Vorstellungen, dass immer alles schlechter und schlimmer wird mit der Gewalt, dann gewinnen wir zweierlei Erkenntnisse:

1. Zum einen können wir in großer Ruhe und Selbstverständlichkeit feststellen, dass dies überhaupt nicht bedeutet, dass die Problematik weniger dringend ist. Der Vergleich zu der angeblich guten alten Zeit ist gar nicht nötig, um die Dringlichkeit von Lösungen zu begreifen.[28] Wir wollen Gewaltprävention, weil jedes Opfer eines zu viel ist und weil schon die Angst vor Gewalt nicht hingenommen werden soll, denn sie schränkt Menschen in ihrer Handlungsfreiheit ein.
2. Zum zweiten stehen wir nicht hoffnungslos an der Wand mit der traurigen Erkenntnis, dass es alle Lehrergenerationen vorher besser hatten und ihnen disziplinierte, anständige, wohlerzogene, respektvolle Schülern und Schülerinnen gegenüberstanden.

Diese Bemerkungen sollen das Problem nicht verniedlichen – wollten wir das, würden wir dazu nicht dieses Buch vorlegen. Aber handlungsfähig ist man nur auf der Basis einer sachlichen Analyse. Und diese kommt zu dem Ergebnis, dass der Schule natürlich eine besondere Bedeutung zukommt.

> »Der Institution Schule fällt notwendigerweise in den Betrachtungen zu gewalttätigen Handlungen von Kindern und Jugendlichen eine besondere Rolle zu: Einerseits verbringen die Schülerinnen und Schüler einen großen Teil ihrer Zeit in der Schule und somit ist es auch nicht verwunderlich, dass ein erheblicher Anteil der Gewalt in ihr oder zumindest in Randbereichen wie zum Beispiel auf dem Schulweg stattfindet. Andererseits wirkt Schule selbst, zum Beispiel durch die Zwänge, die sie ausüben kann, Gewalt erzeugend bzw.

---

26 Kerner 2015, S. 127
27 Vgl. Prengel/Winklhofer 2014
28 Ein solcher Vergleich, wenn er denn eine Verschlechterung der Situation ergäbe, wäre nur handlungsrelevant, wenn man daraus einen Schluss ziehen könnte in dem Sinne, dass damalige angewandte pädagogische Methoden und Erziehungsstile den heutigen überlegen wären und man deshalb die Zeit zurückdrehen könne. Das ist aber weder wünschenswert noch entsprechend den heutigen gesellschaftlichen Anforderungen möglich.

verstärkend. Begründet durch den obligatorischen Schulbesuch liegen in dieser Institution aber auch gleichermaßen Potenziale zur Gewaltprävention und -intervention.«[29]

Es kann heute als ein gesicherter Kenntnisstand angesehen werden, dass ca. 3–5 % der Schülerinnen und Schüler unter Mobbing leiden. D. h. auch, dass psychische und verbale Aggressionen überwiegen und körperliche Gewalt gegen Mitschülerinnen und Mitschüler nur einen kleinen Teil ausmacht. Die Gewaltschwerpunkte liegen meist in der achten Jahrgangsklasse, also mit etwa 15 Jahren. Danach ist eine Abnahme körperlicher Übergriffe festzustellen. Meist sind die ›Täter‹ älter als die ›Opfer‹.[30]

Dramatisierungen der SchülerInnengewalt – oft verbunden mit Aufforderungen zur Kehrtwendung hin zu mehr Disziplin und harten Strafen sowie einer Glorifizierung alter Erziehungsstile – finden keine empirische Rechtfertigung. Es gibt keine seriösen Daten, die ein quantitatives und qualitatives Anwachsen der Gewalt belegen. Wir sind zum Glück sensibler geworden gegenüber verschiedenen Formen der Gewalt, einschließlich Mobbing, und sondern diejenigen, die durch Gewalttätigkeiten auffallen, nicht mehr so schnell in Sondereinrichtungen aus. Lange Zeit hatte man das in Sonderschulen, Fürsorgeheimen und in der Jugendpsychiatrie in hohem Maße getan mit der Folge, dass sie einerseits in den allgemeinbildenden Schulen weniger sichtbar, andererseits aber später viel schwerer integrierbar waren.

Es gibt keinen Anlass sich zu wünschen, dass die Pädagogik sich zurückentwickeln solle zu ihren autoritären, rücksichtslosen stark stigmatisierenden Methoden im Umgang mit jungen Menschen, die Schwierigkeiten haben, die Anforderungen der Gesellschaft so schnell und gut zu erfüllen, wie ihre gleichaltrigen Mitschüler oder Mitschülerinnen, deren Sozialisationsbedingungen in der Regel besser waren und sind. Die polizeilich registrierte Gewaltkriminalität, Mord und Totschlag, vor allem aber häusliche Gewalt, waren damals nicht geringer. Das heißt nicht, dass nicht immer wieder Erziehungsstile, Erziehungsziele und Erziehungsmethoden auf den Prüfstand gehören – diese Publikation hat sich zum Ziel gesetzt, die Praxis der Gewaltprävention und Förderung sozialer Kompetenzen zu verbessern. Dazu ist ein Blick auf die gegenwärtige Praxis und in die Zukunft nötig und angemessen – nicht eine Glorifizierung der Vergangenheit, die durchaus in vielfacher Hinsicht gewalttätig war. Auf der Basis dieses analytischen Blicks auf die Praxis der Gegenwart lässt sich das Verhältnis von Verstehen und der Rekonstruktion des abweichenden Verhaltens Jugendlicher zur Vermittlung der gesellschaftlichen Erwartungen durchaus neu austarieren – dazu bedarf es Kenntnisse über die Wirksamkeit präventiver Maßnahmen, nicht aber einer Dramatisierung und Rückwärtsgewandtheit.

Zielsetzung und Aufgabenstellung der Sozialisation werden komplexer – wir wollen Individuen und Gesellschaftsmitglieder erziehen, die sich selbst steuern können, verantwortlich und demokratisch handeln in einer pluralistischen, diversen Gesellschaft. Wir wollen aus guten Gründen einerseits Vielfalt und andererseits

---

29 Oertel/Bilz/Melzer 2015, S. 256
30 Ebd., S. 260 f.

kein Aussortieren und Wegsperren, wie es noch bis vor zwei Generationen üblich war. Allein in der alten Bundesrepublik Deutschland West waren zehntausende Kinder in geschlossenen Fürsorgeanstalten untergebracht – oft vergittert und mit regelmäßigen Schlägen. Und noch weit bis in die Sechzigerjahre hinein war der schlagende Lehrer oder die schlagende Lehrerin keine Seltenheit – auch das war Gewalt in der Schule. Und von den fünfziger bis in die neunziger Jahre wurde die Gewalt delegiert – die Mitteilung an die Eltern über schlechte Leistungen, Regelverletzungen und Disziplinlosigkeiten, der sogenannte Blaue Brief, informierte nicht nur die Personensorgeberechtigten, um das Erziehungsverhalten zwischen Elternhaus und Schule abzustimmen, sondern verlagerte die häufig körperlichen Strafen nur aus der Schule heraus. Selbst in den neunziger Jahren taten sich hunderte Bundestagsabgeordnete schwer, die körperliche Gewalt gegen die Schwächsten unserer Gesellschaft zu verbieten. Obwohl seit dem 2. September 1990 die Kinderrechtskonvention durch Art. 19 Schutz vor jeder Form der körperlichen oder geistigen Gewaltanwendung, Schadenszufügung oder Misshandlung schützen soll, stimmten am 6. Juli 2000 die 245 Mitglieder der CDU/CSU Fraktion gegen das Gesetz zur Ächtung von Gewalt in der Erziehung. Schon vorher waren mehrere Anträge mit diesem Ziel im Bundestag gescheitert. Der Wandel zur Gewaltlosigkeit in der Erziehung ist ein zäher Prozess, gerade weil er an scheinbaren Gewissheiten rütteln muss, die von früheren Generationen übermittelt wurden.

Die Vermittlung von sozialen Kompetenzen und Gewaltprävention ist als Aufgabe in der Schule also auf Basis der Kenntnis der Lebenswelt der jungen Menschen mit ihren Problemen, sowie der in diesem Buch entwickelten und vorgestellten Methoden zu leisten, die auf Erfahrungen gegründet sind und Lösungen für heutige Probleme bieten. Dies ist in dem Bewusstsein möglich, dass Regelbrüche, Verletzungen und Beleidigungen in der Schule zum Alltag gehören, nicht aber ein neues Phänomen in einer neuen Dimension darstellen, die es geboten sein lässt, zu alten Erziehungsmitteln und Erziehungszielen des 19. Jahrhunderts zurückzukehren. Wir wollen uns deshalb im folgenden Abschnitt mit dem Charakter der Reaktionen auf unerwünschtes und abweichendes Verhalten beschäftigen.

2.2 Strafen und Ausgrenzung als Reaktion auf unerwünschtes bzw. abweichendes Verhalten

Strafen haben in der Erziehung der nachwachsenden Generation eine lange Tradition – über deren Legitimation machte man sich lange keine großen Gedanken, allein das Machtgefälle zwischen Eltern, PfarrerInnen, LehrerInnen einerseits und Kindern andererseits reichte aus, zumal von einem intentionalen erzieherischen Handeln in der Praxis bis in das 19. Jahrhundert hinein oft kaum gesprochen werden kann.

> »Und so ging es fort, ›Wer die Rute schont, verdirbt den Knaben‹, hiess es schon im Alten Testament, und daran haben durch die Jahrhunderte viele Väter und Mütter geglaubt. Sie haben fleissig die Rute geschwungen und das Liebe genannt. Wie aber war denn nun die Kindheit aller dieser wirklich ›verdorbenen Knaben‹, von denen es zur Zeit so viele auf der Welt gibt, dieser Diktatoren, Tyrannen und Unterdrücker, dieser Menschenschinder? Dem sollte man einmal nachgehen.
> Ich bin überzeugt davon, dass wir bei den meisten von ihnen auf einen tyrannischen Erzieher stossen würden, der mit einer Rute hinter ihnen stand, ob sie nun aus Holz war oder im Demütigen, Kränken, Blossstellen, Angstmachen bestand.«[31]

Die Beantwortung der Frage, welche Rolle die Strafe in der Erziehung spielen sollte und ob Erziehung ohne Strafandrohung und Strafanwendung möglich ist, lässt sich leicht durch die Wahl eines entsprechenden Strafbegriffes umgehen:

> »Begreift man Strafe als rein metaphysisch begründete Reaktion, als kategorischen Imperativ, mit dem sie auf die Tat folgen muss, dann hat sie in der Erziehung – darüber wird sich heute schnell ein breiter Konsens finden lassen – nichts zu suchen. Ernsthaft diskutiert und schmerzhaft praktiziert wird sie nur als Erziehungsmittel – wobei die Nähe von Erziehungsmittel und Kriminalstrafe schon erschreckend ist. Unter Strafe wird zunächst ganz allgemein jedes Übel, das für ein begangenes Unrecht auferlegt wird, verstanden, wobei sie in der Entziehung eines Gutes oder in der Zufügung eines Leides bestehen kann.«[32]

Geißler unterscheidet in seinem Lehrbuch zu den ›Erziehungsmitteln‹ in der 6. Auflage 1982 zwischen der Strafe als moralischem Begriff im Zusammenhang mit Gewissen, Schuld und Sühne und der Strafe als Lenkungsmittel nach Art des Stimulus im bedingten Reflex.[33] Eine solche Funktion im Sinne der Verhaltensregulierung macht jedoch ihre Legitimation nicht entbehrlich, wenn diese Strafe – ob erfolgreich oder nicht im Sinne der oben genannten Lenkung – Leid zufügt und in die Rechte der Kinder eingreift. Ein kleiner Blick in die Geschichte der Pädagogik soll den Blick auf das Strafen schärfen und deutlich machen, dass die Ambivalenz schon lange gesehen wurde.

Über die Anwendung der Strafe in der Schule meinte Comenius, dass sie notwendig sei, weil »auf einem Feld, das nicht gejätet wird, alsbald ein der Saat schädliches Unkraut wächst.«[34] Der Strafe gibt er dabei keine vergeltende, sondern eine präventive Funktion:

> »Sie ist also ohne Leidenschaft, Zorn oder Hass anzuwenden, mit solcher Aufrichtigkeit und so lauterem Sinn, dass der Gezüchtigte selbst merkt, die Strafe sei zu seinem Besten über ihn verhängt und entspringe dem väterlichen Wohlwollen derer, die ihm vorgesetzt sind, und dass er sie deshalb nicht mit anderen Sinne entgegennimmt als eine bittere Medizin, die ihm vom Arzt gereicht wird.«[35]

Hinsichtlich der intellektuellen Erziehung meinte Comenius, dass man keine Prügel und Schläge einsetzen solle, weil die Studien selbst ihren Reiz hätten und

---

31 Astrid Lindgrens Rede anlässlich der Preisverleihung des Friedenspreises des deutschen Buchhandels 1978. http://www.niemals-gewalt.de/rede.htm (abgerufen am 18.4.2017)
32 Cornel 1988, S. 89
33 Geißler 1982, S. 149
34 Comenius 1985, S. 181
35 Ebd., S. 182

Gewalt nicht die Kraft habe »den Gemütern Liebe zur Wissenschaft einzuflößen, gar große Kraft hingegen, in ihnen Widerwillen und Abneigung zu pflanzen.«[36] »Strenger und härter aber ist die Zucht gegen die zu üben, die gegen die Sittlichkeit verstoßen.«[37] So sehr uns Sprache und Argumentation insbesondere auch im Hinblick auf körperliche Strafen heute fremd sind, so interessant ist immerhin, dass schon Comenius für einen Teilbereich der Erziehung (Studien, die selbst ein Anreiz auf die Gemüte ziehen) sich von der Mechanik des Strafens verabschiedete. Für die fehlende Motivation zum Lernen fand er eine andere Verantwortung: »wenn dem nicht so ist, so sind daran nicht die Lernenden, sondern die Lehrenden schuld und wenn wir nicht verstehen, die Gemüter mit Kunst zu locken, werden wir sicher vergeblich Gewalt anwenden.«[38] Man könnte davon sprechen, dass hier eine Erziehungsinteraktion betrachtet wird und Kausalitäten gesehen werden, die das Kind nicht allein zum Objekt in einem Gott gewollten Gewaltverhältnis sieht.

Die Begründung der Notwendigkeit der Strafe in der Erziehung erklärt sich in der klassischen Pädagogik der letzten Jahrhunderte nicht allein aus archaischen Rache- und Vergeltungswünschen und dem Machtgefälle, in dem man die Gewaltanwendung legitimieren wollte, sondern auch aus dem religiösen Konstrukt des Kindes als Träger der Erbsünde. Comenius schreibt in seiner Begründung der Zucht in der Schule, dass man sich auf »die Unschuld der Knaben (nie) verlassen kann, die ja doch Söhne Adams sind.«[39]

Rousseaus sogenannte natürliche Strafen[40] sind in der Regel gar keine Strafmaßnahmen, sondern sachbezogene Konsequenzen eines Verhaltens, die sich aus Unvorsichtigkeit, Leichtsinn oder mangelhaften Fähigkeiten zur Risikoeinschätzung des Kindes ergeben. Zu Recht weist Geißler daraufhin, dass es sich bei diesen direkten Handlungsfolgen eigentlich überhaupt nicht um Strafen handelt, denn die Erziehungsperson fügt dem Kind keinen Schaden zu in der Absicht, dies für sein Lernen nutzbar zu machen.[41]

Pestalozzi grenzt sich von Rousseaus ›natürlichen Strafen‹ insofern ab, als er meint, dass ein Leben nach natürlichen Bedürfnissen ohne Reglementierungen und Disziplinierungen den Menschen egoistisch und unsozial macht.[42] Während Kant als Vertreter einer Pädagogik der Aufklärung[43] noch der Auffassung war, man

---

36 Ebd., S. 182
37 Ebd., S. 183
38 Ebd., S. 182
39 Ebd., S. 212
40 Rousseau 1978, S. 71 und 81
41 Geißler 1982, S. 151; es sei an dieser Stelle der denkbare, aber recht abwegige Fall ausgeblendet, indem beispielsweise Eltern ihr Kleinkind in die Steckdose oder auf die heiße Herdplatte entgegen dem Verbot greifen lassen, um es einerseits vor den Gefahren der Elektrizität und Heizgeräte zu warnen und andererseits ihren Gehorsam zu überprüfen.
42 Manertz 1982, S. 525; vgl. auch Pestalozzi 1983, S. 234 f.
43 Die Pädagogik der Aufklärung beurteilte das zu erziehende Individuum nach der Brauchbarkeit und Nützlichkeit und ihre Sozialdisziplinierung wurde hinsichtlich der Zielsetzung und Erziehungsmethoden immer wieder deutlich kritisiert – u. a. mit dem Begriff der »schwarzen Pädagogik«.

könne Menschen wie Pferde und Hunde dressieren,[44] war schon Schleiermacher trotz seiner religiösen Orientierung der Auffassung, dass Strafen vermieden werden können, »wenn die unterstützende Tätigkeit zur rechten Zeit geübt wird.«[45]

> »Als Erziehungsmittel darf die Strafe durchaus nicht gebraucht werden, sondern sie kann nur entschuldigt werden. Jede Strafe beweist, dass früher schon hätte auf die Gesinnung gewirkt werden sollen.«[46]

Er stellt auch fest: »Strafen sind durch alle Stufen bedenklich«.[47]

Im 20. Jahrhundert wiesen die Vertreter der Reformpädagogik[48] und der Psychoanalyse bzw. psychoanalytischen Pädagogik[49] auf mögliche traumatische Folgen der Strafen und dysfunktionale Aspekte hin und verschoben den Fokus von der strafenden Reaktion auf das Verstehen des kindlichen Verhaltens, ohne sich für eine völlig straffreie Erziehung auszusprechen. Immerhin aber wurden hinsichtlich der Strafformen Körperstrafen, die noch bis vor 50 oder 60 Jahren üblich waren,[50] nicht mehr legitimiert, zurückgedrängt und schließlich auch vom Gesetzgeber verboten. Insbesondere in der Erziehung in Familien wurde die Körperstrafe durch die Androhung von Liebesverlust und Erzeugung von Angst ersetzt – eine Methode, die ganz ähnliche Folgen haben kann wie die Ausübung physischer Macht in der Erziehung.[51] Gestritten wurde vor allem über Ausmaß und Form der Anwendung der Strafe, wobei vor allem die Bezugnahme auf das Ziel gefordert und der ungezügelte, der Rachsucht entspringende Gebrauch abgelehnt wurde.«[52]

Will man über die Strafe als Erziehungsmittel sprechen – ein Kontext der einerseits traditionell in der pädagogischen Literatur besteht und andererseits viele Alternativen aufzeigt – so kann das sinnvoll nur geschehen in Bezug auf das Ziel, nämlich die Erziehung zur Mündigkeit. Ausgehend von dem abhängigen, unmündigen, unselbstständigen Säugling soll während der Sozialisation ein mündi-

---

44 Vgl. Kant 1968, S. 450; Immerhin aber verwendete er auch die metaphorische Formulierung des »Wachsenlassens« und verband damit einen pädagogischen Schonraum, in dem nichts erzwungen werden sollte.
45 Schleiermacher 1957, S. 240
46 Ebd., S. 241
47 Ebd., S. 173
48 Zum Beispiel Foerster 1967, S 113 ff. und Oestreich 1976, S. 96 ff.; Foerster bezeichnete den Erzieher als »Befreier und nicht als Sklavenhalter« und wollte »die vielen künstlichen Disziplinar-, Zwangs- und Ordnungsmittel der Schule soweit als irgend möglich ersetzen« ... »denn sonst reicht ja die Erziehung nur soweit, wie der Schulzwang reicht.« (Foerster 1906, S.85)
49 Zum Beispiel Bernfeld 1931; Mannheim 1931; Weiß 1931, S. 291 ff.; Freud 1934, S.22 und Zullinger 1974
50 Man kann sich heute kaum noch vorstellen, dass noch 1964 in einer Leserbriefdiskussion der Neuen Gerichtszeitung ein Leser Näheres über die Rohrstockstrafe bei kleinen Mädchen wissen wollte und eine Leserin darauf antwortete, dass ein streng geführter Rohrstock genüge, denn die Peitsche sei für Mädchen abzulehnen, weil man mit ihr nicht genau zielen könne und Striemen auch an Körperteilen zurückblieben, die sichtbar würden, wenn sie einen Badeanzug trage; vgl. Horn 1967, S. 29 f.
51 Mitscherlich 1963, S. 425 f.
52 Cornel 1988, S. 92; auf die sogenannte antiautoritäre Erziehung und Antipädagogik wird später noch eingegangen.

ger, sozial kompetenter, verantwortlicher Erwachsener entstehen, der seine Freiheit und Autonomie selbstbestimmt nutzen kann und zugleich seine Rolle im Gemeinwesen kritisch reflektiert und darin demokratisch mitwirkt. Mit Ausnahme der sogenannten Antipädagogik,[53] die nur kurzzeitig in den 1980er Jahren einen kleinen Einfluss im erziehungswissenschaftlichen Diskurs hatte, gehen alle pädagogischen Schulen davon aus, dass junge Menschen während ihrer Sozialisation eine Unterstützung brauchen, die den Erwachsenen nicht nur das Recht gibt, sondern sie verpflichtet sieht, erzieherisch auf vielfältige Weise auf die jungen Menschen einzuwirken. Neben die verlässliche Versorgung und Pflege der Kinder mit dem Aufbau von menschlichen Beziehungen und Bindungen, die zugleich zu Beziehungsfähigkeit und Bindungsfähigkeit führen, gehören deshalb Erziehung und Bildung.

Seither hat sich nicht nur die ethische Kritik an der Strafe in der Pädagogik verstärkt (u. a. auch aufgrund der vielen Erfahrungen mit Machtmissbrauch in den Erziehungsverhältnissen), sondern deren Legitimität ist auch deshalb reduziert, weil die Entwicklungspsychologie und Pädagogik viele Nachteile des Strafens beim sozialen Lernen erkannt und neue Methoden entwickelt hat. In diese Tradition reihen wir uns sowohl hinsichtlich des Theoriebezugs als auch der praktischen pädagogischen Erfahrungen ein.

Konkret wird immer wieder kritisiert, dass die Wirkung einer Strafe nicht nachhaltig sei, sondern nur so lange wirkt, wie die strafandrohende und -vollziehende Gewalt gegenwärtig ist, so dass der Angesprochene in einen »Zustand permanenter Unmündigkeit« versetzt werde.[54] Hinzu kommt, dass Strafen zum einen für manche Kinder einen Aufmerksamkeitsersatz darstellen und bei anderen der verständliche Wunsch zur Vermeidung der Strafen zu Unehrlichkeit, Täuschungsversuchen oder Schulabstinenz führt. Immer wieder wird auch beobachtet, dass Kinder und Jugendliche die Strafe als Aggression wahrnehmen und dann ihrerseits ein Machtgefälle derart ausnutzen, dass sie sich gegenüber Kleineren und Schwächeren aggressiv verhalten.

Das Konstrukt der Strafe in der Pädagogik bringt neben seinem traditionellen metaphysischen Charakter[55] noch einen anderen problematischen Aspekt mit sich, nämlich die unlegitimierte Gewissheit, der Mächtige im Erziehungsprozess wisse immer, was richtig und was falsch ist und sei deshalb immer im Recht, eine Strafe als Zwangsmaßnahme durchzusetzen. Unabhängig von den bereits genannten Argumenten muss auch dieser Aspekt kritisch gesehen werden. Oft mag die Regel und die Regelverletzung eindeutig zu definieren sein. Manchmal geht es aber auch um Konflikte, in denen Lösungen nur auszuhandeln und nicht mit Macht durchzusetzen sind. Wenn sich die Erziehung auf das Wohl des Kindes bezieht in der Annahme, dass das Kind seine eigenen langfristigen Interessen nicht immer erkennen kann und es deshalb eine Diskrepanz zwischen Kindeswillen und Kindes-

---

53 Vgl. Braunmühl 1980
54 Plewig 2008, S. 53; siehe dazu auch Fuhrer 2007, S. 175
55 Hermann Nohl, Vertreter einer geisteswissenschaftlichen Pädagogik und Sozialpädagoge sprach vom Ursprung der Strafe als sakralem Opfer zur Abwendung eines Übels, das dem Unrecht sofort folgen musste; Nohl 1931, S. 61

wohl gibt, dann muss dieses Kindeswohl mehr sein als eine Projektion der Selbstrolle des Lehrers oder der Lehrerin in der Klasse, denn sonst kommt man zu einem Zirkelschluss.[56] Man kann nicht die Rolle der Lehrkraft, ihre Ziele und Aufgaben im Unterricht dadurch definieren, dass man vom Kindeswohl ausgeht und umgekehrt zugleich behaupten, dass die im Curriculum festgehaltenen und vom Lehrer oder der Lehrerin in der professionellen Rolle bestimmten Inhalte dem Kindeswohl entsprechen. Der gesellschaftliche Wandel, die Vielfalt der Kinder und Jugendlichen in ihren unterschiedlichen Lebenswelten machen es für den Lehrer und die Lehrerin immer wieder notwendig, mit den Schülern und Schülerinnen selbst (und deren Personensorgeberechtigten) Bildungs- und Erziehungsziele zu bestimmen. Dabei wird der Wille von 25 Schülern und Schülerinnen nicht 1:1 einheitlich als Kindeswohldefinition zu übernehmen sein – aber es wird dem LehrerInnen-SchülerInnenverhältnis, dem Klima in der Klasse und der Unterrichtsgestaltung selbst guttun, wenn die aktuellen diversen Vorstellungen bekannt sind. Denn Erziehung und Bildung haben ihren Zweck in der Mündigkeit.[57]

Jenseits der Kritik der Strafe aufgrund der unerwünschten Wirkungen hat sie im Sinne negativer Verstärkung von Verhalten durch den Behaviorismus Mitte des 20. Jahrhunderts eine Aufwertung erfahren als eine Reaktion auf sogenanntes Fehlverhalten, das auch in Experimenten mit Ratten erfolgreich zu Verhaltensmodifikationen führte. Unabhängig davon, ob diese Ergebnisse auf sehr komplexes menschliches Erziehungsverhalten übertragen werden können, ist über die ethischen Aspekte solcher lernpsychologischen Erkenntnisse noch nichts ausgesagt. Denn die Lernpsychologie zeigt auch, dass es viele Formen positiver Verstärkung gibt, wie Anerkennung, Ermutigung und Unterstützung oder auch konstruktive Kritik auf der Basis einer bestehenden pädagogischen Beziehung. Wenn es aber diese positiven Alternativen gibt, die durchaus das Verhalten des Kindes beeinflussen können, ohne es zu brechen, zu erniedrigen, auszuschließen und zu beschämen, dann gibt es keine Legitimation für Strafen, weil diese dann nicht angemessen und verhältnismäßig sind.

Es gibt keinen Zweifel daran, dass die Pädagogik und die Erziehungssituationen von der ungleichen Verteilung von Macht zwischen Erwachsenen und Kindern geprägt sind. Umso wichtiger ist es angesichts dieses Machtgefälles nach der Legitimation der Anwendung von Macht zu fragen und diese zu reglementieren. Historisch haben sich dabei die Grenzen verschoben – Gewaltausübungen, die noch vor zwei Generationen bei Eltern und LehrerInnen akzeptiert wurden, ja sogar von diesen gefordert wurden, gelten heute als Misshandlung.

Heute besteht an der grundsätzlichen Gleichberechtigung zwischen Minderjährigen und Erwachsenen und der Grundrechtsfähigkeit der Kinder kein Zweifel mehr und das Personensorgerecht mit all seinen Anwendungsgebieten und Delegationsmöglichkeiten lässt sich nur rechtfertigen aus dem Kompetenzvorsprung der Erwachsenen und dem Schutzbedarf der Kinder und Jugendlichen. Der Wille des Kindes als Grundrechtsträger darf nur ignoriert werden, wenn er dem Wohl

---

56 So auch Mollenhauer 1973, S. 88
57 Mollenhauer 1973, S. 10 und Adorno 1971b

dieses Kindes aufgrund mangelnder Einsichtsfähigkeit und Steuerungsfähigkeit widerspricht, wobei der wachsenden Fähigkeit zu selbstständigem verantwortungsbewussten Handeln der Minderjährigen Rechnung zu tragen ist.[58]

All dies sagt noch wenig über die Methoden der Erziehung in Elternhaus, Schule und Jugendhilfe. Dieses Verständnis von Erziehung im Lichte unseres heutigen Verfassungsverständnisses bestimmt aber Zielsetzung und Grenzen der Anwendung von Macht in der Erziehung – und es gibt genügend Anlass, Grenzen zu Missbrauch und Misshandlung zu ziehen. Neben diesen Grenzen sind aber auch empirische Erkenntnisse über die Wirksamkeit zu beachten – eine Erziehung, die allein Gehorsam und Disziplin im Elternhaus und Unterricht erzwingt und Probehandeln, Diskurs und Entwicklung von Selbstständigkeit unterbindet, ist nicht zu rechtfertigen.

Gegen das Strafen in der Erziehung spricht neben dem Respekt vor dem Kind und den negativen Auswirkungen vor allem dessen Entbehrlichkeit. Wir sind heute in der Pädagogik nicht so ahnungslos und hilflos wie die Lehrer des 16., 17. und 18. Jahrhunderts, denen von Kirche und Staat zum einen ein sehr enges Erziehungsziel vorgegeben wurde, in dessen Zentrum der Gehorsam stand, und die zum anderen als Erziehungsmittel oft nicht mehr als Stock, Ausgrenzung und Beschämung kannten. Was damals als willkommene Machtdemonstration zelebriert wurde, ist seit mehr als 100 Jahren als Störung der pädagogischen Beziehung erkannt.[59]

Aus all diesen Gründen lehnen wir die Strafe als Erziehungsmittel ab – sie ist ethisch nicht gerechtfertigt, nimmt eine pädagogische Tradition auf, die Kinder und Jugendliche nicht als Subjekte, sondern als Objekte begriff und allein Gehorsam statt Mündigkeit anstrebte, unterschätzt die Möglichkeiten der Motivation und Wertvermittlung durch Vorbilder, führt oft zu unerwünschten Nebenwirkungen wie z. B. Ängstlichkeit und Unehrlichkeit und erreicht letztlich meist nicht das Ziel der Selbstregulation in sozialer Verantwortung.[60]

> »Die Ablehnung der Strafe als Erziehungsmittel ist nicht gleichbedeutend mit der kommentarlosen Hinnahme und Akzeptanz jeder Handlung unter Hinweis auf die angebliche Selbstregulation, obwohl diese nicht unterschätzt werden sollte. Das Kind oder der Jugendliche sollte durchaus mit den (möglichen) Folgen seines (beabsichtigten) Tuns konfrontiert werden und auch Missbilligung erfahren – nicht die strenge Missbilligung des übergeordneten Inhabers von Macht, sondern die angemessene, emotional warme Kritik einer die Persönlichkeit achtenden Bezugsperson.«[61]

---

58 So die Formulierung im deutschen Familienrecht in § 1626 BGB
59 Das hindert manche Autoren nicht daran, unter der Überschrift »Lob der Disziplin« von den naiven Ideen einer Erziehung ohne Strafe zu sprechen und zu fordern, dass Jugendlichen »physische Grenzen gesetzt werden müssen« (Bueb 2008, S. 109). Bueb, langjähriger Leiter des Internats Salem und Vorkämpfer gegen »Kinder, die auf den Nasen der Eltern herumtanzen«, bedauert, dass die Erfahrungen des Nationalsozialismus Strafen stärker in Verruf gebracht haben (a.a.O. S. 107).
60 Jenseits der Schulpraxis, in der Strafen sicher nicht selten sind, findet man den Begriff der Strafe in den Schulgesetzen der Bundesländer nicht mehr. In manchen der Erziehungs- und Ordnungsmaßnahmen wird man aber durchaus eine Strafe erkennen können.
61 Cornel 1989, S. 26

Strafen im Sinne von Übelszufügungen aufgrund in der Vergangenheit begangenen Unrechts bzw. von Regelverstößen haben in der Pädagogik nichts zu suchen. D. h. allerdings nicht, dass

- es nicht deutliche Regeln gibt, auf deren Einhaltung auch geachtet wird
- nicht die Übertretungen klar benannt werden, um sowohl dem Regelverletzer oder der -verletzerin als auch allen anderen (beispielsweise MitschülerInnen) deutlich zu machen, dass es bei dieser Regel bleiben soll und dass die Regelverletzung im Interesse aller nicht akzeptiert wird
- im Interesse aller Beteiligten eine Regelverletzung ohne Konsequenzen bleibt, beispielsweise um einen ungestörten Unterricht zu ermöglichen.

Eine solche Durchsetzung von Konsequenzen zum Schutz potentieller Opfer mag in der subjektiven Wahrnehmung eines jungen Menschen, insbesondere, wenn er in einem Umfeld straffreudiger Erziehungsstile aufgewachsen ist, als Strafe aufgefasst und empfunden werden. Dass die Gefahr dieses Missverständnisses besteht, ist aufgrund der oben genannten wichtigen anderen Aspekte nicht immer zu vermeiden und sollte deshalb zweierlei Konsequenzen haben:

1. Zum einen sollte den jungen Menschen in ihrer Sprache deutlich gemacht werden, warum sein Verhalten zu dieser Konsequenz führen musste und dass sie selbst immer wieder Einfluss auf diese Konsequenz haben, die allein auf die Zukunft ausgerichtet ist und keine Übelszufügung als Rache und Vergeltung für vergangenes Verhalten. Das kann durchaus mit Empathie geschehen, sollte Unterstützung zur Regeleinhaltung signalisieren und muss alles vermeiden, was einen stigmatisierenden und ausgrenzenden Charakter hat. Die Regelverletzer bleiben Mitglied der Gruppe oder der Schulklasse und ihnen wird auch nicht pädagogisch mit dem Ausschluss gedroht. Jede Diskriminierung und alles, was an einen Strafmakel erinnert, muss unterbleiben. Die Person des Regelverletzers darf nicht herabgesetzt werden.
2. Die Gefahr der Verwechslung von Konsequenzen zum Schutz vor Störungen und gleichzeitigem Festhalten am Eingebundensein in die Gruppe mit einer Strafe besteht auch für die erziehenden Personen, die deshalb ihr eigenes Handeln kritisch reflektieren müssen. Zu ihrer pädagogischen Professionalität gehört es, möglichen Ärger, archaische Wünsche nach Ausgrenzung, Ausschluss und Vergeltung so zu verarbeiten, dass sie selbst zu konstruktivem sozial adäquatem Verhalten fähig bleiben. Authentisches Verhalten heißt in solchen pädagogischen Situationen mit den sehr ungleichen Durchsetzungschancen und Machtgefällen eben nicht, spontanen Gefühlen zu folgen, sondern Lernschritte für alle zu ermöglichen.

Im Übrigen sollten Lehrer und Lehrerinnen im Voraus mögliche Folgen des Aufzeigens von Konsequenzen für den konkreten Schüler oder die Schülerin bedenken. Ein Hinweis und erst recht eine Konsequenz aus mehrfachen Störungen kann bei einem emotional gut gebundenen Menschen als Verhaltenskritik und zielgerichtete Aufforderung zur Verhaltensänderung akzeptiert werden und bei einem anderen mit weniger positiven Erfahrungen im Sozialisationsprozess als totale Ablehnung der Person und dazu führen, dass sie der Schule und dem Unterricht total den Rücken kehrt. Dem Strafenden, der Vergeltung für vergangenes Verhalten sucht, mag diese Konsequenz egal sein, weil er ein abstraktes metaphysisches Moment der Gerechtigkeit bedienen will. Wer die Zukunft im Auge hat, der muss die Gesamtheit der Auswirkungen pädagogischen Handelns bedenken.

Das kann nicht heißen, notwendige Rückkopplungen zu unterlassen und Störungen oder gar Interessenverletzungen anderer Schüler oder Schülerinnen zu ignorieren – damit würde man eine wichtige Gelegenheit im pädagogischen Diskurs auslassen und ein falsches Zeichen setzen. Das muss aber sehr wohl heißen, sich auch Gedanken über die Konsequenzen des eigenen Handelns als Pädagoge oder Pädagogin zu machen und dabei eine Vorstellung vom Empfängerhorizont der zu erziehenden Person zu haben.[62]

Wenn auch Strafe nicht nötig ist, so ist doch zumindest die Markierung der Regelverletzung wichtig – sowohl für den Regelverletzer oder die -verletzerin als auch für alle, die sich an die Regeln halten, denn Definitionen der Regel verblassen, wenn ihr Bruch nicht als solcher erkannt und benannt wird. Deshalb ist die öffentliche Benennung der gebrochenen Regel ein wichtiges Statement dafür, dass es bei dieser Regel bleiben soll. Dies führt zu Verlässlichkeit, Sicherheit und Geborgenheit.

Daneben ist selbstverständlich eine Intervention auch gerechtfertigt, um einen Schüler oder eine Schülerin an der Fortsetzung von Störungen und Schädigungen anderer zu hindern. Auch das ist etwas völlig anderes als eine Strafe. Es ist eine reine Schutzmaßnahme, vergleichbar der Nothilfe oder Notwehr, und die muss diesem Charakter dann aber auch gerecht werden: Mit einer solchen eingreifenden Maßnahme darf kein Strafmakel und keine Herabsetzung oder Schmähung des Regelverletzers oder der Regelverletzerin verbunden sein und es muss das jeweils mildeste mögliche Mittel eingesetzt werden, das zum Schutz der Gruppe, Klasse oder eines einzelnen Schülers oder einer Schülerin bzw. eines anderen Menschen notwendig ist.

Die Charakterisierung einer Intervention oder Reaktion auf störendes oder verletzendes Verhalten ist weder eine Spielerei um Worte noch geht es dabei allein um abstrakte philosophische Einordnungen. Ob man eine solche Reaktion des Lehrers oder der Lehrerin, des Erziehers oder Erzieherin als Strafe, Verdeutlichung oder Schutz definiert, hat vor allem etwas mit der Wertschätzung und dem Respekt vor Schülern und Schülerinnen zu tun, die wir heute als Grundrechtsträger sehen und nicht als Objekte der Machtdemonstration. Es gibt darüber hinaus einen sehr praktischen Aspekt, auf den hier eingegangen werden soll: Die Charakterisierung einer Reaktion auf die Regelverletzung als Strafe führt bei vielen Lehrern und Lehrerinnen angesichts ihrer Kenntnisse biografischer Vorerfahrungen und der

---

62 Dass die grundsätzliche Wertschätzung der Person nicht mit der Akzeptanz einzelner Verhaltensweisen gleichzusetzen ist, unterstreichen auch die Vertreter der sogenannten »Konfrontationspädagogik« immer wieder; vgl. Walkenhorst 2010, S. 95 mit zahlreichen Nachweisen. Weidner stellt dann aber doch die Konfrontation in den Vordergrund, wenn er meint, man dürfe aus Angst vor dem Beziehungsverlust zur Klientel nicht zu höflich und nachsichtig sein; Weidner 2001, S.19 f.

Lebenswelt der konkreten Schüler oder Schülerin zu einem ambivalenten Gefühl. Einerseits verlangt die Situation sowohl wegen der Grenzverletzung dieses Schülers/ dieser Schülerin aber auch wegen der Erwartungen der MitschülerInnen eine eindeutige Reaktion. Andererseits spürt man, dass eine vergeltende Strafe das Problem nicht lösen wird und eher zu Ausgrenzung und Desintegration führt. Das möchte man zu Recht vermeiden. Deshalb trägt unser Konzept der Erziehung ohne Strafe bei gleichzeitiger konstruktiver Reaktion zur Markierung der Regelverletzung und des Schutzes vor Störungen und Verletzungen zur Eindeutigkeit und damit zur Handlungsfähigkeit bei. Der Lehrer oder die Lehrerin verstrickt sich nicht in die Ambivalenz seiner bzw. ihrer Gefühle, sondern kann klar, angemessen und verhältnismäßig reagieren im Bewusstsein des Respekts und der Wertschätzung vor allen und der Unterstützung und Förderung auch des Störers oder Verletzers durch die Konfrontation mit seinem Fehlverhalten. Dabei ist »nicht das Regelwerk Maßstab, sondern die menschliche Haltung auf dem Boden von Einfühlung und Rücksichtnahme«.[63] Wie das im Einzelnen am besten gelingt, wie man das Setting vorbereiten kann, klar bleibt und dennoch nicht zur Eskalation beiträgt, wird in diesem Buch anhand vieler Situationen, Beispiele und Übungen vermittelt.

Die Legitimität einer Intervention gegen den Regelverletzer oder die Regelverletzerin setzt die Legitimation der Normen selbst voraus und davon kann man nicht so selbstverständlich ausgehen, wie das pädagogische Traditionen mit Bezug auf angebliche religiöse Wahrheiten und Machtstrukturen über Jahrhunderte getan haben. Deshalb ist zu empfehlen, wo immer möglich mit den Schülern und Schülerinnen auf Klassenebene und oder Schulebene einen Konsens über die Regeln und Konsequenzen des Regelbruchs zu vereinbaren. Das geht am besten über das gemeinsame Erarbeiten dieser Regeln beispielsweise auch in einer Schulordnung. Lehrer und Lehrerinnen, Erzieher und Erzieherinnen müssen dabei jedoch ehrlich bleiben und deutlich machen, dass nicht alles verhandelbar ist, weil die Schulpflicht und das Recht der elterlichen Sorge den Rahmen bilden. Auch wenn alle Schüler damit einverstanden wären, lässt sich keine Regel mit dem Inhalt verabreden, dass der Unterricht erst täglich um 10:00 Uhr beginnt, alle Leistungen mit sehr gut bewertet werden und über den Inhalt des Unterrichts zu Beginn jeder Stunde abgestimmt wird. Solche Regelungen wären objektiv gegen das Kindeswohl und ein Lehrer oder eine Lehrerin, die nicht deutlich macht, dass sie diesem verpflichtet ist, bliebe unglaubwürdig und damit wäre eine wichtige Grundlage der pädagogischen Beziehung zerstört. Auch auf diesen Themenkreis werden wir noch ausführlich und sehr konkret eingehen.

Ein Schlüssel zur angemessenen Reaktion ohne Strafe und Ausgrenzung ist das Verständnis der Regelverletzung und Störung selbst. Wer Unterrichtssituationen und Erziehungsverhältnisse als permanenten Machtkampf gegen Kinder und Jugendliche definiert oder aber meint, man müsse nur alles richtig machen, dann gäbe es kein abweichendes Verhalten mehr, der geht von falschen Voraussetzungen aus, die nur zu falschen Konsequenzen und Interventionen führen können. Regelverletzungen und Störungen in der Schule und sonstigen Erziehungskontexten wird es schon

---

63 Miller 2015, S. 92

deshalb geben, weil bei aller Neugier und Lust zum Lernen, bei wachsender Autonomie und Steuerungsfähigkeit junger Menschen der Sozialisationsprozess sich auch als Erwerb von Frustrationstoleranz auf der Basis sicherer Bindungen zu Beziehungspersonen darstellt und das ist nicht zu erzielen ohne praktische (kleine und manchmal zu große) Enttäuschungen und das Aufschieben von Bedürfnissen. Insofern ist abweichendes Verhalten in einer durch Vielfalt gekennzeichneten Schulklasse oder sonstigen Gruppe normal, weil Menschen nicht zu normieren sind.[64]

Auch wer den völligen Verzicht auf Strafen in der Erziehung für ethisch nicht geboten oder unmöglich hält, der wird doch zum einen mit Schleiermacher[65] diese auf ein möglichst geringes Maß beschränken und zugleich als Lehrer oder Lehrerin handlungsfähig bleiben wollen bei gleichzeitiger Verfolgung des Erziehungs- und Bildungsauftrags. Die in den folgenden Kapiteln vorgestellten Methoden und Verfahrensweisen geben auch für diese Leser und Leserinnen wichtige Anregungen.

2.3 Professionelle Kompetenzen, um handlungsfähig zu bleiben

Wenn der Erziehungsauftrag der Schule, die Lebenswelt und die spezifischen Probleme der Schüler und Schülerinnen richtig erkannt sind und die Kritik an einer strafenden und ausgrenzenden Pädagogik angemessen und zielführend ist, dann muss der Frage nachgegangen werden, mit welchen professionellen Kompetenzen Lehrer und Lehrerinnen sowie andere Erziehungspersonen das Ziel mündiger Bürger und Bürgerinnen in sozialer Verantwortung erreichen können und wie sie selbst dabei im Unterricht handlungsfähig bleiben.

> »Ob ein Kind zu einem warmherzigen, offenen und vertrauensvollen Menschen mit Sinn für das Gemeinwohl heranwächst oder aber zu einem gefühlskalten, destruktiven, egoistischen Menschen, das entscheiden die, denen das Kind in dieser Welt anvertraut ist, je nachdem, ob sie ihm zeigen, was Liebe ist, oder aber dies nicht tun.«[66]

---

64 Sigmund Freud war in seinen Psychoanalysen mit zahlreichen Folgen autoritären Erziehungsverhaltens im späten 19. und frühen 20. Jahrhundert konfrontiert, hielt aber die Zwangsausübung im Rahmen der Erziehung für unvermeidbar. Er beschrieb die Situation für die familiäre Erziehung deshalb so, dass es die besondere Natur des Mutter-Kind-Verhältnisses sei, dass es zur Störung der kindlichen Liebe führe, »denn auch die mildeste Erziehung kann nicht anders als Zwang ausüben und Einschränkungen einführen, und jeder solcher Eingriff in seine Freiheit muss beim Kind als Reaktion die Neigung zur Auflehnung und Aggression hervorrufen« (Freud 1969, S. 132 f.); vgl. zu den unterschiedlichen Erklärungsansätzen und Ursachen aggressiver Verhaltensweisen auch Lessing/ Greve 2015, S. 132 f.
65 Vgl. die oben zitierte Position Schleiermachers; Schleiermacher 1957, S. 240 f.
66 Aus der Friedenspreisrede Astrid Lindgrens anlässlich des Friedenspreises des Deutschen Buchhandels 1978; http://www.niemals-gewalt.de/rede.htm (abgerufen am 18.04.2017)

Dabei durchziehen zwei Grundgedanken unsere Konzeption, dieses Buch und alle von uns entwickelten Methodenbausteine. Diese sollten die Haltung der Erziehungspersonen durchdringen:

- LehrerInnen und SchülerInnen haben einen Anspruch auf störungsfreien Unterricht. Dieser Anspruch will nicht die Illusion nähren, es gäbe dies in der Realität des Schulalltags, denn überall wo es Normen gibt, gibt es Normabweichung – allemal bei jungen Menschen, die Normen erst lernen, die Grenzen austesten und die Gültigkeit ausprobieren wollen. Aber der Anspruch bedeutet, dass die Lehrperson darauf vorbereitet sein soll (und durch unser Programm darauf vorbereitet wird), sozial konstruktiv den störungsfreien Zustand im Interesse aller immer wieder herzustellen und dies mit den Schülerinnen und Schülern zu thematisieren. Je klarer dies allen vorher ist, umso leichter ist die Regel zu lernen, aufrechtzuerhalten und wertschätzend durchzusetzen – übrigens auch mit Wirkung auf alle anderen Schüler und Schülerinnen zur Normverdeutlichung.
- Es geht in dieser Publikation um die Vermittlung einer Haltung der Erziehungspersonen, die von Klarheit, Konsequenz, professioneller Präsenz und dem pädagogischen Auftrag gekennzeichnet ist – nie um Strafe im Sinne von Übelszufügung, Ausgrenzung und Ausschluss. Gerade wenn auf eine Regelverletzung eines Schülers oder einer Schülerin reagiert werden muss, muss dieser zugleich in seiner Bedürftigkeit wahrgenommen werden – er ist nie Mittel zum Zweck, sondern Teil der zu erziehenden Gruppe.

Die Möglichkeiten der Einflussnahme der Lehrkräfte, gegen Aggression und Gewalt vorzugehen und aggressionsvermindernd sowie gewaltpräventiv zu handeln, sind groß. Allerdings werden die Anforderungen zunehmend komplexer. Sie gehen weit über die Verantwortung der reinen fachbezogenen Vermittlung von Wissen, also den Bildungsauftrag im engen Sinne, hinaus. Lehrkräfte müssen gleichermaßen die persönlichen und sozialen Lernpotentiale entwickeln, d. h. die einzelnen Schüler und Schülerinnen in ihrer ganz spezifischen individuellen Art und Weise wahrnehmen und fördern sowie sie vor allem als junge Menschen in ihrer gesamten Persönlichkeit (d. h. mit ihren Stärken und Schwächen) akzeptieren. Diese Ausrichtung ist für viele Lehrkräfte häufig eine hohe Klippe, weil sie ihre bisherige Praxis sowie ihr Selbstverständnis als Lehrer oder Lehrerin überdenken und ändern müssen.[67]

Wir haben die vorliegende Fachliteratur zur Gewaltprävention und Vermittlung sozialer Kompetenzen ausgewertet und viele der Methoden praktisch erprobt, mit Kollegen und Kolleginnen besprochen und in mehr als einem Dutzend einjähriger Zertifikatskurse auf Masterniveau an der Alice Salomon Hochschule Berlin mehreren Hundert Studierenden aus der Praxis immer wieder Methodenbausteine vermittelt, erörtert und deren Implementierung in mehr als hundert Schulen (und teils auch Jugendhilfeeinrichtungen) ausgewertet. Diese professio-

---

67 Büchner 2013, 179 ff.

nellen Kompetenzen wollen wir durch dieses Buch weitergeben. Da dies ein Buch für die Praxis ist, werden wir uns nicht mit allen Theorien, Methoden und Literaturmeinungen ausgiebig auseinandersetzen. Andererseits wollen wir aber auch nicht verschweigen, dass unsere Konzeptionen auf der Auseinandersetzung mit Vorerfahrungen basieren und insbesondere wenn wir der Auffassung sind, dass es Erklärungsbedarf für Leser und Leserinnen gibt, die die erziehungswissenschaftlichen Auseinandersetzungen der letzten 50 Jahre in Deutschland nicht im Detail verfolgt haben, beispielsweise zur sogenannten »Konfrontativen Pädagogik« oder zum Autoritätsbegriff im deutschen pädagogischen Diskurs, dann fügen wir unseren praxisnahen Beschreibungen, Materialien und Übungen entsprechende Erläuterungen bei.

In der Fachliteratur werden zur Förderung der sozialen Kompetenz und (Gewalt-)Prävention Mehr-Ebenen-Programme nach den Prinzipien von Dan Olweus empfohlen. Erste Studien zeigten eine gewalt- und aggressionsreduzierende Wirkung.[68]

Wichtig ist, dass in der Schule und in Einrichtungen der Kinder- und Jugendhilfe eine soziale Umgebung geschaffen wird, die auf der einen Seite von einer wertschätzenden Begegnung gekennzeichnet ist und auf der anderen Seite verlässliche Grenzen gegen unerwünschte und inakzeptable Verhaltensweisen setzt. Dabei sollen Erziehungspersonen präsent und standhaft sein, positives Verhalten anerkennen, Regelverletzungen konsequent benennen und entsprechende Konflikte gewaltfrei austragen.[69] An diesen Prinzipien orientieren sich die »Selbstwertstärkende konfrontierende Pädagogik«,[70] der »Gewaltlose Widerstand in der Erziehung« und die »Neue Autorität« durch die Vereinbarung klarer Regeln, die Schaffung von Anerkennungssystemen für Kinder und Jugendliche, welche diese Regeln einhalten und den Einsatz von Konsequenzen bei Regelverletzungen, die dem Prinzip Hilfe statt Strafe folgen. Dies bedeutet, dass gemeinsam mit den betroffenen Kindern oder Jugendlichen und den verantwortlichen Erziehungspersonen (Eltern, PädagogInnen) nach Wegen gesucht wird, wie diese jungen Menschen es zukünftig schaffen können, sich an die vereinbarten Regeln zu halten und entstandenen Schaden (gegenüber der Gemeinschaft) wiedergutzumachen. So kann ein gutes Miteinander gelingen und für die Kinder und Jugendlichen ein optimaler Rahmen zur Verfügung gestellt werden, in dem sie sich ihren Möglichkeiten entsprechend entwickeln können.[71]

---

68 Olweus 2006; Bannenberg 2010, S. 21 ff.; weitere Informationen zur Wirksamkeit des Programms unter: http://www.gruene-liste-praevention.de/nano.cms/datenbank/programm/15 (abgerufen am 20.04.2017)
69 Grüner 2006, S. 82–112; Omer/Schlippe 2010, S. 204–242
70 Schon 2002 haben Martin Ziegler (Berufsschullehrer, Studienrat a. D.) und Roland Büchner (Dipl. Politologe, Dipl. Sozialarbeiter/-pädagoge) die Vorläufer dieses Programms entworfen und dies im »Berliner Institut für Soziale Kompetenz & Gewaltprävention e.V. (BISG)«, dessen Ehrenvorsitzender und Institutsleitung sie sind, weiterentwickelt. Ein Großteil der in diesem Buch präsentierten Methodenbausteine beruht auf diesen Arbeiten. http://www.soziales-training.de
71 Weitere Informationen unter: http://www.soziales-training.de/konzept/ (abgerufen am 20.04.2017)

Interessant ist auch der »No Blame Approach« (Blum/Beck) aus Großbritannien, bei dem es darum geht, weniger die Geschehnisse zu analysieren und Fehlverhalten zu bestrafen, als vielmehr konsequent auf die Lösung für die Zukunft zu achten.[72]

In der Literatur wird darauf hingewiesen, dass klar vereinbarte Regeln, auf deren Einhaltung von den Erziehungsverantwortlichen verbindlich geachtet wird, zu einer Verbesserung der sozialen Kompetenz und (Gewalt-)Prävention sowie des Sozialklimas beitragen. Ein gutes Sozialklima sowie eine Kultur, in der prosoziales Verhalten und gute Leistung anerkannt werden, ist eine Voraussetzung dafür, dass Kinder und Jugendliche gut lernen können. Somit können Schulen ihren Bildungsauftrag effektiv ausführen, wenn sie den Erziehungsauftrag vermehrt in den Vordergrund stellen.[73]

Wir werden die hier nur skizzierten Erkenntnisse und Methoden in den nächsten Kapiteln aufgreifen und praxisgerecht darlegen und erläutern.

2.4 Umgang mit Scham und Beschämung in der Schule

Beschämende und schamhafte Situationen und Momente wird sicherlich fast jeder Mensch schon einmal erlebt haben. Manchmal wiederholen sich diese Ereignisse im späteren (Arbeits-)Leben und wenn diese nicht bewältigt bzw. bearbeitet worden sind, können sie zu einem immer größeren Problem werden. Dieses Thema spielt hier eine Rolle, weil viele LehrerInnen Beschämung als ein Mittel im pädagogischen Alltag einsetzen, um ihre Macht durch ihren (höheren) Status auszudrücken und Angst zu erzeugen. Zunächst erscheint es sinnvoll zu beschreiben, was Scham und Beschämung meinen.

> »Die Scham, die ich spüre – gehört sie zu mir, macht sie mich darauf aufmerksam, meinen intimen Raum zu verteidigen, oder ist sie eine Reaktion auf beschämende Äußerungen anderer Menschen? ... Die Differenzierung zwischen natürlicher Scham und Beschämung ist ein Prozess, der anfangs mühsam, aber auf Dauer lohnend ist.«[74]

Marks spricht von der sogenannten »tabuisierten Emotion«[75] – Scham geschieht tagtäglich, aber so gut wie niemand spricht darüber.

Wie keine andere Emotion »bestimmt Scham über die Qualität der Beziehung, die wir zu uns selbst herstellen, und ebenso über die Qualität der Beziehung zu den anderen, die unser soziales Umfeld ausmachen«.[76] Weinblatt bietet weiter den

---

72 Blum/Beck 2016, S. 58 und 61
73 Zum Erziehungsauftrag der Schule: vgl. Grüner 2006, S. 84 ff.; Büchner 2013, S. 182 f., 220 f.; Juul 2013, S. 17 ff.
74 Baer/Frick-Baer 2008, S. 31
75 Marks 2013
76 Weinblatt 2016, S. 96 f.

2.4 Umgang mit Scham und Beschämung in der Schule

Begriff des »Systemic Mirroring, ein Modell für die Schamregulation«[77] an. Dabei wird den Spiegelneuronen eine zentrale Rolle »in der Entwicklung und Regulation von selbst-bewussten Emotionen wie Stolz, Schuld und Scham zugeschrieben.«[78]

Larssons »Bedürfniskompass« stellt vier Richtungen vor, wie wir mit Scham umgehen können. »Entweder entziehen wir uns, kritisieren uns selbst, rebellieren oder attackieren andere.«[79] Durch Schamvermeidung besteht die Gefahr, dass wir den Kontakt zu unseren Bedürfnissen verlieren. »Solange wir keinen Kontakt zu den Bedürfnissen dahinter haben, wird die Scham uns in irgendeiner Form jagen.«[80] Durch Bewusstmachung eben dieser vier Richtungen besteht die Möglichkeit des »Zurücknavigierens zu unseren zugrundeliegenden Bedürfnissen«[81], um zu erkennen und zu lernen, »wie wir uns gegenüber anderen auf eine zufriedenstellende Weise verhalten können«.[82]

Beschämung wird hingegen mit Auslachen[83], Abwerten, Verletzen, Beschimpfen, Bloßstellen, Erniedrigen oder Kränken[84] beschrieben.

Wenn wir nun einen Blick in den schulischen Kontext werfen und das Geschehen zwischen Erwachsenen, Schülerinnen und Schülern genauer betrachten, werden wir feststellen, dass wohl kein Tag vergeht, an dem nicht beschämt wird oder schamhafte Situationen passieren.

Sowohl Schüler und Schülerinnen als auch Lehrer und Lehrerinnen werden entwürdigt. Dies passiert vertikal, horizontal, von oben nach unten, umgekehrt und auch von anderen Personengruppen, von der Gesellschaft, von der Politik, von den Medien.[85]

Marks erwähnt, dass in Fortbildungen viele Lehrpersonen beschreiben, dass sie dadurch »in ihrem Selbstwert verletzt, gekränkt und somit krank gemacht werden«.[86] Dies trifft zweifelsfrei auch auf die Schülerschaft zu und deshalb geht es um ein zentrales Problem des Umgangs in der Schule mit engem Bezug zur Gewaltprävention[87] und zur Vermittlung sozialer Kompetenzen.

Dabei ist zu befürchten, dass solche Beschämungen nicht einfach nur aus Hilflosigkeit oder Unsensibilität stattfinden, sondern dass sie für die Beschämenden eine Funktion haben und auch von ihnen gerechtfertigt werden. Das Beschämen hat in vielen Unterrichtssituationen und pädagogischen Verhältnissen andere Erziehungsmittel, z. B. hat es körperliche Strafen ersetzt und dient auf allen Seiten der Machtdemonstration und der Selbstvergewisserung eigener Überlegenheit. Wer

---

77 Weinblatt 2016, S. 95 f.
78 Ebd., S. 102
79 Larsson 2012, S. 127
80 Ebd., S. 127
81 Ebd., S. 127
82 Ebd., S. 127
83 Baer/Frick-Baer 2008, S. 26 f.
84 Hafeneger 2013
85 Erinnert sei an dieser Stelle an »Das Lehrerhasser-Buch: Eine Mutter rechnet ab«
86 Marks 2013, S. 131
87 Ohne hier den Bogen überspannen zu wollen und ein völlig neues Thema anzuschneiden, das hier nicht breit erörtert werden kann und muss, soll hier auf den Zusammenhang von oft jahrelang erlittenen Beschämungen und Amokläufen hingewiesen werden.

andere beschämt, fühlt sich diesen übergeordnet und löst bei diesen natürlich das Bedürfnis aus, ihrerseits nicht als ohnmächtig zu erscheinen.

Wie nun aussteigen aus diesem Teufelskreis der gegenseitigen Abwertung und Feindseligkeit? Die ersten Schritte sind Selbstreflexion und Einsicht in diese Prozesse – etwas, das wir durch diese Zeilen und dieses Buch auslösen wollen. Schulen, die im Kollegium die Scham und Beschämung beispielsweise in Fortbildungen zum Thema gemacht haben, erhalten eine Chance zu den oben beschriebenen Bedürfnissen zurücknavigieren zu können. Des Weiteren besteht dadurch überhaupt erst die Möglichkeit, dieses wichtige Thema aus der Tabuzone herauszuholen und selbstreflexive Prozesse in Gang zu setzen, um in zukünftigen als herausfordernd erlebten Situationen konstruktive und wertschätzende Handlungsoptionen zu erhalten. Denn zunächst sind es die Erwachsenen, die als Vorbild agieren und damit einhergehend ein Rollenmodell für die Schülerinnen und Schüler sind – auch im Umgang mit Scham und Beschämung.[88]

Dies hat einen nicht unwesentlichen Einfluss darauf, wie Schülerinnen und Schüler ihre Autoritätspersonen wahrnehmen und sie anerkennen.

2.5 Ziele einer Neuorientierung in der Schule

Im Folgenden werden sechs Ziele einer Neuorientierung in der Schule genannt, die unseres Erachtens nicht nur heutigen Anforderungen an Bildung und Erziehung gerecht werden, sondern Schüler und Schülerinnen mit Wertschätzung und Respekt behandeln und gleichzeitig Lehrer und Lehrerinnen handlungsfähig und mit Freude soziale Kompetenzen vermitteln lassen:

- Integration statt Ausgrenzung, Bestrafung und Beschämung
- Bewusstmachung der Eigenverantwortung
- Erhöhung der Selbstkontrolle/-steuerung und der Selbstwirksamkeit der Adressaten
- Förderung pro-sozialen Verhaltens
- Initiierung von Einfühlungsvermögen (Empathie)
- Förderung der Konflikt-, Team- und Kommunikationsfähigkeit, Partizipation

Lehrer und Lehrerinnen haben in allen Schulen über Jahrhunderte mit Ausgrenzung, Bestrafung und Beschämung gearbeitet, dabei Macht demonstriert, die Rechte der Schüler und Schülerinnen als Grundrechtsträger oft missachtet und häufig nicht zur Mündigkeit im sozialen, demokratischen Gemeinwesen erzogen. Viele Lehrer und Lehrerinnen wissen das, haben andere Ziele und wollen ein anderes Schulklima und Lehrer-Schüler-Verhältnis. Zugleich wollen sie einen störungsfreien oder zumindest

---

88 Oder anders formuliert: »Wir brauchen unsere Kinder nicht zu erziehen, sie machen uns sowieso alles nach!« – Karl Valentin

störungsarmen Unterricht, in dem sich nicht der oder die Stärkste und Lauteste durchsetzt und nicht die Rechte des einen oder der einen verletzt werden.

Erziehungsprozesse stehen immer in dem Spannungsverhältnis, einerseits zu wissen, dass Kinder und Jugendliche noch nicht für alles Verantwortung übernehmen können, dass ihre Steuerungsfähigkeit noch eingeschränkt ist, andererseits man aber Verantwortung für das eigene Verhalten nur lernen kann, wenn die Anforderungen an die Übernahme von Verantwortung Schritt für Schritt erhöht werden – nichts anderes meint die Erhöhung der Selbstkontrolle und -steuerung und die Stärkung der Eigenverantwortung.[89] Wenn die Anforderungen im Unterricht realistisch und altersgemäß sind, dann sollte den Schülern und Schülerinnen auch diese Eigenverantwortung bewusst gemacht werden – schließlich wollen sie selbst unabhängig und autonom werden und wir haben das Ziel der Stärkung.[90]

Wenn wir hier Schüler und Schülerinnen gemeinsam nennen, so haben wir gleichwohl im Blick, dass Schule auch geschlechtsspezifische Rollen thematisieren sollte – auch das ist ein Aspekt sozialer Kompetenz und kann der Gewaltprävention dienen.[91]

Schließlich sollten die Ziele einer Neuorientierung vor allem auf positive Aspekte ausgerichtet sein, wie z. B. die Initiierung und Förderung von sozialen Kompetenzen, wie z. B. pro-soziales Verhalten, Empathie, Konflikt- und Teamfähigkeit, wie wir es näher am Anfang dieses Kapitels beschrieben haben.

Die genannten Punkte sollten in ein Schulprogramm einfließen, das auf der Basis des umgebenden Sozialraums, der Ressourcen und des Diskurses zwischen SchülerInnen, Lehrenden und Eltern sowie der Vorgaben der demokratisch legitimierten Schulverwaltung und Gesetzgebung sich offen und flexibel entwickelt.

Die in den Kapiteln drei bis sieben behandelten Methoden tragen diesen Zielen einer neu orientierten Schule Rechnung und zielen immer wieder auf die Wiedereingliederung in die Klasse statt auf Ausgrenzung, Bestrafung und Beschämung. Damit dies kein frommer Wunsch bleibt oder gar Lehrer und Lehrerinnen immer wieder hilflos an der Integration scheitern, bedarf es struktureller Vorbereitungen in der Schule, in den einzelnen Klassen und auch hinsichtlich der Handlungskompetenzen der Erziehungspersonen.

---

89 So die Überschrift des dritten Kapitels
90 Cornel 2007, S. 323
91 Ebd., S. 323

2.6 Methoden und Methodenbausteine zur Vermittlung von sozialen Kompetenzen und Gewaltprävention

Das so entwickelte Programm, das in den folgenden Kapiteln ausgeführt und für die Leser und Leserinnen erlernbar dargestellt wird, beansprucht durch eine Kombination von zielgenauen und auf mehreren Ebenen (primär- und sekundärpräventiv) ausgerichtete Methoden, die Präventionsarbeit in der Schule zu optimieren. Wenn die vorgenannten Interventionsmöglichkeiten fest im pädagogischen Alltag verankert werden, sind sie nicht nur Bausteine der Wertevermittlung und des sozialen Kompetenzerwerbs, sondern auch Teil der Schul- und Organisationsentwicklung.

Der Mehr-Ebenen-Ansatz des Programms hat sich zunehmend zu einem systemischen Konzept zur Förderung der sozialen und interkulturellen Kompetenz sowie der Gewaltprävention/-intervention entwickelt. Eine Erweiterung unseres Programms erfolgte 2011 durch das Konzept der »Neuen Autorität« von Haim Omer und Arist von Schlippe.[92] Die Interventionen und Tools sowie Verfahren des Programms sind konkret, praktikabel und richten sich insbesondere an Lehr- und Fachkräfte in den Bereichen Schule und Jugendhilfe, die sich mit dem Konzept der »Selbstwertstärkenden konfrontierenden Pädagogik« und der »Neuen Autorität« intensiver auseinandersetzen, die Haltungen und Interventionsmöglichkeiten dieser Ansätze vertiefen und in ihrer beruflichen Praxis anwenden möchten.

Dieses Präventionsprogramm wird an der Alice Salomon Hochschule Berlin (ASH) seit 2006 regelmäßig Jahr für Jahr als berufsbegleitender Zertifikatskurs »Pädagogik für Vermittlung sozialer Kompetenzen & Gewaltprävention« angeboten, evaluiert und durch Rückkopplungsprozesse aus den Schulen und Einrichtungen weiterentwickelt.[93] Neue Erkenntnisse wurden laufend integriert, um im Sinne einer Qualitätssicherung eine kontinuierliche Optimierung zu erreichen. Inzwischen haben mehrere Hundert Personen den Kurs erfolgreich absolviert und in die Praxis der Schulen und Jugendhilfe umgesetzt.

Die Methodenbausteine bzw. einzelne Praxismodelle des Programms wurden mittlerweile in Deutschland, Österreich und in der Schweiz in über 140 Schulen und Einrichtungen der Kinder- und Jugendhilfe erfolgreich erprobt und nachhaltig implementiert.

Im Folgenden werden die 5 Methodenbausteine kurz genannt, die im Zentrum des Buches stehen und mit Beispielen, Übungen und Arbeitshilfen den Leserinnen und Lesern nähergebracht werden sollen.

---

92 Omer/Schlippe 2004; Omer/ Schlippe 2010; vgl. auch Körner/Lemme 2011; Lemme/ Eberding/Tillner 2009, Lemme/Körner 2016
93 Weitere Informationen unter: http://www.ash-berlin.eu/weiterbildung

2.6 Methoden und Methodenbausteine zur Vermittlung von sozialen Kompetenzen

1. Trainingsraum-Methode

Die »Trainingsraum-Methode«[94] ist ein Programm, das einen eigenverantwortlichen Umgang der Kinder und Jugendlichen mit Störungen zum Ziel hat. »Jeder hat das Recht auf ungestörten Unterricht« – so lautet der zentrale Satz der Trainingsraum-Methode. Klare Regeln und Konsequenzen geben den Kindern und Jugendlichen Halt und Orientierung. Die einheitliche Reaktion auf (Unterrichts-)Störungen und der wertschätzende Umgang mit den Betroffenen motivieren zur Verhaltensänderung und stärken die Eigenverantwortung, Selbstkontrolle und Frustrationstoleranz und wirken vorbeugend gegen als destruktiv, »auffällig« erlebte Verhaltensweisen und auch gegen Gewalt. Zentrale Elemente dieses Methodenbausteins sind die Transparenz der Konsequenzen und der Regelbezug sowie das beständige Bemühen um Integration statt strafenden Ausschlusses.

2. Konfrontatives Sozial-Kompetenz-Training (KSK)

Beim »Konfrontativen Sozial-Kompetenz-Training«[95] handelt es sich um ein verhaltensorientiertes Trainingsprogramm mit einem konfrontierenden Ansatz. Sein zentrales Ziel ist die Vermittlung von sozialen Fertigkeiten und kognitiven Fähigkeiten (= soziale Kompetenz), die Kindern und Jugendlichen helfen können, in Schule, Ausbildung und Berufswelt zu bestehen und mit Gleichaltrigen sowie mit Autoritätspersonen besser klarzukommen. »Miteinander klarkommen« in der Schule, Ausbildung und Berufswelt – die Entwicklung von eigenverantwortlichem Handeln, der Initiierung von Einfühlungsvermögen, Konflikt-, Team- und Kommunikationsfähigkeit, die Erhöhung der Selbstkontrolle/-steuerung und der Selbstwirksamkeit der Betroffenen – sind die »zentralen Herausforderungen« für alle Lehr- und Fachkräfte in der Schule und Jugendhilfe.

3. Mediation/Streitschlichtung

Viele Auseinandersetzungen enden in einer Eskalationsspirale, weil jede Konfliktpartei in ihren Gefühlen und Bedürfnissen verletzt ist und sich durchsetzen bzw. rächen möchte. Beide sind in der jeweils eigenen Sichtweise gefangen und suchen die Schuld beim Gegenüber. Weil keine Seite bereit ist, den ersten Schritt zu machen, können Missverständnisse nicht geklärt werden und die Fronten verhärten sich. Beide Seiten reagieren empfindlich und beim geringsten Anlass gibt es neuen Streit. In solchen Fällen hilft die Methode der Mediation[96], bei der eine dritte Person zwischen den Konfliktparteien vermittelt und hilft, das Recht auf gewaltfreie Konfliktlösung umzusetzen. Ausgebildete Mediatoren/-innen, Konfliktlotsen oder Streitschlichter bringen beide Seiten an einen Tisch, sorgen für eine konstruktive

---

94 Vgl. vor allem die Ausführungen in Kapitel 3
95 Vgl. vor allem die Ausführungen in Kapitel 4
96 Vgl. vor allem die Ausführungen in Kapitel 5

Gesprächsatmosphäre, helfen den Konflikt zu verstehen und unterstützen die Suche nach einer für beide Seiten zufriedenstellenden Lösung.

4. Neue Autorität und gewaltloser Widerstand in der Erziehung

Das von Haim Omer (Universität Tel Aviv) und seinem Team entwickelte Konzept der »Neuen Autorität«[97] findet als systemischer Ansatz immer mehr Verbreitung in Schulen sowie in Einrichtungen der Kinder- und Jugendhilfe. Es bietet neue Wege für diejenigen, die mit »auffällig« und gewaltbereit erlebten Kindern und Jugendlichen und deren Familien arbeiten. Das Konzept beschreibt die Notwendigkeit, Autorität neu zu definieren und den verantwortlichen Erziehungspersonen Mittel an die Hand zu geben, um unter anderem Regeln aufzustellen und deren Einhaltung wertschätzend aufrechterhalten zu können. Die Betroffenen lernen, die entstandenen Eskalationsprozesse zu erkennen und aus diesen auszusteigen, deeskalierend und beziehungsfördernd vorzugehen sowie anhand der Interventionsmöglichkeiten der »Neuen Autorität«, eines transparenten öffentlichen Vorgehens und der Nutzung eines Unterstützungsnetzwerkes neue Möglichkeiten der Entwicklung tragfähiger Beziehung verantwortlich zu entwickeln.

5. Wiedergutmachung

An jeder Schule und in jeder sonstigen pädagogischen Einrichtung gibt es Kinder und Jugendliche, die uns durch gewaltbereites Verhalten herausfordern. Sie haben großen Einfluss auf das soziale Klima, ziehen andere Gruppenmitglieder in ihren Bann und die verantwortlichen Erziehungspersonen sind mitunter ratlos, wie sie auf diese Verhaltensweisen kompetent reagieren sollen. Herkömmliche Reaktionen und Interventionen wie »Strafen« zeigen nicht die erwünschte Wirkung oder führen sogar zu einer Verschlimmerung der Situation. Zudem kommen häufig die ›Opfer‹ zu kurz. Die Wiedergutmachung ist eine wirksame Methode zur Bearbeitung von (überwiegend) einseitig verursachten Konflikten.[98] Ziel ist, die betroffenen Kinder und Jugendlichen so mit den Folgen ihres Verhaltens zu konfrontieren, dass sie emotional berührt werden und Verantwortung für den entstandenen Schaden übernehmen. Gleichzeitig soll die Beziehung zu den jungen Menschen in »Wachsamer Sorge«[99] gestärkt werden.

In den folgenden fünf Kapiteln werden diese erprobten Methodenbausteine nun so präsentiert, dass sie von den Lesern und Leserinnen angeeignet, im Zusammenwirken mit dem Kollegium, den Schülerinnen und Schülern sowie den Eltern implementiert und praxisgerecht angewandt werden können.

---

97 Vgl. vor allem die Ausführungen in Kapitel 6
98 Vgl. vor allem die Ausführungen in Kapitel 7
99 Zum Konzept der »Wachsamen Sorge« siehe ausführlich Omer 2015; Lemme/Körner 2016, S. 39–50

3 Trainingsraum-Methode – ein Programm zur Stärkung der Eigenverantwortung

3.1 Ausgangslage

Die größte Herausforderung für Lehrpersonen ist gewöhnlich nicht das Unterrichten der eigenen Fächer, sondern der Umgang mit der Leitung und Führung einer Klasse während des Unterrichtens. Zugleich ist dies aber die Aufgabe, auf die in der primären LehrerInnenbildung nach wie vor zu wenig vorbereitet wird. So bleibt denn auch der Umgang mit Störungen und »Disziplinproblemen« weitgehend dem persönlichen Temperament und Gutdünken der jeweiligen Lehrkraft überlassen und wird viel zu wenig von professionellen Kenntnissen und Fertigkeiten bestimmt.[100]

Die Mehrzahl der LehrerInnen macht immer wieder die Erfahrung, dass sie mit herkömmlichen Maßnahmen wie Ermahnungen, Strafarbeiten, Verlassen des Klassenraums bis hin zu schulischen »Erziehungs- und Ordnungsmaßnahmen«, die Unterrichtsstörungen und das als »auffällig« erlebte Verhalten ihrer SchülerInnen nicht in den Griff bekommen. Sie müssen daher immer wieder aufs Neue, Tag für Tag, gegen Unterrichtsstörungen »ankämpfen«. Diese oft eskalierenden Auseinandersetzungen mit SchülerInnen zermürben und ermüden auf Dauer und tragen nicht unerheblich zu gesundheitlichen Beeinträchtigungen wie zum Beispiel dem Burn-out bei Lehrkräften bei. Der Tenor vieler Burn-out-Studien in diesem Zusammenhang lautet: Die Qualität von Schule und Unterricht, das Klima einer Schule bzw. Klasse, die Handlungskompetenz der LehrerInnen und ihre Zuwendung zum/zur SchülerIn sind wesentliche Faktoren der Entstehung von Aggression und Gewalt bzw. protektive und präventive Faktoren.[101]

Insbesondere in Fortbildungen mit Lehrkräften haben die Verfasser, gerade wegen dieser Ohnmachtsgefühle und Hilflosigkeit sowie des zunehmenden »Leidensdrucks« bei LehrerInnen, die Erfahrung gemacht, dass jeder neue Vorschlag zur Reduzierung von Unterrichtsstörungen in Kollegien zunächst einmal auf Neugier und Interesse stößt. Die Bereitschaft, sich mit der Prävention von Störungen auseinanderzusetzen, ist groß.

Nach der allgegenwärtigen Debatte über Gewalt in der Schule, die vehement das Vermitteln sozialer Kompetenzen in den Fokus rückte, ist seit der internationalen PISA-Vergleichsstudie (2000) auch das schulische Leistungsniveau in Deutschland in Verruf geraten. Für beide Phänomene, das Fehlen sozialer Kompetenzen bei

---

100 Nolting 2002, S. 11 ff.
101 Ksienzyk/Schaarschmidt 2005, S. 72–87; Schaarschmidt/Kieschke 2007, S. 81–98

SchülerInnen und ihre mangelhafte Kompetenz, erlerntes Wissen anzuwenden, sind in der öffentlichen Debatte die LehrerInnen als die Hauptverantwortlichen der Misere ausgemacht worden.

Vor diesem Hintergrund wird der Auftrag der Schule in den letzten Jahren umfassender definiert. Er enthält neben der Vermittlung von Wissen (Bildungsauftrag) auch die Vermittlung von Werten und Normen, sozialen Fertigkeiten und kognitiven Fähigkeiten (soziale Kompetenz). Dazu gehören die Entwicklung und Förderung von eigenverantwortlichem Denken und Handeln, die Anerkennung von Regeln im Umgang miteinander sowie Konflikt-, Team- und Kommunikationsfähigkeit (=Erziehungsauftrag). Die umfassende Wahrnehmung des Bildungs- und Erziehungsauftrages der Schule ist eine Forderung, die aktueller denn je ist.[102]

Das Trainingsraumkonzept rückt den Erziehungsauftrag der Schule in den Mittelpunkt. Das Programm beansprucht, zu einer Stärkung des Verantwortungsbewusstseins der SchülerInnen und durch die Reduzierung von Unterrichtsstörungen zu einem stressfreien Unterricht für LehrerInnen beizutragen.

Wichtig sollte in diesem Kontext die innere Verpflichtung aller Beteiligten sein, den Unterrichtsalltag als »Trainingsraum« für die Vermittlung und Förderung sozialer Kompetenzen zu nutzen. Nach Grüner findet nachhaltig wirkungsvolle Gewaltprävention bereits im ganz normalen Unterricht statt. Denn in jeder Unterrichtsstunde gibt es eine Vielzahl von Möglichkeiten gewaltpräventiv zu wirken.[103] Dabei sind folgende Erfolgsbedingungen zu berücksichtigen:

> »Schule muss erziehen wollen. Solange der Erziehungsauftrag als Zumutung empfunden und dem Bildungsauftrag untergeordnet oder gar geopfert wird und damit nur ein Lippenbekenntnis ist, werden die gemeinsame Wertevermittlung und die Arbeit an einheitlichen Regeln zum Scheitern verurteilt sein. Notwendig ist eine Haltungsänderung. Bestimmte Arbeitshaltungen und ein störungsfreier Unterricht sind das Fundament, auf dem Bildung ruht. Wer effektiv unterrichten möchte, muss dafür sorgen, dass der Unterricht nicht gestört wird und ein Gesprächsklima entsteht, in dem jeder ungestört zu Wort kommen kann. Schüler müssen sich in ihrer Klasse wohl fühlen und respektiert werden. Es gibt gegenüber Heranwachsenden nur eine Aufgabe: Erziehung. Und Bildung gehört dazu. Bildung ist integraler Bestandteil von Erziehung und nichts Separates.«[104]

Störungen in der Klasse, vor allem Störungen zwischen der Lehrperson und der Klasse, haben neben der genannten emotionalen Belastung für LehrerInnen oftmals schwerwiegende Folgen für alle Beteiligten. Durch Störungen geht unendlich viel Lernzeit verloren. Während von offiziell ausgefallenen Unterrichtsstunden oft die Rede ist und selbst drei bis fünf Prozent Stundenausfall zum Politikum werden können, wird die inoffiziell ausgefallene, die durch Störungen verlorene Lernzeit in den gehaltenen Unterrichtsstunden kaum beklagt. Sie kann bis zu sechzig Prozent einer Unterrichtsstunde ausmachen. Dies allein ist bereits Grund genug, das ewige Problem der Unterrichtsstörungen nicht als bloße Nebenerscheinung von Unterricht anzusehen, sondern es so ernst zu nehmen wie den Lernstoff selbst.[105]

---

102 Melzer 2004, S. 46; Bründel/Simon 2007, S. 11 f.
103 Grüner 2006, S. 83
104 Ebd., S. 84
105 Nolting 2002, 15 f.

Die Reaktionen der LehrerInnen auf Störungen sind oft spontan und für die SchülerInnen nicht immer berechenbar bzw. gerecht(fertigt). Ihre Maßnahmen innerhalb eines Kollegiums sind nur selten abgestimmt und daher häufig ohne Wirkung und kommen einer Spirale der sich aufschaukelnden Emotionen gleich. SchülerInnen erleben auf diese Weise im Laufe ihrer Schulzeit die ganze Palette hilflosen und emotionsgeladenen Agierens ihrer LehrerInnen. Sie machen dabei auch die Erfahrung, häufig durch ironische, sarkastische und zynische Bemerkungen ihrer LehrerInnen psychisch verletzt und beschämt zu werden und wagen es meistens nicht, sich zu wehren.[106]

Außer mit abwertenden Äußerungen SchülerInnen gegenüber können sich viele LehrerInnen nur mit starkem Druck durchsetzen. Dies führt bei ihnen selbst häufig zu großer Anspannung und lädt die SchülerInnen immer wieder zu Gegenangriffen ein: Beide, LehrerInnen und SchülerInnen, müssen Abschied nehmen von der Meinung, sie könnten den anderen mit Druck verändern. Denn: »Druck erzeugt Gegendruck«.[107]

Nicht selten sind Lehrpersonen und SchülerInnen in eine »Überkreuz-Kommunikation«[108] verstrickt. Es scheint so, als ob es in der »Lehrer-Schüler-Beziehung« immer wieder ein Machtkampf ist, der das Verhältnis bestimmt. Statt Förderung und Hilfe zur Weiterentwicklung »Gewinner-Verlierer-Spiele«[109], d. h., LehrerInnen lassen die »Eskalation« ihrer Konflikte zu[110] und fühlen sich anschließend oft erschöpft, resigniert oder auch zu weiteren »Racheakten« (Vergeltungsmaßnahmen) bereit. Sie zeigen wenig »professionellen« Umgang mit Störungen, sondern lassen sich oftmals von ihren Emotionen leiten und in Machtkämpfe hineinziehen.[111]

Der Schüler oder die Schülerin ändert sein bzw. ihr Verhalten, wenn er oder sie es will, und die Bemühungen der Lehrperson sollten dahingehen, ihn bzw. sie damit wertschätzend zu konfrontieren, dass er oder sie sich mit Rücksicht auf seine bzw. ihre MitschülerInnen und auch auf seine LehrerInnen an die vereinbarten Regeln halten sollte. Lehrpersonen sollten »Stärke statt Macht«[112] zeigen und auf Konflikte konstruktiv reagieren. Sie sollten den Lernenden Hilfsangebote machen, wie sie ihren LehrerInnen und MitschülerInnen zeigen können, dass sie bemüht sind, sich an die vereinbarten Regeln zu halten.

Die Handlungen der SchülerInnen sind oft spontan, intuitiv und unreflektiert. Manche von ihnen verfügen über ein geringes sozial kompetentes Handlungsrepertoire. Sie haben häufig nicht gelernt, die Konsequenzen ihrer Handlungen zu bedenken und verantwortlich zu handeln, d. h. die Rechte anderer zu respektieren. Sie reden sich oft heraus und rechtfertigen bzw. verharmlosen ihre Handlungen, indem sie die Verantwortung dafür an andere bzw. anderes abschieben. Ihre

---

106 Zum Umgang mit Scham und Beschämung im Kontext der Schule siehe oben in Teil 2.4 sowie Marks, 2005, S. 6–13; Hafeneger 2013, S. 95–133
107 Bründel/Simon 2007, S. 15
108 Miller 2004, S. 19–24
109 Büchner 2003, S. 77; 2005, S. 50 f.
110 Glasl 1999
111 Nolting 2002, S. 12
112 Omer/Schlippe 2010

Rechtfertigungs- und Verharmlosungsstrategien zur Vermeidung von Verantwortung für ihr Verhalten sind vielfältig: »Der hat angefangen!«. – »Alle machen doch dasselbe!«. – »Das war ich nicht!« – »Jemand hat vorher dasselbe mit mir gemacht«. – »Er hat es verdient.« – »Das können Sie mir gar nicht beweisen!« – »Ich habe ja gar nichts gemacht! Immer ich!« – »Sie können mich doch sowieso nicht leiden!« – »Ich musste es tun, sonst hätte ich mein Gesicht verloren!«[113]

Schulen und ihre LehrerInnen können SchülerInnen mit dem Trainingsraumprogramm die für alle sichtbare und wirkungsvolle Antwort geben, dass die SchülerInnen sich mit ihrem Stör- und »auffälligem« Verhalten im Unterricht und ihren problematischen Einstellungen auseinandersetzen und sich bewusstwerden müssen, dass sie für ihr Tun selbst verantwortlich sind (Lernziel: Die Bewusstmachung der Eigenverantwortung!).

> »Der Begriff des Trainings (im Sinne von Wiederholung) verdeutlicht, dass es sich um ein prozessorientiertes und langfristig angelegtes Vorhaben handelt. Ziel ist es, dass Lehrkräfte und Schüler auf der Grundlage von Eigenverantwortlichkeit ihren Anteil im Umgang mit Unterrichtsstörungen wahrnehmen, reflektieren und ihr Verhalten ändern.«[114]

Insbesondere für LehrerInnen bedeutet dies, dass sie ebenfalls umdenken müssen, d. h. auf Störungen von SchülerInnen nicht mehr mit Abwertung, Bestrafung oder unwirksamen Sanktionen reagieren sollen. Sie sollten sich klarmachen, das »der Schüler stört, weil ihn etwas zum Störer macht«.[115] SchülerInnen sollen lernen, dass sie über ihr Verhalten selbst entscheiden und deshalb auch selbst verantwortlich sind. Und dies genau geschieht in der Anwendung des Trainingsraumkonzepts. Das Konzept setzt das Bestehen von klaren Regeln/Vereinbarungen und klaren Konsequenzen voraus. Der Schüler oder die Schülerin befolgt die Anweisung der LehrerInnen, nicht, weil er sich ihnen unterwirft, sondern weil er die Idee bzw. Notwendigkeit akzeptiert, dass in der Klasse Regeln des Zusammenarbeitens wichtig und unerlässlich sind. Klare Regeln und klare Konsequenzen stecken den Rahmen für wünschenswertes Verhalten ab und geben den SchülerInnen Sicherheit und Orientierung für den Umgang miteinander. SchülerInnen möchten wissen, woran sie sind und was sie tun dürfen und unterlassen sollen. SchülerInnen wünschen sich starke Erwachsene und reagieren oft wütend und enttäuscht auf falsches Nachgeben und können dieses ausnutzen.

LehrerInnen haben daher keine echte Wahl: Sie können Störungen nicht dauerhaft aus dem Weg gehen. Die einzige Wahlmöglichkeit, die sie haben, ist, entweder das große Potenzial an Lernmöglichkeiten anzunehmen, die in Unterrichtsstörungen und anderen Konflikten liegt und professionell damit zu arbeiten, oder aber achtlos an den Konflikten vorbeizugehen und sie als nervige Störungen und Unterbrechungen zu betrachten. Die Folge ist, dass ihre Arbeitszufriedenheit weiter sinkt und das sogenannte Burn-out-Syndrom mit an Sicherheit grenzender Wahrscheinlichkeit irgendwann nicht mehr abwendbar ist.[116]

---

113 Redl/Winemann 1984, zitiert nach Bründel/Simon 2007, S. 43
114 Weithöner 2011, S. 119
115 Miller 2000, S. 37
116 Durach u. a. 2002, S. 9 f.

3.2 Konzeption

Das Trainingsraumkonzept basiert auf einem amerikanischen Programm, das von Edward Ford in Phoenix (Arizona) erstmalig formuliert worden ist. Ford nannte das Programm »Responsible Thinking Program – RTP«.[117] Stefan Balke übernahm 1996 erstmals wesentliche Aspekte des Konzepts in seinem Buch »Die Spielregeln im Klassenzimmer«.[118] Etwa zeitgleich haben Heidrun Bründel und Erika Simon das sogenannte »Ford-Programm« für deutsche Schulen angepasst.[119] Im deutschsprachigen Raum ist das Programm mittlerweile in allen Schulformen bekannt und hat sich vielfach bewährt.

Die handlungstheoretische Grundlage des Konzepts ist die von Powers entwickelte Wahrnehmungskontrolltheorie (Perceptual Control Theory – PCT).[120] Powers geht davon aus, dass Verhalten nicht wie im klassischen Behaviorismus von außen, sondern nur von innen – also durch die Person selbst – steuerbar ist. Menschliches Verhalten ist also entsprechend der PCT stets zielgerichtet, wobei sich die Ziele aus den Wünschen, Absichten, Einstellungen und Überzeugungen des Einzelnen ergeben. Die Ziele bestimmen die Handlungen des Menschen. Demnach handeln Menschen nur dann, wenn ihre Wahrnehmung nicht mit ihren Zielen oder Wünschen übereinstimmt. Die Diskrepanz zwischen dem, was ein Mensch wahrnimmt und dem, was er wahrnehmen möchte, setzt eine Handlung oder ein Verhalten in Gang. Dies ist das Motiv für eine Handlung. Möchte man also eine dauerhafte Verhaltensänderung einer Person bewirken, so muss man sich mit den Wünschen und Zielen auseinandersetzen, die ursächlich für eine Handlung sind.

Es ist zwar möglich, einer Person eine Handlung zu verbieten, es ist aber eine Illusion, ihre inneren Wünsche oder Ziele zu kontrollieren.[121]

In der schulischen Situation inszeniert sich der hier beschriebene Sachverhalt oft folgendermaßen: Die Lehrperson beobachtet die Handlung eines Schülers oder einer Schülerin und schließt daraus auf die der Handlung zugrundeliegende Absicht. Dies bleibt allerdings eine Vermutung, die ebenso gut falsch sein kann. Sehr oft fordern LehrerInnen die betreffenden SchülerInnen auf, die den Unterricht störende Handlung einzustellen. Die Handlung selbst ist für die SchülerInnen allerdings oft unwesentlich. Wichtig ist für sie nur die Erreichung des darunterliegenden Zieles (Wunsch). In vielen Fällen ist es nicht das Ziel der SchülerInnen zu stören, sondern die Störung ist eigentlich unbeabsichtigter Nebeneffekt. Aus der Sicht der LehrerInnen hat das störende Verhalten von SchülerInnen im Unterricht oft keinen Sinn, für SchülerInnen aber durchaus.

Da sich in einer Klasse viele SchülerInnen mit höchst unterschiedlichen Zielen und Wünschen befinden, kommt es immer wieder zu den alltäglichen Unterrichtsstörungen, da SchülerInnen es nicht gewohnt sind, ihre Handlungen antizi-

---

117 Ford 1997 und 1999
118 Balke 2003
119 Bründel/Simon 2007
120 Powers 1973 und Powers 1998
121 Bründel/Simon 2007, S. 29 ff.

patorisch zu reflektieren und daraufhin zu überprüfen, ob sie angemessen und situationsgerecht sind. Die reflexive Auseinandersetzung mit den eigenen Wünschen und Zielen und den daraus entstehenden Folgen ist also die Grundlage dafür, dass Verhaltensänderungen initiiert werden können. Die Hauptarbeit der Lehrperson besteht daher darin, die Reflexionsfähigkeit der SchülerInnen zu fördern, indem durch angeleitete Selbstaufmerksamkeit und Selbstbeobachtung versucht wird, selbstregulatorisches Handeln zu erreichen. Das Nach- und Durchdenken des eigenen Handelns ist Sinn und Zweck des Aufenthaltes im Trainingsraum, wobei alle Gespräche im Trainingsraum nach der Methode der kooperativ-lösungsorientierten Gesprächsführung ablaufen.

Neben der Wahrnehmungskontrolltheorie als Erklärungsmodell basiert das Trainingsraumprogramm auf einem wissenschaftstheoretischen Handlungsmodell mit einem humanistischen Menschenbild.[122]

In der nachfolgenden Übersicht werden die Vorteile und Chancen des Programms aus LehrerInnen- und aus SchülerInnensicht im Überblick dargestellt.[123]

Das Programm aus LehrerInnen- und aus SchülerInnensicht

Tab. 1: Im Unterricht

Sicht des Lehrers oder der Lehrerin	Sicht des Schülers oder der Schülerin
Ich nehme Dein Störverhalten wahr und reagiere darauf.	Ich störe, werde aber nicht abgelehnt.
Ich weise Dich auf die Regeln hin.	Ich mache mir die Regelverletzung bewusst.
Ich frage Dich, was Du möchtest.	Ich überlege und bedenke die Konsequenzen.
Ich überlasse Dir die Entscheidung.	Ich bin für mein Tun selbst verantwortlich.

Tab. 2: Im Trainingsraum

Sicht des Lehrers oder der Lehrerin	Sicht des Schülers oder der Schülerin
Ich spreche mit Dir über Dein Störungsverhalten.	Ich überlege, was ich eigentlich beabsichtigt und wie ich meine Absicht in die Tat/Handlung umgesetzt habe.
Ich höre Dir zu und helfe Dir beim Nachdenken.	Ich werde unterstützt.
Ich gebe Dir Zeit und helfe Dir, den Plan zu erstellen.	Ich denke darüber nach, was ich verändern kann.

---

122 Mutzeck 2002, S. 49 ff.
123 Bründel/Simon 2007, S. 46

Tab. 3: Im Unterricht (nach Rückkehr in die Klasse)

Sicht des Lehrers oder der Lehrerin	Sicht des Schülers oder der Schülerin
Ich begleite Dich auf Deinem Veränderungsweg.	Ich werde nicht allein gelassen. Ich werde unterstützt.
Ich erinnere Dich an die Grundregeln.	Es gibt mich und andere. Wir haben dieselben Rechte und Pflichten.

3.3 Voraussetzungen und Umsetzung des Programms

Grundlage des Trainingsraumkonzepts ist die Anerkennung, dass Lehrende und Lernende sich in der Schule in einer Gemeinschaft befinden, die durch klare Regeln und klare Konsequenzen gekennzeichnet ist. Die Grundregeln einer jeden Schule im Sinne der Grundidee der Eigenverantwortung lauten:

- Jeder Schüler und jede Schülerin hat das Recht auf guten Unterricht und die Pflicht, diesen störungsfrei zu ermöglichen.
- Jeder Lehrer und jede Lehrerin hat das Recht auf störungsfreien Unterricht und die Pflicht, diesen gut zu gestalten.
- Rechte und Pflichten von LehrerInnen und SchülerInnen müssen von allen gewahrt, respektiert und erfüllt werden.[124]

Die Grundidee der Eigenverantwortung besteht darin, dass LehrerInnen und SchülerInnen nur für ihr eigenes Denken und Handeln verantwortlich sind: Die LehrerInnen sind für das Lehren verantwortlich, d. h. ihren Unterricht bestens vorzubereiten, dabei die Erkenntnisse einer zeitgemäßen Didaktik und Methodik zu berücksichtigen und, was ganz wichtig ist, eine gute Beziehung zu ihren SchülerInnen herzustellen und sie mit Respekt und Wertschätzung zu behandeln. Der Begriff »Eigenverantwortung« enthält den oben beschriebenen Bildungs- und Erziehungsauftrag von Schule.

Die SchülerInnen sind für das Lernen verantwortlich. Lernen geschieht in Selbstorganisation. Für das Lernen der SchülerInnen sind die LehrerInnen nicht verantwortlich, allenfalls für die Bedingungen, die das Lernen ermöglichen und erleichtern. Damit LehrerInnen und SchülerInnen ihren jeweiligen Teil der Verantwortung übernehmen können, müssen alle an der Schule Beteiligten ein »Bündnis für Erziehung« eingehen, damit der Wert »Erziehung« in der Schule wieder seinen Platz finden und gestärkt werden kann. Die Grundidee eines solchen

---

124 Bründel/Simon 2007, S. 43; Claßen/Nießen 2006, S. 30

Bündnisses liegt in einer »Erziehungspartnerschaft«, an der LehrerInnen, SchülerInnen und Eltern sowie außerschulische Kooperationspartner, die mit der Erziehung von Kindern und Jugendlichen befasst sind, teilhaben.[125]

In diesem Sinne nimmt das Konzept im Rahmen einer systemisch-lösungsorientierten Betrachtungsweise LehrerInnen, SchülerInnen und auch die Eltern in die Erziehungsverantwortung. Ein konstruktives Schul-, Lern- und Unterrichtsklima wird damit als ein komplexes System vielfältiger Interaktionsprozesse verstanden. Schulen und ihre LehrerInnen, die sich mit den pädagogischen Möglichkeiten und Grenzen des Trainingsraumkonzepts in der Planungs- und Umsetzungsphase auseinandersetzen, kommen zu der Erkenntnis, dass ein enger Zusammenhang zwischen Unterrichtsqualität, gelungenem »Classroom-Management«[126], wie es Christoph Eichhorn beschrieben hat, und dem Auftreten von Unterrichtsstörungen besteht.[127]

3.3.1 Aufstellung und wertschätzende Anwendung von Regeln

Es gilt, neben den oben genannten drei grundlegenden Rechten für den Unterricht, wenige, aber klare Regeln mit den SchülerInnen gemeinsam zu erarbeiten. Es hat sich als sehr sinnvoll herausgestellt, wenn die LehrerInnen nicht nur die Regeln mit ihren SchülerInnen gemeinsam aufstellen und besprechen, sondern auch das »neue« Vorgehen bei Störungen praktisch üben. Die LehrerInnen erläutern was passiert, wenn ein Schüler oder eine Schülerin gegen die vereinbarten Regeln verstößt. Es werden die »Konsequenzen« dargestellt und mit Hilfe kleiner Rollenspiele mit den SchülerInnen eingeübt.

Unsere bisherigen Erfahrungen haben gezeigt, dass es nicht allzu schwer ist, einen Konsens unter den SchülerInnen über die Sinnhaftigkeit von Regeln herzustellen. Sie stimmen sofort zu, dass es Regeln geben muss. Schwieriger ist für sie der Umgang mit den Konsequenzen bei Regelverletzungen. Die Erarbeitung von Regeln geschieht in einer offenen und angenehmen Atmosphäre (offener Stuhlkreis, freundlicher und heller Raum etc.). Um die Bereitschaft und das Interesse der SchülerInnen für die gemeinsame Erarbeitung von Regeln und Vereinbarungen zu erhöhen, ist es wichtig, vor Beginn dieses Prozesses einige Spiele oder Übungen zum gegenseitigen Kennenlernen und Erleben von Gemeinschaft durchgeführt zu haben. Dadurch entstehen für die SchülerInnen das entsprechende Klima und die nötige Motivation, sich aktiv in den Prozess einzubringen.

---

125 Bründel/Simon 2007, S. 12
126 Eichhorn 2012; unter dem Begriff Classroom-Management versteht man die Gesamtheit aller Aktivitäten und Verhaltensweisen von Lehrkräften mit dem Ziel, ein optimales Lernumfeld und eine angenehme Unterrichtsatmosphäre zu gestalten. Themengebiete sind u. a.: Feedback-Verfahren, Evaluation, kollegiale Beratung/Supervision, Unterrichtsbesuche, Raumgestaltung, Regelarbeit und Rituale, SchülerInnen-Autonomie (Klassenrat), Konfliktlösungsstrategien, Gruppenmanagement, Verstärkung (reinforcement), Fördermaßnahmen, individuelle Leistungsbewertung etc.
127 Weithöner 2011, S. 119 f.

Für die Formulierung und Aufstellung von Regeln gibt es Erfolg versprechende Empfehlungen und hilfreiche Materialien.[128] Effektive Regeln sind:

- **wenige:** Je weniger, umso besser! Möglichst nicht mehr als sieben, z. B. eine Bewegungsregel, eine Kommunikationsregel, eine Umgangsregel, eine Eigentumsregel.
- **vernünftig:** Brauchen wir diese Regel wirklich? Welche Rechte werden durch diese Regel geschützt? Fördert sie das Lernen?
- **verständlich:** Kurze und einfache Sätze sollen die Sache auf den Punkt bringen.
- **positiv:** Nicht als Verbot, sondern als Gebot formulieren, ohne »nicht« oder »kein«.
- **verbindlich:** Die erwünschte Verhaltensweise nicht als »Wir wollen ...«, sondern in einer »Ich-Formulierung« beschreiben. Zum Beispiel statt: »*Wir wollen uns nicht unterbrechen!*« besser: »*Ich lasse andere ausreden und höre ihnen zu!*«
- **beobachtbar:** sichtbares, konkretes Verhalten beschreiben, also nicht einfach »*gut*« oder »*nett sein*«, sondern »*Ich helfe anderen!*«
- **kompatibel:** Die Regel darf nicht im Widerspruch zur Schulordnung etc. stehen.
- **durchsetzbar:** Ist die Einhaltung ohne großen Aufwand überprüfbar? Was passiert, wenn sie nicht befolgt wird?[129]

Regeln stecken den Rahmen für wünschenswertes Verhalten ab und geben den SchülerInnen und ihren LehrerInnen Sicherheit und Orientierung. SchülerInnen möchten wissen, woran sie sind und was sie tun dürfen und unterlassen sollen. Wenn die Regeln des Zusammenarbeitens aufgestellt worden sind, können sich die LehrerInnen darauf berufen, auf die Regeln verweisen und bei Bedarf auch die Konsequenzen ziehen, die sie bei Regelverstößen angekündigt haben. Jedem Regelverstoß müssen klar definierte Konsequenzen folgen. Konsequenzen unterstützen die SchülerInnen beim Trainieren wichtiger sozialer Kompetenzen (persönlicher Fähigkeiten).[130]

Durch die Anwendung klarer Regeln und klarer Konsequenzen wird die Selbststeuerung und Selbstkontrolle bei SchülerInnen und LehrerInnen gefördert bzw. gestärkt. Das Erleben, Verhalten willentlich lenken zu können, lässt zunehmend das Gefühl von Selbstwirksamkeit bei den SchülerInnen und LehrerInnen entstehen; einer der wichtigsten Bausteine zur Entwicklung der Eigenverantwortung und sozialer Handlungskompetenz.[131]

Nach Bründel und Simon sollte es vor Beginn des Prozesses zur Aufstellung von Regeln mit der Klasse möglichst einen Konsens im Kollegium darüber geben, auf

---

128 Vgl. hierzu ausführlich Durach u. a. 2002, S. 91–126; Eichhorn 2014, S. 24–61; Grüner/Hilt/Tilp 2015, S. 9–76; Leimer 2011, S. 33–40; Nolting 2002, S. 43–74
129 Angepasst und erweitert nach Lohmann 2015, S. 127 ff.
130 Bründel/Simon 2007, S 48 f.
131 Büchner 2013, S. 202

welche Störungen[132] und auch auf welches soziale Miteinander sich die Regeln beziehen sollen.[133]

Hierbei hat es sich als hilfreich und förderlich erwiesen, wenn sich die einzelnen LehrerInnen vorab mit den folgenden Fragen auseinandersetzen:

- Weshalb ist mir diese Regel wichtig? (Was ändert sich, wenn diese Regel fehlt?)
- Wer hat diese Regel wann aufgestellt?
- Für wen gilt sie?
- Wem ist sie bekannt?
- Woran merken meine KollegInnen, dass mir diese Regel wichtig ist?
- Wer verstößt gegen diese Regel häufiger? – Wie reagiere ich darauf, wenn diese übertreten wird?
- Wie entwickelt sich die Situation, wenn diese Regel nicht eingehalten wird?
- Welche Konsequenzen erfahren diejenigen, die die Regel nicht einhalten?

Wünschenswert wäre es, wenn LehrerInnen eines Kollegiums sich auf einen Grundkanon von Störungen einigen könnten, die sie durch positive Regelformulierungen auf jeden Fall vermeiden wollen.[134]

Folgende Regeln im Unterricht haben sich in vielen Schulen bewährt:[135]

> **Bewährte Regeln im Unterricht**
>
> - Ich höre zu, wenn andere sprechen.
> - Ich melde mich und warte, bis ich aufgerufen werde.
> - Ich passe im Unterricht auf und beteilige mich.
> - Ich spreche und verhalte mich höflich.
> - Ich gehe rücksichtsvoll mit anderen um.
> - Ich achte das Eigentum anderer.
> - Ich befolge die Anweisungen meiner LehrerInnen.

Jeder Schüler und jede Schülerin unterschreibt eine »*Vereinbarung – Unsere Regeln in der Klasse*« und bekommt diese persönlich ausgehändigt. Die Eltern sollten ebenfalls darüber informiert werden.

---

132 Eine hilfreiche Methode kann die 3+1-Körbe-Technik nach Uri Weinblatt sein, um herausfordernd erlebte Verhaltensweisen zu priorisieren. Grüner Korb: ärgerliche Verhaltensweisen, die akzeptiert werden, weil sie kinder- oder jugendrelevant sind. Gelber Korb: langfristig nicht akzeptable Verhaltensweisen, die aber derzeit nicht im Mittelpunkt stehen und hierbei auch Kompromissbereitschaft signalisiert wird. Roter Korb: all die Verhaltensweisen, die nicht geduldet werden können, weil es vor allem um Schutz und Sicherheit geht. Weißer Korb: Hier werden all die Potentiale, Ressourcen, Fähigkeiten gesammelt, um nicht in eine Problemtrance zu fallen und den Blick auf die positiven Anteile von Kindern und Jugendlichen zu richten.
133 Bründel/Simon 2007, S. 49
134 Ebd., S. 49
135 Ebd., S. 49

Die aufgestellten Regeln des Zusammenarbeitens können z. B. auch auf ein großes Plakat geschrieben werden, worauf jeder Schüler und jede Schülerin unterschreibt. Das (Klassen-)Plakat mit den formulierten Konsequenzen bei Regelverstößen wird gut sichtbar im Raum aufgehängt. Die vereinbarten Regeln können jederzeit ergänzt und verändert werden.

Die Einhaltung der vereinbarten Regeln können z. B. auch durch ein »Ritual« verstärkt werden, in dem zu Beginn einer jeden Unterrichtsstunde die SchülerInnen aufgefordert werden, die vereinbarten Regeln vor der Klasse zu benennen und deren Einhaltung am Ende einer Stunde bzw. Unterrichtstages mit Signalkarten bewerten (rot = kaum eingehalten, gelb = einigermaßen/geht so, grün = gut eingehalten).

3.3.2 Wie reagieren Lehrkräfte auf Regelverstöße?

Die Wahrnehmungskontrolltheorie von Powers beschreibt drei zentrale Schritte, um bewusste und eigenverantwortliche Verhaltenssteuerung zu trainieren. »An ihnen richtet sich der Frageprozess im Klassen- und der Reflexionsprozess im Trainingsraum aus:

- Verhalten wahrnehmen, um
- Verhalten reflektieren zu können, um perspektivisch
- Verhalten ändern zu können.«[136]

Das Trainingsraumprogramm sieht vor, dass LehrerInnen auf Störungen anders als bisher reagieren. »Nach einer Unterrichtsstörung kommt es zu einem Frageprozess, der sich an folgenden drei Fragen orientiert und je nach Lehrkraft, SchülerIn und Situation variiert werden kann:

1. *Was tust/machst Du gerade?* (Die Frage zielt auf die Wahrnehmung des gerade gezeigten Verhaltens.)
2. *Gegen welche Regel verstößt Du?* (Die Frage versetzt den Schüler oder die Schülerin in die Lage, durch einen Abgleich mit den Klassenregeln und der aktuellen Situation im Unterrichtsraum das Verhalten zu reflektieren und es damit bewusst(er) wahrzunehmen.)
3. *Wofür entscheidest Du Dich, möchtest Du am Unterricht teilnehmen, oder möchtest Du in den Trainingsraum gehen?* (Die Frage ermöglicht dem Schüler oder der Schülerin, sich zu entscheiden, wie er sein Verhalten ändern möchte.)«[137]

Die Fragen müssen *nicht* wörtlich, sondern können anders formuliert und individuell gestellt werden. Wichtig ist aber, dass der Frageprozess ohne Vorwurf und Drohung freundlich, respektvoll und wertschätzend verläuft. Zentrale Funktion des Fragerituals ist der Entscheidungsprozess, in den die SchülerInnen gelangen

---

136 Weithöner 2011, S. 123
137 Ebd., S. 123

sollen. Sie müssen sich entscheiden, ob sie am Unterricht teilnehmen ohne zu stören oder in den Trainingsraum gehen und über ihr Verhalten nachdenken und reflektieren. Bründel und Simon gehen davon aus, dass so die Eigenverantwortlichkeit der SchülerInnen gefördert wird und sie veranlasst, über die Konsequenzen der Entscheidung nachzudenken.[138]

Der Sinn dieses Frageritals besteht darin, dass die SchülerInnen sich ihres Störverhaltens bewusstwerden. Wichtig ist, dass nicht die LehrerInnen – wie sonst üblich – den Regelverstoß benennen, sondern der/die SchülerIn selbst. Die SchülerInnen müssen dann eine Entscheidung treffen. Sie können sich dafür entscheiden im Unterricht zu verbleiben oder aber gleich den Unterricht zu verlassen. Die SchülerInnen wissen, dass sie diese Entscheidungsfreiheit bei einer zweiten Störung bzw. Regelverletzung nicht mehr haben. Daher ist die Frage drei sehr wichtig, denn sie weist die SchülerInnen deutlich darauf hin, dass ihnen bei einer weiteren Störung die Fragen nicht mehr gestellt werden, sondern dass sie dann gleich die Unterrichtsstunde verlassen und in den Trainingsraum gehen müssen.

Wichtig ist, dass die SchülerInnen die Konsequenzen kennen und wissen, dass es sich bei der Anwendung des Frageritals um einen sequentiellen Entscheidungsprozess handelt. Die LehrerInnen fordern diesen Entscheidungsprozess mit Hilfe des Frageritals heraus. Die SchülerInnen sollten wissen, dass sie grundsätzlich immer die Wahl haben, so oder auch anders zu entscheiden. Sie sollen möglichst erkennen, dass die Wahlfreiheit immer zugleich eine begrenzte Wahlfreiheit ist, ob in der Schule, Arbeitswelt oder im gesellschaftlichen Leben. Wichtig ist, dass die LehrerInnen den SchülerInnen die Grundidee der Eigenverantwortung erklären und dass sie ihnen auch sagen, dass sie in jedem Fall gefragt werden, was sie denn gerne möchten. Sie werden immer zur Entscheidung angehalten.[139]

Wenn die vereinbarten Regeln und die Konsequenzen bei Regelverstößen mit den SchülerInnen besprochen und eingeübt worden sind, werden sie in einer »Vereinbarung« festgeschrieben. Die Fragen, die bei Unterrichtsstörungen gestellt werden, können ebenfalls als Klassenplakat erstellt werden. Die Vereinbarung wird von den LehrerInnen, den SchülerInnen und deren Eltern unterschrieben. Die Eltern müssen vor Beginn des Programms informiert werden (z. B. Elternbrief, Elternabend).

3.3.3 Sozialer Trainingsraum

Der Trainingsraum kann – je nach schulischen Bedingungen und Kreativität des Kollegiums – ein Klassenzimmer oder ein besonders eingerichteter Raum (»Raum für eigenverantwortliches Denken« bzw. »Raum für soziales Verhalten«)[140] sein. Diejenigen SchülerInnen, die sich entschieden haben, die Unterrichtsstunde zu verlassen,

---

138 Bründel/Simon 2007, S. 53
139 Bründel/Simon 2007, S. 51 f.; Büchner 2013, S. 187
140 In einer Berliner Grundschule wurde ein Raum mit ähnlichem Konzept »Giraffenraum« genannt und die Tür von außen mit einer entsprechenden Abbildung versehen. Das Vermeiden eines sehr sozialtechnisch klingenden Namens und die Bezeichnung mit einem positiv besetzten, gut erkennbaren Tiersymbol ist unseres Erachtens eine gute Idee.

werden nicht allein gelassen, sondern erhalten von geschulten (Beratungs-)Lehrkräften Hilfe und Unterstützung. Wichtig ist, dass die Beratungskräfte über eine kooperative und lösungsorientierte Beratungshaltung verfügen. Der Schüler oder die Schülerin übergibt zunächst der Beratungslehrkraft, die gerade im Trainingsraum sitzt, den *Laufzettel* bzw. den *Entsendungsbogen*, auf dem der/die Klassen- bzw. FachlehrerIn die erste und auch die zweite Störung kurz vermerkt hat. Der Schüler oder die Schülerin soll nun mit Hilfe des/der TrainingsraumlehrerIn einen »(Rückkehr-)Plan« erstellen. Er/sie soll auf der Grundlage des Plans eine überprüfbare Vereinbarung mit dem Pädagogen oder der Pädagogin treffen und diese einzuhalten versuchen. Die Aufgabe soll mit dem Ziel gegeben werden, dass die SchülerInnen einen Rahmen erhalten, indem sie ihre sozialen Kompetenzen verbessern können. Sinn und Zweck solcher Trainingsraumgespräche ist es, herauszuarbeiten, wie die SchülerInnen es erreichen können, nicht mehr zu stören und wie sie dann ihr Vorhaben möglichst in einem konkreten, messbaren und überschaubaren Plan konkretisieren können. Der Plan berechtigt zur Rückkehr in die Klasse.

In dem Beratungsgespräch mit dem oder der PädagogIn finden die eigentlichen Lernprozesse statt, in dem der Pädagoge oder die Pädagogin mit dem/der SchülerIn nicht nur das »auffällige« Verhalten reflektiert, sondern mit ihm oder ihr gemeinsam auch die Absicht herausarbeitet, die zum Störverhalten geführt hat. Die zentrale Frage lautet: »*Wie kannst Du es schaffen, wieder am Unterricht teilzunehmen, ohne zu stören?*« Oder anders formuliert: »*Wie kannst Du uns zeigen, dass Du Dich zukünftig an die vereinbarten Regeln halten willst?*« Neben der konkreten Erarbeitung von Ideen, nichtstörendes Verhalten zu entwickeln, werden auch die Widerstände, welche die SchülerInnen davon abhalten könnten, angesprochen. SchülerInnen, die die Mitarbeit im Trainingsraum verweigern, werden mit demselben Frageritual wie im Unterricht konfrontiert. Wenn sie immer noch nicht bereit sind mitzuarbeiten, dann entscheiden sie dadurch, dass sie nicht mehr am Unterricht teilnehmen wollen und werden nach Hause geschickt. Falls das aus rechtlichen bzw. organisatorischen Gründen nicht möglich ist, werden sie im Trainingsraum oder einem anderen Raum der Schule anderweitig beschäftigt, bis ihr regulärer Unterricht beendet ist.[141] Allerdings müssen sie am nächsten Tag oder kurze Zeit später mit einem Elternteil oder Erziehungsberechtigten zu einem Gespräch in die Schule kommen, um über das zukünftige Verhalten zu sprechen.[142]

Diejenigen Lehrkräfte, die sich für die Arbeit im Trainingsraum gemeldet haben, sollten in der Methode der kooperativ-lösungsorientierten Gesprächsführung geschult sein. Die Kernpunkte dieser Gesprächsführung sind das »hilfreiche« (aktive) Zuhören und das lösungsorientierte Vorgehen. Das »hilfreiche« Zuhören zeichnet sich dadurch aus,

- dass die Trainingsraum-LehrerInnen offene Fragen stellen, die die SchülerInnen zum Erzählen auffordern,
- dass sie paraphrasieren, d. h. das Verstandene in eigenen Worten wiedergeben, und

---

141 Z. B. im Grundschulbereich
142 Büchner 2013, S. 187 f.

- dass sie die Gefühle ansprechen, die sie bei den SchülerInnen wahrnehmen.[143]

Diese Vorgehensweise ist einer der vielen Unterschiede zum üblichen und immer noch vielfach in deutschen Schulen praktizierten »vor die Tür oder in eine andere Klasse schicken«, bei dem die SchülerInnen dann nämlich wirklich allein auf dem Flur stehen, nichts mit sich anzufangen wissen, in der anderen Klasse isoliert sind, sich ungerecht behandelt fühlen und mit niemanden darüber sprechen können. Das Störungsverhalten bleibt unreflektiert und kann dazu führen, dass sich die SchülerInnen eingeladen fühlen, die Provokationen gegenüber der Lehrerkraft noch zu verstärken oder sich veranlasst fühlen, ihre Wut auch gegen unbeteiligte Dritte zu richten oder durch die Beschädigung und Zerstörung von Schulinventar zu entladen. Die Folge ist, dass sich dadurch die LehrerInnen-SchülerInnen-Beziehung und das Klassen- und Schulklima zunehmend verschlechtern können.[144]

»Auf dieser Handlungsgrundlage bietet das Programm für Lehrkräfte zusätzlich folgende Chancen und Vorteile:

- Ich habe die Chance, einen weitgehend störungsfreien Unterricht zu halten.
- Ich kann vereinbarte Regeln erfolgreich durchsetzen, ohne zu bestrafen.
- Der zeitliche Aufwand, auf Störungen zu reagieren, reduziert sich erheblich (keine langatmigen Ermahnungen und Diskussionen, kein Predigen und Moralisieren).
- Indem ich dafür sorge, dass jede Regelverletzung Konsequenzen hat, unterstütze ich die SchülerInnen beim Trainieren wichtiger sozialer Fertigkeiten und kognitiver Fähigkeiten.
- Ich trenne zwischen Person und Verhalten: Nicht ich, sondern die Konsequenzen sprechen: Die Konsequenz ist unpersönlich. Sie gehört zur Regel.
- Ich trage die Verantwortung für mein eigenes Tun.
- Ich bin verantwortlich für das, was ich ›aussende‹, nicht für das, was ankommt und was die SchülerInnen daraus machen.
- Der scheinbar höhere Arbeitsaufwand wird durch den Zugewinn an Arbeitszufriedenheit wettgemacht.
- Ich schenke störendem Verhalten keine Aufmerksamkeit, sondern schenke sie pro-sozialem Verhalten.

Wenn die Regelentwicklung positiv ist und die Sonderfälle geklärt sind, bleibt Zeit für die eigentlichen Themen des Unterrichts«.[145]

3.3.4 Zusammenarbeit und Beratungsgespräche mit Eltern

Zentraler Bestandteil des Trainingsraumprogramms ist die enge Kooperation zwischen der Schule und ihren LehrerInnen sowie den betroffenen Eltern und

---

143 Büchner 2003, S. 59 ff.
144 Büchner 2013, S. 188
145 Ebd., S. 189

wenn notwendig mit außerschulischen ErziehungspartnerInnen. Alle Beteiligten bewegen sich bei der Umsetzung des Konzepts grundsätzlich im Beratungskontext.

Es gibt SchülerInnen, die sich sehr häufig für den Trainingsraum entscheiden. In vielen Schulen werden nach einer bestimmten Anzahl von Entsendungen in den Trainingsraum die Eltern mit ins Boot geholt. So werden bspw. nach drei Entsendungen in den Trainingsraum die Eltern informiert und zu einem ausführlichen Beratungsgespräch eingeladen. Es wird dann in der Regel davon ausgegangen, dass das »auffällig« erlebte Verhalten so gravierend ist, dass alle Beteiligten gemeinsame Maßnahmen zur Vermeidung weiterer Entsendungen besprechen müssen. Insgesamt sind diese Situationen aber selten.

Dieses Vorgehen gilt auch oftmals für den Fall,

- dass SchülerInnen sich wiederholt weigern, in den Trainingsraum zu gehen,
- dass SchülerInnen beim Gang zum Trainingsraum wiederholt unverhältnismäßige Umwege machen,
- dass SchülerInnen im Trainingsraum weiter gravierend stören oder
- sich weigern den (»Rückkehr-)Plan« auszufüllen.

Wenn Beratungsgespräche erfolglos bleiben, greifen viele Schulen nach wie vor zu schulischen »Erziehungs- und Ordnungsmaßnahmen«. Eine solche Vorgehensweise verortet das Konzept jedoch in einen Zwangskontext, in dem SchülerInnen sich letztlich bestraft und emotional abgewertet fühlen und nicht zu eigenverantwortlichem Denken und Handeln angeleitet werden. Gerade bei SchülerInnen, die sehr häufig in den Trainingsraum geschickt werden, kommt es darauf an, dass eine Beratungslehrkraft ein stereotypes, weniger lösungsorientiertes Ausfüllen des Rückkehrplans im Gespräch mit den SchülerInnen reflektiert. Wenn einzelne SchülerInnen sich wiederholt im Trainingsraum aufhalten müssen, sollten daher die Besuche auf der Basis einer mediativen Grundhaltung thematisiert werden. Sie sollten möglichst zu moderierten Gesprächen zwischen SchülerInnen und Lehrkraft führen. Denn oftmals sind Konflikte auf der persönlichen Ebene, also zwischen LehrerIn und SchülerIn, für die anhaltenden Störungen verantwortlich.[146]

Nach Weithöner führt nicht die Anzahl der Besuche des Trainingsraums zu eigenverantwortlichem Denken und Handeln, sondern die Qualität der Beratung im Klassen- und im Trainingsraum. Mit Unterstützung der Beratungslehrkraft können die betroffenen SchülerInnen angeleitet und motiviert werden, Verhaltensalternativen zu entwickeln. Häufig auffallende SchülerInnen erleben so – entgegen ihren sonst üblichen Erfahrungen – ein ihnen zugewandtes und wertschätzendes Verhalten der Erwachsenen. Sie erhalten lösungsorientierte Beratung und werden nicht als Person be- oder abgewertet.[147]

Elterngespräche können auch dazu dienen, mit Unterstützung von Fachkräften der Schulpsychologie Hilfen von außen zu erörtern. Dies kann dann der Fall sein, wenn

---

146 Weithöner 2011, S. 124
147 Ebd., S. 125

bei SchülerInnen Störungen in der emotional-sozialen Entwicklung oder diagnostizierte Krankheitsbilder vorliegen. Die verantwortlichen Lehrkräfte sollten sich dann gemeinsam mit den Eltern an außerschulische Kooperationspartner (Erziehungsberatung, TherapeutInnen, ÄrztInnen, Einrichtungen der Kinder- und Jugendhilfe etc.) mit dem Ziel einer klärenden Diagnostik und weiteren Unterstützung wenden.[148]

Beratungsgespräche stellen im Unterschied zu Klassenkonferenzen keine Sanktionsmaßnahmen dar, sondern es handelt sich um Gespräche, in denen die Erfahrung und auch die Vorschläge der Eltern und ggf. der außerschulischen Fachkräfte mitberücksichtigt werden. Diese Gespräche sind zusätzlich zu den Trainingsraumgesprächen ein Versuch, die betroffenen Kinder und Jugendlichen zu motivieren, ihr Verhalten nach den vereinbarten Regeln auszurichten. Von Bedeutung dabei sind die Haltung und das Wissen aller an der Erziehungsarbeit Beteiligten, dass nur die SchülerInnen selbst ihr Verhalten ändern können. Gegen ihren Willen helfen alle Anstrengungen nichts. Damit ist auch ausgesprochen, dass das Trainingsraumkonzept natürlich nicht alle SchülerInnen erreichen kann.[149]

3.3.5 Grenzen des Trainingsraumkonzepts

Es gibt in vielen Schulklassen immer wieder einzelne SchülerInnen, die so »auffällig« erlebt werden, dass sie nur sehr schwer oder überhaupt nicht – auch mit Hilfe konsequent angewandter Regeln und Unterstützung – ein zufriedenstellendes Arbeits- und Sozialverhalten entwickeln können. Welche Maßnahmen dann erforderlich sind, hängt davon ab, worauf diese Verhaltensauffälligkeiten und -störungen zurückzuführen sind. Für viele Lehrkräfte stellt sich dann immer wieder die Frage: Kann der Schüler oder die Schülerin nicht oder will er bzw. sie nicht? In vielen dieser Fälle ist die »normale« Schule kein guter und hilfreicher Ort für die betreffenden SchülerInnen. Das deutsche Schulsystem, wie es gegenwärtig existiert, verträgt nur eine gewisse Bandbreite und kann nicht allen SchülerInnen den nötigen Halt, die Freiheit, die Zuwendung oder die nötige Förderung geben.

Wenn ein Schüler oder eine Schülerin keinerlei Bemühungen in Richtung prosozialem Verhalten zeigt, pädagogische Unterstützungsangebote verweigert und jede Form der Hilfe auch in Form von Verhaltenstrainings ablehnt, erfährt er oder sie dieselben Konsequenzen wie jeder andere Schüler oder Schülerin auch. Dies kann durchaus bedeuten, dass es unter Umständen notwendig ist, mit Unterstützung der außerschulischen ErziehungspartnerInnen eine geeignete Lösung für den oder die betreffende(n) SchülerIn zu suchen, wo er oder sie die Hilfe und Förderung bekommen kann, die er bzw. sie braucht.

Allerdings muss an dieser Stelle auch gesagt werden, dass bedingt durch strukturelle Zwänge der Lösungsdruck immer wieder durch hemmende Faktoren beeinflusst werden kann. Es mangelt oft an der Mitarbeit und Bereitschaft der Eltern, alternativen Schul- und Betreuungsformen zuzustimmen, an Plätzen in solchen Einrichtungen, an Kapazitäten niedrigschwelliger ambulanter Hilfsangebote, an

---

148 Ebd., S. 125
149 Büchner 2013, S. 189

der Vernetzung unterschiedlicher Hilfesysteme und nicht zuletzt an den rechtlichen Grundsätzen und Voraussetzungen für die Gewährung von Erziehungshilfen nach dem Kinder- und Jugendhilfegesetz (SGB VIII/ KJHG).

3.4   Schritte der Implementierung

Bei der Einführung des Trainingsraumprogramms sollte sowohl der personale und organisatorische Faktor wie auch die rechtliche Absicherung sowie die Finanzierung beachtet werden:

- Das Programm ist ein Interventions-Modell, das vorrangig für »gravierende« Unterrichtsstörungen vorgesehen ist. Die Lehrperson darf und soll nicht aus ihrer pädagogischen, methodisch-didaktischen Verantwortung genommen werden. Es sollten möglichst viele Lehrkräfte an dem Programm teilnehmen.
- Die Lehrperson ist bereit, sich in der Klasse an die vereinbarten Regeln zu halten. Bestehende Zusagen an die Klasse und einzelne SchülerInnen müssen eingehalten werden. Dadurch ergibt sich Verlässlichkeit und Vertrauen als Basis für gute LehrerInnen-SchülerInnen-Beziehungen und ein gutes Klassenklima. Der/die LehrerIn weiß, dass er oder sie – im Sinne der Lerntheorie – ein wichtiges Vorbild für sozial kompetentes Verhalten in der Klasse darstellt. Die SchülerInnen müssen sich an ihren LehrerInnen orientieren können. Die LehrerInnen sind bereit, sich im Fall eines nicht respektvollen Verhaltens gegenüber SchülerInnen bei diesen zu entschuldigen (»Lernen am Modell« = LehrerIn als Vorbild).
- Das Frageritual bei Regelverstößen ist deshalb erforderlich, damit das Trainingsraumkonzept nicht zu einem Rauswerf-Programm instrumentalisiert wird. Die erarbeiteten SchülerInnen-Pläne (»Rückkehrplan«) dürfen nicht stereotyp ausgefüllt werden. Die LehrerInnen müssen verbindlich sicherstellen können, dass der Plan – möglichst zeitnah – mit dem Schüler oder der Schülerin besprochen wird.
- Es muss allen bewusst sein, dass der Trainingsraum weder ein »Therapie-« noch ein »Strafraum« ist.

Damit das Programm anlaufen kann, müssen die folgenden organisatorischen Maßnahmen durchgeführt werden:[150]

- eintägige kollegiumsinterne Konferenz (Interesse/ Vorinformation)
- Entscheidung bzw. Zustimmung der Schulleitung und der schulischen Gremien herbeiführen, dass Programm zu erproben
- Bildung einer Projektsteuergruppe mit einem klaren Auftrag der Schulleitung
- kollegiumsinterne Fortbildung organisieren

---

150 Bründel/Simon 2007, S. 127 ff.; Büchner 2013, S. 191 f.

- rechtliche und »finanzielle« Absicherung klären (wenn möglich, curriculare Freiräume schaffen)
- Trainingsraum finden und ausstatten (flexible und kreative Vorgehensweise)
- Auswahl und Schulung der TrainingsraumlehrerInnen in der kooperativ-lösungsorientierten Gesprächsführung
- Informationsblatt für SchülerInnen und Elternbrief formulieren sowie ein Konzept für einen Elterninformationsabend erstellen
- Formulare für »SchülerInnenpläne« und »Laufzettel«, mit denen die SchülerInnen in den Trainingsraum gehen, entwickeln (wenn möglich, erprobte Formulare anderer Schulen übernehmen und anpassen)
- Die Regeln des Zusammenarbeitens mit den SchülerInnen gemeinsam aufstellen.
- Frageprozess bei Regelverstößen erklären und mit den SchülerInnen durchspielen (Simulationsübungen). Zusätzlich die Fragen erläutern: Was geschieht im Trainingsraum? (z. B. den Trainingsraum zeigen) – Wie erstelle ich einen (Rückkehr-)Plan?
- Stufenweise Einführung über verschiedene Jahrgänge, um auftauchende Fragen früh wahrzunehmen.

In vielen Schulen, in denen Fachkräfte der Schulsozialarbeit tätig sind, werden diese oft im Trainingsraum eingesetzt. Wo dies nicht möglich ist, geschieht die Rekrutierung der Trainingsraum-PädagogInnen aus dem Kollegium heraus. Die Finanzierung der Besetzung des Trainingsraumes kann nach den bisherigen Erfahrungen in der Regel nicht durch zusätzliche Mittel vorgenommen werden, sondern nur durch dafür zur Verfügung gestellte LehrerInnenstunden. D. h., Schulen, die das Programm erprobt haben, haben entweder eine 1:1- Anrechnung, häufig aber auch eine 2:1- Anrechnung eingeführt, d. h., die LehrerInnen, die im Trainingsraum tätig sind, bekommen zwei Stunden im Trainingsraum wie eine Unterrichtsstunde angerechnet.

Wenn das Programm durch die schulischen Gremien (Gesamtkonferenz, Schulkonferenz) abgesichert und angelaufen ist, sollten in einem nächsten Schritt folgende Maßnahmen angepackt werden, um die nachhaltige Einbettung (Implementierung) des Programms längerfristig weiter zu entwickeln: [151]

- Die Projektsteuergruppe sollte regelmäßig auf Gesamtkonferenzen berichten und Anregungen sowie Kritik seitens des Kollegiums, der Beratungslehrkräfte, der Schüler- oder Elternschaft aufnehmen.
- Erfahrungsaustausch und Praxisbegleitung durch Supervision (kollegiale Supervision/Intervision) der Beratungslehrkräfte ermöglichen, um die erfolgreiche Anwendung der neuen Methode in der Praxis nachhaltig sicherzustellen.
- Auswertung und Dokumentation der pädagogischen Erfahrungen und Effekte (Wirkungskontrolle) nach der Erprobungsphase und Präsentation der Ergebnisse in den schulischen Gremien.

Das Trainingsraumprogramm kann jederzeit an die Situation und Gegebenheiten der jeweiligen Schulform angepasst werden. Der Geist der Methode, nämlich der

---

[151] Büchner 2013, S.192

respektvolle und wertschätzende Umgang aller Beteiligten miteinander, die Entscheidung des einzelnen für ein zu wählendes Verhalten und die Akzeptanz der daraufolgenden Konsequenzen, sollte jedoch gewahrt bleiben.

Nach den bisherigen Erfahrungen gibt es immer wieder »Fallstricke« und »Versuchungen«, die bei der Umsetzung des Programms auftauchen können. Im Folgenden werden Bedingungen vorgestellt, die unbedingt eingehalten werden sollten, um eine nachhaltige und wirksame Umsetzung des Programms zu gewährleisten:

- Das Programm wird ausschließlich bei Unterrichtsstörungen und nicht für gravierende Gewaltvorfälle in der Schule genutzt.
- Der Prozess ist absolut sanktionsfrei und verzichtet auf das Wort »Strafe«. Der Trainingsraum ist weder ein »Straf-« noch ein »Therapieraum« (Stichwort: Hilfe und Förderung statt Strafe!).
- Der Frageprozess wird von den Lehrkräften konsequent eingehalten: *1. Störung/ 2. Störung*. Die Lehrkraft orientiert sich an einem nicht bestrafenden Erziehungsstil.
- Ausfüllen des Formulars (Laufzettel) für den oder die TrainingsraumlehrerIn (Entsendung, nicht »Rauswurf«).
- Respektvolle und wertschätzende Behandlung bei der Rückkehr des/der SchülerIn in die Klasse (kein Nachhaken).
- Die Trainingsraum-PädagogInnen müssen in der Methode der kooperativ-lösungsorientierten Gesprächsführung geschult sein bzw. werden.
- Alle Lehrkräfte akzeptieren die Regeln und Prinzipien des Trainingsraumprogramms; auch die, die das Programm nicht nutzen, arbeiten nicht dagegen.
- Die Lehrkräfte, die sich dazu entschließen, nicht am Programm teilzunehmen, beschränken sich auf »legale« Sanktionen im Sinne der »Erziehungs- und Ordnungsmaßnahmen« nach dem Schulgesetz (keine illegalen Ausschlüsse vom Unterricht!).
- Alle Beteiligten achten darauf, dass die KollegInnen, die nicht am Programm teilnehmen möchten, störende SchülerInnen nicht einfach in den Trainingsraum »abschieben«. Es muss allen Beteiligten klar sein, dass der Trainingsraum als »Time-out-Raum« nichts mit Ablehnung, Ausgrenzung, Abwertung oder Abschiebung zu tun hat. Auszeit geschieht immer in voller Wertschätzung des/der betreffenden SchülerIn.
- Die Beratungsgespräche mit Eltern, deren Kind mehrere Male den Trainingsraum aufsuchen und deshalb vorübergehend vom Unterricht ausgeschlossen werden musste, werden regelmäßig durchgeführt.
- Es gibt eine Dokumentation aller Vorgänge. Das bedeutet für alle Trainingsraum-PädagogInnen, dass sie die beschlossenen Dokumentationsregeln verbindlich und verlässlich einhalten (z. B. Laufzettel, SchülerInnenpläne abheften etc.).
- Zu den festgelegten Zeiten ist immer eine pädagogische Kraft im Trainingsraum anwesend.
- Die Struktur des Prozesses wird durch die Schulleitung gewährleistet und aktiv unterstützt (Rückkehrgespräche, Stundenplan, ggf. Vertretungsplan).[152]

---

152 Angepasst und erweitert nach Claßen/Nießen 2006, S. 130 f.

Im Rahmen unserer Fort- und Weiterbildungsarbeit stellen wir immer wieder fest, dass einige Schulen nur Fragmente des Programms umsetzen. Sie versuchen, eigenständige »Auszeit-Modelle«[153] (Time-out) zu installieren, in denen beispielsweise kein Rückkehrplan vorgesehen ist. Nach unseren Erfahrungen wird das Trainingsraumkonzept jedoch nur dort langfristig wirksam, wo sich die Ursachenbeschreibung für störendes Verhalten nicht ausschließlich auf das (angebliche) Fehlverhalten von SchülerInnen reduziert. »Time-out-Räume« oder sogenannte »Auszeit-Modelle«, in denen SchülerInnen mit mehr oder weniger sinnvollen Arbeitsaufträgen quasi »geparkt« werden, erweisen sich als wenig förderlich, da die Ursache für das störende Verhalten nur bei den SchülerInnen gesehen wird.[154]

Nach Weithöner machen Schulen, die das Trainingsraumkonzept so umsetzen, sehr schnell die Erfahrung, dass ein solches Time-out-Denken zu keinerlei Steigerung der Eigenverantwortung führt und dass sich das Verhalten der störenden SchülerInnen nicht ändert. Ganz im Gegenteil: Die SchülerInnen fühlen sich oftmals noch mehr der Willkür ihrer LehrerInnen ausgesetzt und erleben Time-out-Räume als Erweiterung des Strafkatalogs der Schule. Da eine solche Umsetzung keinerlei Verhaltensänderung bei SchülerInnen erzielt, kann es mit fortlaufender Zeit immer schwieriger werden, KollegInnen zu finden, die sich in den Time-out-Raum setzen wollen. Dieser wird dann immer seltener bis gar nicht mehr besetzt und genutzt.[155]

Wenn die beschriebenen Prinzipien und Qualitätsstandards bei der Umsetzung des Trainingsraumkonzepts beachtet und fest im pädagogischen Alltag verankert werden, sind sie nicht nur ein wichtiger Baustein der Wertevermittlung, des sozialen Kompetenzerwerbs und der schulischen Gewaltprävention, sondern auch Teil der Schul- und Organisationsentwicklung. Im Sinne nachhaltiger Schulentwicklung sollte daher das Konzept ein fester Bestandteil des Schulprogramms sein. Es sollte nicht in Konkurrenz zu bereits bestehenden Sozialkompetenz fördernden und gewaltpräventiven Ansätzen treten, sondern diese sinnvoll ergänzen. Das Konzept ist kein Allheilmittel. Die Beteiligten müssen entscheiden, wann sie weitere inner- und außerschulische Unterstützungssysteme hinzuziehen.

3.5 Beispiele, Übungen und Arbeitsmaterialien

Im Folgenden präsentieren wir zur Verdeutlichung eine Ablaufskizze zum Trainingsraumkonzept, ein Formular für einen Rückkehrplan, ein Muster des Frageprozesses im Überblick, ein Beispiel für die Entsendung in den Trainingsraum (»Laufzettel«) und ein Beispiel für ein Trainingsraumgespräch.

---

153 Lohmann 2015, S. 180–185
154 Weithöner 2011, S. 118 f.
155 Ebd., S. 128 f.

3.5 Beispiele, Übungen und Arbeitsmaterialien

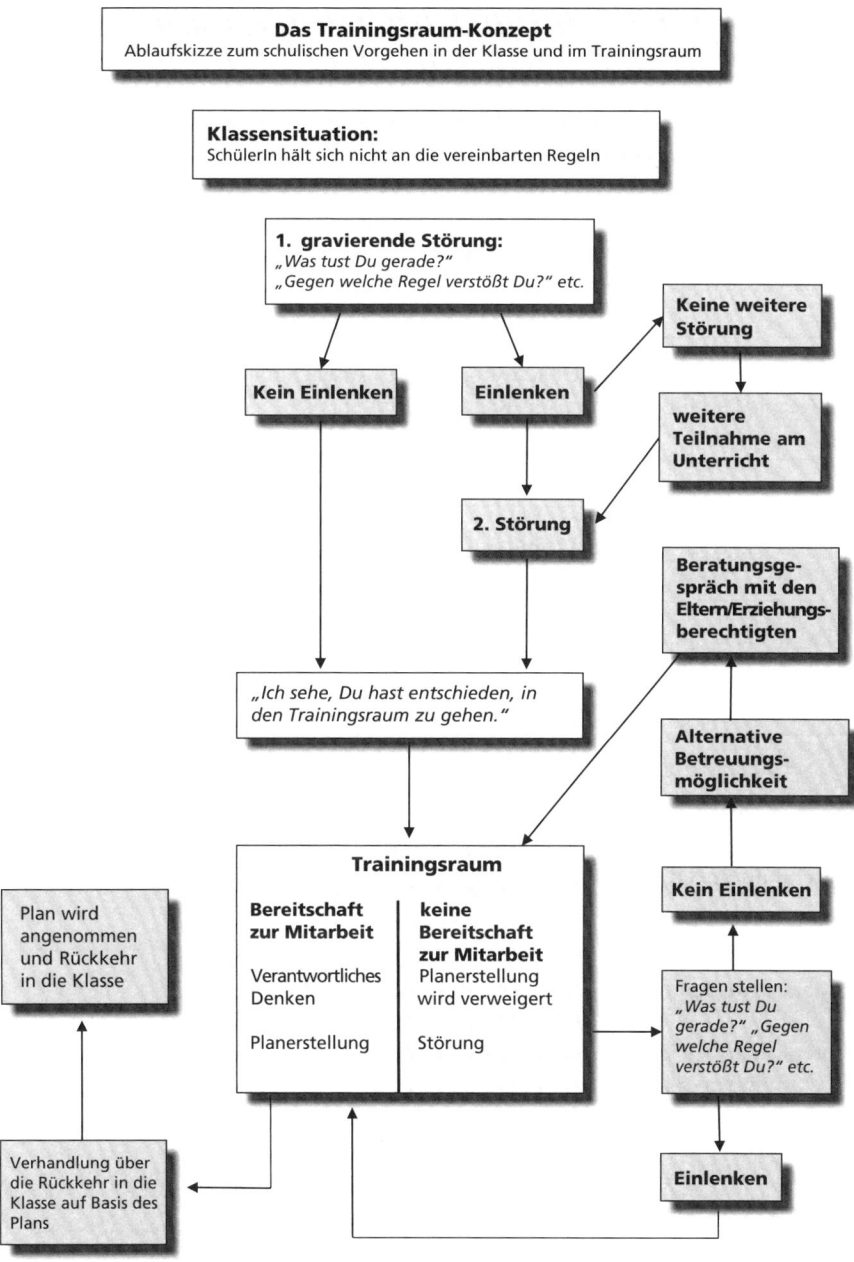

Abb. 1: Ablaufskizze des Trainigsraumkonzepts (nach Bründel/Simon 2007, S. 171)

3 Trainingsraum-Methode – ein Programm zur Stärkung der Eigenverantwortung

Mein Plan

Name: _____ Klasse: _____ Datum: _____

1. Was habe ich gemacht?
   _____

2. Gegen welche Regel habe ich verstoßen? Was wollte ich erreichen? Weshalb habe ich so gehandelt?
   _____

3. Mein genauer Plan: (Hier schreibe ich auf, was ich machen will, um mich *in Zukunft* an die vereinbarten Regeln zu halten.)
   _____
   _____

4. Wen frage ich nach *versäumtem Unterrichtsstoff* und *Hausaufgaben*?
   _____

5. Wem zeige ich diesen Plan? _____ Wann? _____

Vereinbarung: Ich möchte wieder in der Klasse mitlernen und mein Recht auf störungsfreien Unterricht wahrnehmen und die vereinbarten Regeln einhalten. Ich verpflichte mich, meinen Plan einzuhalten.

Meine Unterschrift: _____ Klasse: _____

Aufenthalt im TR-Raum von _____ Uhr bis _____ Uhr

_____
Unterschrift des TR-Lehrers oder der TR-Lehrerin

Unterschrift des Lehrers oder der Lehrerin:
☐ O.K. einverstanden:
_____

☐ Plan überdenken:
_____

Angepasst und erweitert nach Bründel/Simon 2007, S. 178

Der erweiterte Frageprozess im Überblick: Fragen, die bei Störungen gestellt werden

Erste Störung

1. »Was tust Du gerade?«
   »*Beschreibe einmal, was Du gerade tust!*« Falls der Schüler oder die Schülerin antwortet: »*Wieso? Nichts!*« kann man entgegnen: »*Ich sehe, dass Du ... machst.*«
2. »Wie lautet unsere Regel, gegen die Du verstoßen hast?«
   »*Gegen welche Regel verstößt Du mit Deinem Verhalten?*«
3. »Was passiert, wenn Du Dich nicht an die vereinbarten Regeln hältst?«
   »*Weißt Du noch, was wir vereinbart haben?*«
4. »Wofür entscheidest Du Dich?«
   »*Was möchtest Du? Möchtest Du über Dein Störverhalten nachdenken, oder möchtest Du Dein Störverhalten aufgeben und in der Klasse bleiben? Du kannst Dich jetzt entscheiden!*«
5. »Und falls Du doch wieder störst, was passiert dann?«
   »*Und wenn ich Dich noch einmal ansprechen muss, was dann?*«

Zweite Störung

6. »Du hast Dich entschieden, in den Trainingsraum zu gehen!«

Bründel/Simon 2007, S. 52

Beispiel für Entsendung an den Trainingsraum (Laufzettel)

Schüler/in: _____ Klasse: _____
Verstöße gegen die Klassenregeln (bitte 1. und 2. Störung kennzeichnen)

☐ ruft unpassende Bemerkungen in die Klasse
☐ stört durch undisziplinierte Geräusche
☐ stört durch ständiges Lachen
☐ isst/trinkt während des Unterrichts
☐ wirft mit Papier oder anderen Gegenständen
☐ läuft durch die Klasse
☐ beschäftigt sich mit anderen Dingen
☐ packt vor Unterrichtsschluss die Materialien ein
☐ redet mit Mitschüler/innen
☐ stört Mitschüler/innen beim Arbeiten
☐ nimmt Mitschüler/innen Unterrichtsmaterial weg
☐ streitet während des Unterrichts mit Mitschüler/innen
☐ beleidigt und beschimpft Mitschüler/innen
☐ schlägt/schubst Mitschüler/innen
☐ kommt verspätet zum Unterricht
☐ verhält sich bei Ermahnungen unangemessen/unverschämt
☐ widersetzt sich den Anweisungen
☐ stört durch Handy, MP3 oder andere Tonträger
☐ _____

Weitere Verstöße nach der Entsendung des Schülers oder der Schülerin aus dem Klassenraum:

☐ weigert sich, in den Trainingsraum zu gehen
☐ _____

Lehrer/Lehrerin: _____ Datum: _____ Stunde: _____ Zeit: _____

Bründel/Simon 2007, S. 176

3.5 Beispiele, Übungen und Arbeitsmaterialien

Beispiel für ein Trainingsraumgespräch (allgemein)[156]

TrainingsraumlehrerIn (TRL.): »Was war los im Klassenraum?« → Dem Schüler oder der Schülerin wird durch diese offene Frage Gelegenheit gegeben, seine Sicht der Dinge zu erzählen.
TRL.: »Du sagst, Du hättest gar nichts gemacht. Wie erklärst Du Dir dann, dass Du hier bist?« → Der TRL greift mit seinen Worten das auf, was der Schüler oder die Schülerin erzählt, und stellt dann wiederum eine offene Frage.
TRL.: »Ich merke, Du bist noch ganz wütend. Du fühlst Dich ungerecht behandelt, ist das so?« → Der TRL spricht die Gefühle an, die er beim Schüler oder bei der Schülerin wahrnimmt, und spricht dann eine Vermutung als Frage aus.
TRL.: »Beschreib einmal die Situation. Was genau hast Du gemacht?« → Der Schüler oder die Schülerin wird dazu gebracht, die Situation (möglichst) ganz genau zu schildern und sein/ ihr Verhalten (möglichst) ganz genau zu beschreiben usw.
TRL.: »Wenn Du jetzt noch einmal darüber nachdenkst, was könntest Du anders machen?«
TRL.: »O.K., Du sagst, Du wirst nicht mehr dazwischenreden, aber was willst Du genau machen, wenn Du etwas nicht verstanden hast?«
TRL.: »Was genau wirst Du sagen, wie stellst Du die Frage?«
TRL.: »…« usw.

---

[156] Ausführliche Beispiele für Trainingsraumgespräche siehe Bründel/Simon 2007, S. 63–70

Unterrichtsstörungen im Klassenraum

Wenn ich im Unterricht gegen die vereinbarten Klassenregeln verstoße, werden mir Fragen gestellt:

- »Was tust Du gerade?«
- »Wie lautet unsere Regel?«
- »Was passiert, wenn Du Dich nicht an diese Regel hältst?«
- »Wofür entscheidest Du Dich?«
  - »Möchtest Du im Trainingsraum über Dein Verhalten nachdenken oder möchtest Du Dein Störverhalten aufgeben und in der Klasse bleiben?«

→ Deine Entscheidung!

»Und wenn Du doch wieder störst, was passiert dann?« oder: »Und wenn ich Dich noch einmal auf Dein nicht akzeptables Verhalten anspreche, was dann?«

Wenn Du nach diesen Fragen noch einmal störst, hast Du Dich durch diese Störung entschieden, in den Trainingsraum zu gehen.

Denke daran: Es ist Deine Entscheidung, wo Du sein möchtest!

In Anlehnung an Bründel/Simon 2007, S. 54

4 Konfrontatives Sozial-Kompetenz-Training

4.1 Braucht Pädagogik Konfrontation und wie kann diese gerechtfertigt werden?

Wenn wir von »Selbstwertstärkender konfrontierender Pädagogik« und vom »Konfrontativen Sozial-Kompetenz-Training«[157] nicht nur sprechen, sondern letzteres zu einem zentralen Methodenbaustein machen, um soziale Kompetenzen und Gewaltprävention in einer didaktisch und pädagogisch strukturiert vorbereiteten Art zu vermitteln, taucht jeweils der Begriff der ›Konfrontation‹ auf, der seit den späten 1980er Jahren in der sogenannten »Konfrontativen Pädagogik« von zentraler Bedeutung ist. Um Gleichsetzungen, Verwechslungen und Missverständnisse zu vermeiden, wollen wir in diesem kurzen einleitenden Abschnitt zu Kapitel 4 erklären, was uns davon unterscheidet. Der Leser und die Leserin werden erkennen, dass jenseits der Überschneidung des Begriffs wenig Gemeinsames bleibt, so dass auch eine breitere Auseinandersetzung mit dieser sehr spezifischen Konzeption und der breiten Kritik daran hier nicht notwendig ist.[158]

»Konfrontative Pädagogik« als Methode wurde Ende der 1980er Jahre durch den Hamburger Erziehungswissenschaftler Jens Weidner und den Psychologen Michael Heilemann im Rahmen der Behandlung von jugendlichen Gewalttätern durch Anti-Aggressivitäts-Trainings (AAT) mit dem »heißen Stuhl«[159] im Jugendstrafvollzug und als Weisung für straffällig gewordene Jugendliche im Kontext von § 10 Jugendgerichtsgesetz (JGG) in Deutschland bekannt.

Unseres Erachtens kann es keine »Konfrontative Pädagogik« geben, weil jede Pädagogik entsprechend ihrer Zielsetzung und ihrer ethischen Orientierung unterschiedliche Erziehungsmittel braucht. Neben vielen Elementen, bei denen die pädagogische Beziehung, das Verständnis und emotionale Nähe im Zentrum stehen, gehört dazu auch die Rückkopplung bei Fehlern und falschen, abweichenden Verhaltensweisen. Diese Rückkopplung kann in sehr verschiedenen Formen geschehen – unter anderem auch konfrontativ, wenn dies von der Beziehung getragen wird, zum Schutz anderer nötig und verhältnismäßig in dem Sinne ist, dass es nicht

---

157 Das Konfrontative Sozial-Kompetenz-Training wird wegen der Länge seines Namens häufig als KSK abgekürzt.
158 Zu einem kritisch-konstruktiven Diskurs vgl. Walkenhorst 2004 sowie Plewig 2007 und Plewig 2008
159 Weidner 2000, S. 10 ff.

mehr schädliche Nebenwirkungen hat als Nutzen. Lehrer und Lehrerinnen sowie andere Erziehungspersonen tun gut daran, genau diese wertschätzende Haltung und Technik der Konfrontation im pädagogischen Prozess zu erlernen, sich darauf vorzubereiten und Nebenwirkungen in Bezug auf das Kind, den Jugendlichen selbst oder auch beispielsweise auf Geschwister, Mitschülerinnen oder Mitschüler zu antizipieren. Wir werden in diesem Kapitel 4 darauf ganz besonders intensiv eingehen – aber letztlich beschäftigt dieses Thema die Pädagogik seit Jahrhunderten. Die sogenannte »Konfrontative Pädagogik« stellt nun dieses Element so in den Mittelpunkt, dass es zum Teil des Namens wird,[160] stellt sich selbst einen Pappkameraden gegenüber, den sie Kuschelpädagogik nennt. Verbunden mit dieser Unterstellung ist die Vorstellung, in anderen Erziehungsverhältnissen gäbe es nur noch Kuscheln und die Akzeptanz der Regelverletzung und Abweichung ohne jegliche Regelsetzungen, Grenzziehungen und Konfrontationen mit Unrecht. Sicher kann man konstatieren, dass heute in Erziehungsprozessen weniger geschlagen und über Strafen mehr reflektiert wird. Und sicherlich blieben die Erkenntnisse der Entwicklungs- und Tiefenpsychologie sowie Pädagogik der letzten 100 Jahre nicht ohne Spuren für unser Verständnis auch des abweichenden Verhaltens und psychischer Probleme junger Menschen und Erwachsener. Das Verstehen von innerpsychischen Strukturen und Verhaltensweisen ist jedoch nicht mit deren Akzeptanz gleichzusetzen und uns ist kein Erziehungsstil bekannt, der dies fordert oder praktiziert. Insofern stehen die ideologischen Forderungen der sogenannten »Konfrontativen Pädagogik« empirisch nicht auf soliden Füßen. Teilweise wird die Forderung nach einer »Konfrontativen Pädagogik« in einen größeren gesellschaftlichen Kontext gestellt und verbunden mit einer Kritik der angeblichen »Feminisierung der Pädagogik«. Tischner spricht von der vergessenen väterlichen Seite der Erziehung.[161] Er knüpft damit an Rollenverteilungen familiärer Sozialisation an, die historisch von Bedeutung waren und heute zweifellos noch empirisch nachweisbar sind. Aber muss es wirklich ein Zurück zu diesen Rollen und zu diesen Erziehungsmethoden geben? Wer wünscht sich die väterliche Gewalt zurück, die Jahrtausende die familiäre Erziehung prägte? Und was ist die Botschaft einer Kritik der Feminisierung der Pädagogik? Entsprechend kritisch kommentiert Thomas Trapper:

> »Das Selbstverständnis einer ›Konfrontativen Pädagogik‹ bleibt bislang auch noch unklar. Die ›Konfrontative Pädagogik‹ als ausgearbeitetes, umfassendes pädagogisches Handlungskonzept lässt sich nicht finden. Wie sollte dies auch möglich sein, dass sich keine sinnvolle pädagogische Konzeption auf lediglich ein Merkmal – auch nicht auf die Konfrontation – reduzieren lässt.«[162]

Schließlich werden in der sogenannten »Konfrontativen Pädagogik« auch Methoden der Konfrontation bis zur Anwendung körperlicher Gewalt und Unter-

---

160 Weidner selbst meint, man solle statt von »Konfrontativer Pädagogik« »präziser formuliert« von »konfrontativer Methodik in der Pädagogik« sprechen (Weidner 2001, S. 7); ähnlich auch Tischner 2004, S. 25. Trotz dieser Einsichten sprechen beide aber weiterhin in zahlreichen Beiträgen von »Konfrontativer Pädagogik«; vgl. auch Werner 2014 S. 72 ff.
161 Tischner 2004, S. 25 und Tischner 2007, S. 127 ff. und S. 135
162 Trapper 2007, S. 101

werfung propagiert, die unseres Erachtens mit unserem Menschenbild und auch dem Grundgesetz unvereinbar sind.[163] Da wir also der Meinung sind, dass es eine solche »Konfrontative Pädagogik« als umfassende pädagogische Richtung gar nicht geben kann, werden wir uns auch nicht auf diese beziehen.

Die sogenannte »Konfrontative Pädagogik« definiert sich selbst im Übrigen für eine Zielgruppe, die man so in Schulklassen keineswegs findet. Jens Weidner selbst hat die Zielgruppe der »Konfrontativen Pädagogik« stark eingeschränkt. Er spricht von einer kleinen, aber medial imposant auftretenden »Jugendkriminalitäts-Elite«, die kein Massenphänomen sei, aber massenhaft Ärger machten und nennt sie erziehungsresistent.[164] Jenseits der konkreten Einschätzung als Methode für diese Zielgruppe wird man jedenfalls sehr vorsichtig sein müssen, solche Methoden auf die Erziehung in der Familie und den Unterricht von Kindern und Jugendlichen zu übertragen. Bernd Ahrbeck und Dana Winkler haben vor der Gefahr gewarnt, dass »sich eine konfrontative Pädagogik etabliert, die über die kleine Personengruppe hinausgeht, für die Weidner ein konfrontatives Vorgehen als pädagogische ultima ratio hält.«[165]

Diejenigen, die beanspruchen, dass sie »Experten« für die »Behandlung« gewaltbereiter Kinder und Jugendlicher sind, sollten eigentlich wissen, dass die überwiegende Zahl der LehrerInnen weder über methodische, geschweige denn über die notwendigen diagnostischen Kompetenzen verfügt, etwa abweichendes Verhalten als ein vorübergehendes Pubertätsproblem oder als nachhaltige Beeinträchtigung der Persönlichkeitsentwicklung einschätzen zu können und die Rollen von »Tätern« und »Opfern« differenziert zu erkennen. Folglich besteht die Gefahr, dass viele der als »auffällig« erlebten SchülerInnen von ihren oft hilf- und ratlosen LehrerInnen, ErzieherInnen und SozialpädagogInnen als potenzielle »Kandidaten« für ein »Coolness-Training« mehr oder weniger selektiert werden, indem sie einfach als »hoffnungslose Fälle«, als »unerreichbar«, als »erziehungsresistent« oder als »nicht beschulbar« etikettiert werden. Damit wird eine Stigmatisierung der Betroffenen in Kauf genommen. Die Etablierung einer innerschulischen Subkultur ist dann unvermeidlich und von dem Kriterium der »Freiwilligkeit« der Teilnahme an dieser Maßnahme kann nicht mehr Rede sein.

Nach unseren Erfahrungen wird hier übersehen, dass das »schwierige« Kind respektive die/der »schwierige« Jugendliche sich als Produkt seiner/ihrer Umwelt sich sein soziales und dingliches Umfeld so gestaltet, dass die Definition als »schwieriges« Kind/»schwierige/r« Jugendliche/r so lange Bestätigung findet, bis sie zur Selbstdefinition wird. Etikettierungen als »auffällig«/»schwierig« können Self-fulfilling-prophecy Phänomene und eskalierende Teufelskreise nach sich ziehen. Erwachsene Bezugspersonen verhalten sich dem Kind oder Jugendlichen gegenüber so, dass es/er/sie sich nicht anders als »auffällig« verhalten kann. »Auffällige« Verhaltensmuster sind oft die einzigen Problemlösungsressourcen für

---

163 Plewig 2008, S. 53
164 Weidner 2001, S. 15. Die Definition einer Gruppe von Jugendlichen als »unerziehbar« hat im Übrigen eine ungute Tradition – die Resistenz kann ihre Ursache auf beiden Seiten des Erziehungsverhältnisses haben.
165 Ahrbeck/Winkler 2010, S. 98

Kinder und Jugendliche. Diese geraten dadurch in die Situation eines »existenziellen Dilemmas«; das, was sie vermeintlich am besten können, wird am meisten sanktioniert.

Seit Mitte der 1990er Jahre wurde die Anwendung der »Konfrontativen Pädagogik« vermehrt unter dem Namen »Coolness-Training (CT)«, ein eher sekundärpräventiv ausgerichteter Ableger des Anti-Aggressivitäts-Trainings (AAT), im Kontext der Schule (bei freiwilliger Teilnahme) entwickelt.[166]

Schließlich teilen wir auch nicht die Folgerungen der »Konfrontativen Pädagogik« hinsichtlich der Erziehungsmethoden. Gerade weil wir die Notwendigkeit sehen, im pädagogischen Prozess handlungsfähig zu bleiben, Regelverletzungen zu markieren und Schutz zu gewähren, den Schüler oder die Schülerin in verschiedenen Stufen deutlich mit ihrem eigenen Verhalten zu konfrontieren, wollen wir darauf vorbereiten, dass diese Konfrontation nicht zu Ausgrenzung, Ausschluss und Herabsetzung führt. Deshalb betonen wir den Aspekt der Selbstwertstärkung und sorgen dafür, dass es immer wieder Wege der Verhaltenskorrektur und des Zurücks gibt. Wir wollen den Regelbruch und die Störung markieren und nicht den verursachenden Schüler oder die Schülerin stigmatisieren und bestrafen. Wir wollen durch dieses Buch und in unseren Weiterbildungskursen Lehrer und Lehrerinnen sowie Fachkräfte der Schulsozialarbeit und Schulpsychologie darauf vorbereiten, welche Haltung auf Seiten der PädagogInnen nötig ist, damit die Anwendung der Konfrontation in der Pädagogik nicht als Deckmantel für eine autoritär-repressive Pädagogik missbraucht wird.

Konfrontative Elemente in pädagogischen Beziehungen können

- dem Herstellen von Klarheit hinsichtlich der gegenseitigen Erwartungen dienen,
- als Grenzziehungen dienen, soweit sie nicht versteckte Strafen sind, sondern für die Zukunft Orientierung geben, und
- als Konsequenz im pädagogischen Handeln gelten, die die Steuerungsfähigkeit des jungen Menschen fördert und zugleich ihm und anderen, beispielsweise MitschülerInnen oder Geschwistern, transparent deutlich macht, dass die vereinbarten Regeln gelten und man an ihnen festhalten will.

Einen Schüler oder eine Schülerin im pädagogischen Kontext mit einer Regelverletzung zu konfrontieren und sich dabei einerseits in den Diskurs zu begeben, sich durch Ausreden andererseits aber nicht von der Thematisierung des Verstoßes und notwendiger Verhaltensänderungen abbringen zu lassen, hat nichts zu tun mit dem Rollenbild eines machohaften harten Durchgreifenden, der sich als Alternative des hilflosen, nach Erklärungen suchenden Erziehers oder Erzieherin inszeniert. Es ist nur eine – wichtige, nicht zu vernachlässigende – Arbeitshaltung und pädagogische Methode im Erziehungsalltag. Es geht dabei nicht um eine Konfrontation zwischen LehrerInnen und SchülerInnen, sondern um die Konfrontation der RegelverletzerInnen mit ihrer Regelverletzung, d. h. um das Entgegentreten gegen Verharmlo-

---

166 Gall 2000, S. 150 ff.; Weidner/Gall 2003, S. 10 ff.

sungen und Neutralisationstechniken, wie sie in der Kriminologie seit 60 Jahren bekannt sind.[167] Gerade während der Pubertät stellt sich die Entwicklung des jungen Menschen als ein Suchprozess dar, indem er sich im Kontext seiner lebensweltlichen Verhältnisse mit den ihm bekannten Lebensmustern auseinandersetzt. Das schließt die Übernahme, aber auch Ablehnung vorhandener Muster ein, geht mit Probehandlungen einher, die Grenzverletzungen und Änderungen der Lebensstile von Generation zu Generation einschließen. Sofern dies in einem Klima des Vertrauens und der Geborgenheit, der unbedingten Anerkennung als Person geschieht, sind solche Abweichungen einerseits Teil normaler gesellschaftlicher Entwicklung und andererseits Thema des alltäglichen Aushandelns im pädagogischen Prozess. Die Konfrontation mit der Regelverletzung gehört insofern in den Lern-, Entwicklungs- und Bildungsprozess.

> »Der Ton der Konfrontation sollte jedoch immer respektvoll und wertschätzend sein, Lehrkräfte oder Sozialpädagogen und Sozialpädagoginnen sollten nicht die Sprache der Schülerinnen und Schüler übernehmen.«[168]

Zusammenfassend ist festzuhalten, dass unser Methodenbaustein ein Aspekt pädagogischen Handelns ist und nicht eine Abkehr von der demokratischen Erziehung zum mündigen Bürger oder zur mündigen Bürgerin. Die Begriffe »Konfrontation« bzw. »konfrontieren« sollen da nicht in die falsche Richtung weisen, sondern beziehen sich auf die übliche Bedeutung: »Gegenüberstellung von einander widersprechenden Meinungen, Sachverhalten oder Personengruppen«, »jemand anderen gegenüberstellen, besonders um etwas aufzuklären […] jemanden in eine Situation zu bringen, die ihn zur Auseinandersetzung mit etwas Unangenehmem zwingt«.[169] Im Übrigen ist die Konfrontation eine Interventionstechnik, die nicht nur in der Pädagogik bekannt ist, sondern beispielsweise auch in der Psychotherapie.[170]

Jemanden konfrontieren kann aufgefasst werden als eine eingeleitete Gegenüberstellung, in deren Verlauf eine Person sich mit einem bestimmten Sachverhalt oder einer bestimmten Person auseinandersetzen muss. Allerdings ist aus unserer Sicht hier zu beachten, dass, wenn Nähe durch welche Mittel und welche Absichten auch immer erzwungen wird, stets zu reflektieren ist, ob und mit welchem Recht »Macht« dazu gebraucht wird.

Walkenhorst definiert den Begriff der »Konfrontation« auf der Basis des »Wörterbuch der Psychologie« von Claus u. a. (1989) als »Gegenüberstellung« bzw. »Auseinandersetzungsverhalten«, die bzw. das sich durch »Widerspruch«, »In-Frage-Stellen« u. Ä. vollzieht und im Patienten eine »Affekt- und Denkdyna-

---

167 Sykes/Matza 1968 (Erstveröffentlichung 1957). Dazu gehören beispielsweise die Ablehnung der Verantwortung für eigenes Handeln, die Verneinung des Unrechts oder dessen Bagatellisierung, die Ablehnung des Opfers als Rechtfertigung für dessen Schädigung oder die Berufung auf höhere Instanzen; a.a.O. S. 366–370
168 Bründel 2015, S. 447
169 Duden, Fremdwörterbuch 1997, S. 435
170 Grawe 2000, S. 608; zur sonstigen Verwendung des Begriffs und Methoden der Konfrontaion in Strafjustiz, Psychotherapie (Einzelgesprächstherapie und Gruppengesprächstherapie), Pädagogik und insbesondere Sozialpädagogik (einschließlich Glen-Mills-School) vgl. Walkenhorst 2010, S. 90 f.

mik« anregt, »die es ermöglicht, einstellungsartig fixierte Fehlüberzeugungen gegen den Widerstand zu korrigieren und neue Einsichten zu entwickeln«. Ferner kann Konfrontation dann eingesetzt werden, »wenn unbewusste oder abgestrittene bzw. durch ›Rationalisierung‹ maskierte Fehlhaltungen aufgedeckt und erschüttert werden sollen«.[171]

Für die jeweilige Einzelschule ist aber eine differenzierte Analyse sowohl von internen wie auch externen Einflussfaktoren in Bezug auf die Ursachen, Erscheinungsformen und das Ausmaß von Aggression und Gewalt unabdingbar, wenn gewaltpräventive Konzepte und Maßnahmen nachhaltig und wirkungsvoll umgesetzt werden sollen. Die Folge ist, dass es der jeweiligen Schule und ihren LehrerInnen überlassen bleibt, was aus ihrer Sicht einen »gewaltbereiten« jungen Menschen ausmacht und wie dies bemerkt und damit umgegangen wird.

»Konfrontative Pädagogik«, die einseitig nur auf »Defizite« oder sogar »Delikte« junger Menschen abstellt, greift zu kurz. Pädagogik – zumal wenn sie sich konfrontativ ausrichtet – muss für die Verbesserung sozialer und interkultureller Handlungskompetenzen sowie für die soziale und berufliche Integration junger Menschen eintreten und die gesellschaftlich verursachten Hemmnisse eines gelingenden Hineinwachsens in unsere Gesellschaft ebenso identifizieren und konfrontieren wie abweichendes Verhalten bei jungen Menschen.[172]

Vor dem Hintergrund unserer langjährigen Erfahrung in der Arbeit mit »auffällig« und auch gewaltbereit erlebten Kindern und Jugendlichen geht es uns nicht um eine »Konfrontative Pädagogik« im Sinne einer »pädagogischen Ultima Ratio«, sondern um eine Pädagogik, die auch Grenzen ziehen und wertschätzend konfrontieren kann. Dies bedeutet, dass Konfrontation im pädagogischen Alltag grundsätzlich in einer altersgemäßen und der sozialen Situation sowie dem Entwicklungsstand des jungen Menschen angemessenen Art und Weise erfolgen muss, also um eine »konfrontative Methodik« innerhalb der Pädagogik. Wir sprechen deshalb in diesem Kontext von einer »selbstwertstärkenden konfrontierenden Pädagogik«.

4.2 Ausgangssituation in Hinblick auf den Bedarf des Sozial-Kompetenz-Trainings

Immer wieder geraten Kinder und Jugendliche in eine Spirale von Schulschwänzen, Schulverweigerung, Ausbildungsabbruch, Integrations- und Selbstausgrenzung sowie Kriminalität; eine Herausforderung nicht nur für LehrerInnen, sondern auch für Fachkräfte der Schulsozialarbeit. Schulstrafen und andere rein formale Sanktionen sind hier keine Lösung, da sie keine Antwort auf das abweichende Verhalten

---

171 Walkenhorst 2004, S. 54
172 Trapper 2007, S. 108

der Betroffenen und ihre massiven Rechtfertigungsstrategien (Neutralisierungstechniken) geben und damit auch keine dauerhaften Verhaltensänderungen erlauben.

Kinder und Jugendliche stehen vor manchmal kaum zu bewältigenden Herausforderungen nicht nur in der Schule, sondern auch beim Übergang in Ausbildung und Beruf. Immer wichtiger wird daher die Vermittlung von sozialen und interkulturellen Kompetenzen, die den Betroffenen helfen, in Schule, Ausbildung und Berufswelt zu bestehen. Hinzu kommt später ein Bedarf an Hilfen für den Übergang selbst, denn viele sind überfordert, wenn die stützende Struktur der Schule wegfällt.

Bei Migrantenjugendlichen stoßen PädagogInnen, die sich mit dem Problem der »Aggression« und »Gewalt« auseinandersetzen, immer öfter an ihre Grenzen, weil diese und ihre Eltern sich häufig auf die Besonderheiten ihrer kulturellen Identität beziehen. Um mit ihnen präventiv arbeiten zu können, sind daher interkulturelle Kenntnisse und Fähigkeiten notwendig. Die PädagogInnen müssen dabei befähigt werden, die unterschiedlichen Deutungsmuster von MigrantInnen zu erkennen.[173] Schulen und ihre LehrerInnen müssen die sozialen und interkulturellen Kompetenzen ihrer SchülerInnen fördern, um gewaltpräventiv wirken zu können.

Konflikte gibt es zuhauf: Immer wichtiger wird daher die Vermittlung von sozialen Fertigkeiten und kognitiven Fähigkeiten (= soziale Kompetenz), die den Kindern und Jugendlichen helfen, in Schule, Ausbildung und Berufswelt zu bestehen und mit Gleichaltrigen und erwachsenen Autoritätspersonen klarzukommen. »Miteinander klarkommen« in Schule, Ausbildung und Berufswelt – die Entwicklung von *eigenverantwortlichem Handeln, Konflikt-, Team- und Kommunikationsfähigkeit* ist die »*zentrale Herausforderung*«.[174]

Wir hatten oben darauf hingewiesen, dass in der Schule die sozialen Kompetenzen oft unstrukturiert und didaktisch wenig aufbereitet vermittelt werden. Das ist einerseits in Ordnung, weil sich Vieles im alltäglichen Umgang, in den gelebten Beziehungen und Interaktionen im Unterricht und in dessen Umfeld vermittelt. Aber da alle Lehrer und Lehrerinnen auch die Grenzen dieser Vermittlung kennen, die letztlich ein Anlass für dieses Buch sind, wollen wir hier als zweiten Methodenbaustein eine besonders strukturierte Lern- und Übungsform vorstellen. Mit dem seit 2003 erfolgreich erprobten Konzept eines »Konfrontativen Sozial-Kompetenz-Trainings« (KSK) wird insbesondere Lehrpersonen und Fachkräften der Schulsozialarbeit eine Methode zur Verbesserung und Erweiterung ihrer pädagogischen Präsenz und ihrer Erziehungs- und sozialen Handlungskompetenz zur Förderung der sozialen und interkulturellen Kompetenz sowie zur (Gewalt-)Prävention in der pädagogischen Alltagsarbeit angeboten.

---

173 Toprak 2005, S. 15
174 Büchner/Ziegler 2005, S. 58

4.3 Konzeption des Konfrontativen Sozial-Kompetenz-Trainings

In einem KSK-Training geht es um das Ausprobieren alternativer Handlungsmöglichkeiten in konflikträchtigen alltäglichen Situationen, um exemplarische Erfahrungen, an die im Alltag der Kinder und Jugendlichen angeknüpft werden kann.

Das KSK-Trainingskonzept setzt an konkreten Problemen der Kinder und Jugendlichen an: Die TeilnehmerInnen werden vor »herausfordernde Situationen« gestellt, die sie im besten Fall als »Ernstsituation« empfinden können. Es bietet an, neue Verhaltensweisen zu trainieren, durch die ihre sozialen Kompetenzen erweitert werden können. Um die Kinder und Jugendlichen zur Mitarbeit zu bewegen, wird ihnen vermittelt, dass alternative Verhaltensweisen sowohl den Einstieg in eine erfolgreiche Schul- und Berufsausbildung als auch das soziale Miteinander mit anderen erleichtern können.

Das Training versteht sich als sekundärpräventives Programm. Es ist so konzipiert, dass ein breites Spektrum von SchülerInnen aller Schulformen davon profitieren kann. Es richtet sich nicht ausschließlich an als gewaltbereit erlebte Kinder und Jugendliche, wodurch man auch Stigmatisierungen vermeiden kann. Seine Anwendung beginnt bereits dort, wo soziale und interkulturelle Kompetenz sowie das als destruktiv, »auffällig« und auch gewaltbereit erlebte Verhalten der Betroffenen verbessert werden sollen.

- Es zielt auf die Persönlichkeitsentwicklung, hier auf die Förderung von Selbstbewusstsein und auf ein positives Selbstbild.
- Es nimmt Rücksicht auf die Vorbehalte benachteiligter Kinder und Jugendlicher gegenüber »Trainings-« und anderen Erziehungsmaßnahmen.
- Es wertet die bisherigen »problematischen« Einstellungen und Verhaltensweisen der Kinder und Jugendlichen nicht grundsätzlich ab.
- Es baut auf einer grundsätzlich wertschätzenden Beziehung zwischen PädagogInnen und Teilnehmenden auf.[175]

4.3.1 Theoretische und praktische Grundlagen

Beim konfrontativen Sozial-Kompetenz-Training handelt es sich um ein verhaltensorientiertes soziales Trainingsprogramm mit einem konfrontativ-wertschätzenden Ansatz. Es basiert auf dem Konzept des sozialen und interkulturellen Kompetenzerwerbs,[176] der sozial-kognitiven Lerntheorie und dem Konzept der Selbstwirk-

---

175 Fechler 2000, S. 29
176 Jugert u. a. 2006, 2009, 2011

samkeit von Bandura[177], dem von Dodge entwickelten Modell der sozial-kognitiven Informationsverarbeitung[178] und Elementen einer selbstwertstärkenden konfrontierenden Methodik innerhalb der Pädagogik.[179] Das Trainingskonzept orientiert sich weiterhin an dem Ansatz der »Neuen Autorität« und der pädagogischen Präsenz, wie er von Haim Omer und Arist von Schlippe definiert wird.[180]

Für viele PädagogInnen stellt sich häufig die Frage, weshalb manche SchülerInnen die Mindestanforderungen, die der schulische und berufliche Alltag an sie stellt, so hartnäckig ablehnen, unterlaufen, an ihnen verzweifeln oder, trotz vielleicht bekundeten guten Willens, scheitern. Es folgt dann die Frage: »Können sie nicht oder wollen sie nicht?«[181]

Mit dem Konzept der Selbstwirksamkeit löst Bandura diesen scheinbaren Gegensatz zwischen Können und Wollen auf und betont deren Wechselbeziehung.[182] Je höher ein Mensch seine eigenen Fähigkeiten einschätzt, etwas bewirken zu können, umso mehr wird er die eigenen Ressourcen aktivieren, um erfolgreich zu sein. Machen also SchülerInnen die Erfahrung, dass eigenes Handeln zu gewünschten Resultaten führt, wirkt dies selbstwertstärkend und führt zu einem höheren Selbstvertrauen. Gerade aber auch sozial benachteiligte SchülerInnen haben bei schulischen Anforderungen dieses Prinzip nicht erfahren können. Sie konnten deshalb auch nicht lernen, die Folgen ihrer Handlungen auf das eigene Tun zu beziehen und neigen dazu, die eigene Selbstwirksamkeit anzuzweifeln oder in eine negative/destruktive Richtung zu lenken. Ein wesentliches Ziel der Trainingsarbeit ist es daher, die eigene Selbstwirksamkeit konstruktiv erlebbar zu machen und hieraus Kompetenzen zu entwickeln, um letztendlich auch Misserfolge als positive Herausforderung annehmen zu können.[183]

4.3.2 Methodenaufbau und Durchführung

Im KSK werden folgende operative Ziele bearbeitet: Die Kinder und Jugendlichen sollen

- sich der Verantwortung für das eigene Denken und Handeln bewusstwerden,
- ihr Selbstwertgefühl und Selbstvertrauen stärken,
- die (Spiel-)Regeln, die in Schule, Ausbildung und Berufswelt herrschen, verstehen,
- die eigene Rolle in der Schule und Arbeitswelt realistisch einschätzen,
- eine soziale Rolle einnehmen können, ohne Angst vor Selbstverleugnung zu empfinden, d. h. Widersprüche zwischen den Verhaltenserwartungen der Umwelt sowie den eigenen Vorstellungen und Werten nicht als persönliche Kränkung zu interpretieren,

---

177 Bandura 1979, 1986, 1994
178 Dodge 1993
179 Weidner/Kilb 2010; Toprak 2005, 2012; Trapper 2007; Büchner 2016
180 Omer/Schlippe 2010
181 Fechler 2000, S. 31 f.
182 Bandura 1994
183 Jugert u. a. 2009, S. 41 f.; Büchner 2013, S. 196 f.

- kommunikative Grundfertigkeiten einüben, um mit Konflikten und »schwierigen Situationen« anders als durch Aggression oder Rückzug fertig zu werden, zum Beispiel:
  - positive und negative Gefühle verbalisieren können,
  - ihre Meinung sagen, ohne andere zu beleidigen, beschimpfen bzw. zu verletzen,
  - Forderungen stellen, um zu seinem Recht zu kommen,
  - sich gegen Ungerechtigkeit zur Wehr setzen,
  - Kritik aushalten und andere in angemessener Art und Weise kritisieren,
  - Lob formulieren und aushalten,
  - den Mut aufbringen, Fragen zu stellen,
  - den Mut aufbringen, andere um Hilfe zu bitten,
  - Erwachsenen gegenüber »cool«, d. h. gelassen, höflich und freundlich bleiben.[184]

4.4 Voraussetzung und Umsetzung

4.4.1 Rahmenbedingungen, Grundsätze und fachliche Prinzipien

Die Gruppengröße beschränkt sich auf maximal 12 bis 14 SchülerInnen und zwei PädagogInnen, mindestens eine davon mit einer Zusatzqualifikation zum KSK-TrainerIn. Die zeitliche Gestaltung sollte insgesamt nicht unter 40 Stunden liegen (verteilt auf ein Schulhalbjahr), weil ansonsten Einstellungs- und Verhaltensänderungen bei den SchülerInnen kaum zu erwarten sind. Einzelgespräche und erlebnispädagogische Gruppenunternehmungen kommen hinzu. Über die erfolgreiche Teilnahme wird den SchülerInnen ein Zertifikat ausgestellt, in dem der Abschluss des Trainings und die trainierten Lernmodule bescheinigt werden. Das Zertifikat kann z. B. beim Übergang in weiterführende Schulen oder zukünftigen Bewerbungen vorgelegt werden.

Das KSK-Trainingskonzept wurde nicht als Zusatzangebot zum regulären Unterricht entwickelt. Es versteht sich als innovatives Regelangebot, das in die Stundentafel (Curriculum) sowie zum Schulprogramm einer jeden modernen Schule gehören sollte. In diesem Sinne gilt es als ein Mittel zur Professionalisierung, Qualitätssicherung und Organisationsentwicklung für Schulen.

Dem KSK-Curriculum liegen folgende pädagogische Leitlinien zugrunde, welche die Gestaltung des Trainings bestimmen:

- *Teilnehmerorientierung:* Grundsätzlich wird versucht, im Rahmen der Möglichkeiten auf die von den SchülerInnen geäußerten Interessen, Bedarfe und Bedürfnisse einzugehen.

---

184 Fechler 2000, S. 30 f.

- *Lebensweltbezug:* Anhand von Beispielsituationen aus ihrer Lebenswelt werden herausfordernde Situationen (»Ernstsituationen«) bearbeitet. Dabei geht es darum, gemeinsam mit den Kindern/Jugendlichen Lösungen zu erarbeiten bzw. ihnen weitere Optionen aus den persönlichen Erfahrungen heraus zu vermitteln.
- *Ganzheitliches Lernen:* »Erkläre mir, und ich werde vergessen. Zeige mir, und ich werde mich erinnern. Beteilige mich, und ich werde verstehen.«[185] Anliegen des KSK-Trainings ist es, Lernprozesse als ganzheitlichen Erfahrungserwerb zu initiieren. Lernen ist »jede Aneignung und Verarbeitung von Informationen, die sich schließlich in einer Veränderung des Erlebens und/oder Verhaltens einer Person niederschlägt.«[186] Um in diesem Sinne einen ganzheitlichen und selbstbestimmten Lernprozess zu ermöglichen, stehen Methoden des entdeckenden und erforschenden Lernens im Mittelpunkt der Trainingsarbeit.
- *Transparenz/Struktur/Ablauf:* Die TeilnehmerInnen erfahren Sicherheit und Orientierung vor allem anhand der Durchschaubarkeit und Wiederholung der eingesetzten Methodik. Offenheit und Klarheit ermutigen zum Experimentieren und schaffen Vertrauen.
- *Werteorientierung/-haltung:* Kinder und Jugendliche sind in ihrer Phase der Identitätssuche offen für Werte- und Normorientierungen. Durch das Trainingsangebot soll die Auseinandersetzung mit unterschiedlichen Vorstellungen und Werten gefördert und damit zu einem wertschätzenden Lern- und Arbeitsklima beigetragen werden.
- *Interkultureller Ansatz:* Das Training versteht sich auch als Angebot interkulturellen Lernens, das zu einem respektvollen Miteinander sowohl innerhalb wie auch außerhalb der Schule beitragen kann.[187]

4.4.2 Verhalten als PädagogIn/TrainerIn – Welche Haltung ist förderlich?

Es gilt auch hier die Erkenntnis: Ein pädagogisches Projekt kann in der Praxis nur so gut sein wie die PädagogInnen, die es verwirklichen. Das trifft für das KSK-Training in ähnlicher Weise zu.

Professionelles Leitungsverhalten setzt voraus, dass eine Auseinandersetzung mit Zielen, Methoden und Inhalten des vorliegenden Trainingskonzeptes stattgefunden hat und alle diese Elemente beherrscht werden. Daneben bilden nachfolgende Haltungsaspekte Eckpfeiler einer professionellen Trainingsleitung:[188]

- Die Inhalte, die in einem KSK-Training vermittelt werden, dürfen nie wichtiger sein als die Teilnehmenden, denen sie vermittelt werden sollen. Respekt und

---

185 Rabenstein u. a. 2001, S. 9
186 Keller/Novak 2002, S. 19
187 Büchner 2016, S. 244 f.; Zitzmann 2007, S. 50 ff.
188 Büchner 2013, S. 200 f.; Büchner 2016, S. 245; Zitzmann 2007, S. 51 f.

Wertschätzung vor den Kindern/Jugendlichen steht hinter den Methoden und der Arbeit mit der Gruppe. Die PädagogInnen müssen in all ihren Äußerungen sie selbst sein, nicht fassadenhaft (Echtheit).
- Hinzu kommt ein einfühlendes Verstehen und »hilfreiches« (aktives) Zuhören (Empathie).[189]
- Zudem gilt es, die Kinder/Jugendlichen in ihren Äußerungen zu akzeptieren, ohne die Akzeptanz von Bedingungen abhängig zu machen. Das bedeutet nicht, dass man allem zustimmen muss. Die Leitung kann inhaltlich durchaus anderer Meinung sein, doch die Kinder und Jugendlichen müssen spüren, dass dies die Beziehung nicht beeinflusst (Wertschätzung).

> »Maßgeblich hierbei ist, dass es sich bei den drei genannten Kernvariablen des Leitungsverhaltens nicht um eine Technik handelt, die losgelöst von der eigenen Grundhaltung und den eigenen Gefühlen angewendet wird. Vielmehr kennzeichnen sie eine grundsätzliche innere Haltung, eine Einstellung den Kindern/Jugendlichen gegenüber.«[190]

Das Verhalten der PädagogInnen soll möglichst eindeutig folgende Grundhaltungen und Botschaften an die TeilnehmerInnen aussenden:

- Du bist mir wichtig! Ich bin an Dir interessiert!
- Ich halte an der Beziehung zu Dir fest, was auch passiert!
- Ich bin für Dich, nicht gegen Dich!
- Ich gebe bei Bedarf nach, aber ich werde nicht meinen Widerstand gegen bestimmte Verhaltensweisen aufgeben!
- Ich unterscheide zwischen Person und Verhalten: »Du bist ein feiner Mensch, aber dieses Verhalten dulde ich nicht!« – »Ich habe Sorge um Dich!«
- Nach der Konfrontation biete ich eine Versöhnungsgeste an!
- Ich würdige kleine Entwicklungsschritte!
- Konflikte sind normal und Humor ist herzlich willkommen!

Leitung hat immer auch eine Vorbildfunktion inne. Daher erfordert pädagogisches Arbeiten eine kontinuierliche Reflexion eigenen Verhaltens und Klarheit über persönliche Einstellungen, Interaktionsmuster und individuelles Konfliktverhalten. Wer z. B. Gewaltbereitschaft bei jungen Menschen verändern möchte, muss immer wieder sich selbst und sein Verhältnis zum Begriff der Gewalt durchleuchten. PädagogInnen müssen sich stets ihrer Vorbildfunktion bewusst und als Vorbild präsent sein.

Die Durchführung eines solchen Trainingsprogramms verlangt eine intensive Vorbereitung, die langfristig nur dann geleistet werden kann, wenn die Leitung motiviert ist und Freude an der Durchführung hat. Motivation entsteht nur dann, wenn die Leitung von der Sinnhaftigkeit der zugrundeliegenden pädagogischen Intention (z. B. Förderung sozialer und interkultureller Kompetenzen sowie (Gewalt-)Prävention) überzeugt ist.[191]

---

189 Zitzmann 2007, S. 52
190 Büchner 2013, S. 201; vgl. Zitzmann 2007, S. 52
191 Ebd., S. 52

4.4.3 Methodenbausteine

Da die Schule bei vielen sozial benachteiligten SchülerInnen mit negativen Assoziationen verknüpft ist, wurde bei der Konzeption des Curriculums auf schulübliche Methoden wie Frontalunterricht und Wissensabfrage weitgehend verzichtet.[192] Bei dem im KSK-Training angewandten Verfahren handelt es sich um lerntheoretisch-kognitiv fundierte Methoden, die im Folgenden kurz vorgestellt werden:

Gruppenregeln: »Vier Level der Konfrontation«

Um prosoziale Verhaltensweisen aufzubauen, sind eindeutige Regeln sowie klare Konsequenzen bei Regelverstößen hilfreich. Diese werden gemeinsam mit den Teilnehmenden erarbeitet und mit den SchülerInnen eingeübt. Dass Regeln sinnvoll sind, findet schnell die Zustimmung der SchülerInnen. Schwieriger ist für sie der Umgang mit Regelverstößen. Mit der Unterschrift unter einem »Trainingsvertrag«[193] zu Beginn erhalten die PädagogInnen von den SchülerInnen und deren Eltern die Berechtigung, gemäß den »Vier Level der Konfrontation«[194] auf Verstöße gegen die vereinbarten Regeln zu reagieren. Durch die Anwendung klarer Regeln und klarer Konsequenzen werden Selbststeuerung und Selbstkontrolle gefördert. Das Erleben, Verhalten willentlich lenken zu können, lässt zunehmend das Gefühl von Selbstwirksamkeit bei den SchülerInnen entstehen: einer der wichtigsten Bausteine zur Entwicklung der Eigenverantwortung und sozialer Kompetenzbildung.[195]

Verhaltensbeobachtung: »Persönliche Regel/Persönliches Ziel«

Neben den Gruppenregeln arbeiten die PädagogInnen zusätzlich mit der Methode der »Persönlichen Regel«. Diese bezieht sich auf kritische Verhaltensweisen, an denen ein Adressat etwas verändern möchte. Persönliche Regeln können von den SchülerInnen mithilfe folgender Fragen »entdeckt« und aufgestellt werden:

- »Was ärgert Dich an Deinem Verhalten in der Klasse am meisten?«
- »Welches persönliche Verhalten hat Dir bisher in der Klasse am meisten geschadet?«[196]
- Welche Verhaltensweisen zeigst Du?«
- »Welche Deiner Verhaltensweisen mögen andere SchülerInnen in Deiner Klasse/Schule nicht an Dir?«
- »Mal angenommen, Du könntest in der Nacht während Du schläfst eine neue positive Verhaltensweise ›erlernen‹ – welche wäre das?«

---

192 Jugert u. a. 2009, 54 f.
193 Siehe Material am Ende des Kapitels, S. 86
194 Siehe Material am Ende des Kapitels, S. 87 ff.
195 Büchner 2013, S. 201 f.
196 Jugert u. a. 2009, S. 58

- »Woran könnten Deine MitschülerInnen am nächsten Tag diese Veränderung erkennen?«

Ist eine »Persönliche Regel« erarbeitet, wird diese schriftlich auf einem Beobachtungsbogen, in einem Tagebuch oder auf einer Wandzeitung *(» Was will ich bis zur nächsten Trainingsstunde genau an mir beobachten?«* » *Was nehme ich mir vor?«)* festgehalten und regelmäßig bei jeder Trainingsstunde von den PädagogInnen und TeilnehmerInnen auf ihre Einhaltung hin überprüft.

Eine weitere Möglichkeit ist die Arbeit an einem persönlichen Ziel. Es orientiert sich an dem Motivationsprogramm »Ich schaff's«, das von Ben Furman[197] entwickelt wurde und von Christiane Bauer und Thomas Hegemann[198] verbreitet wird. Es ist lösungsorientiert und macht sich die Begeisterungsfähigkeit, Kreativität und Vitalität von Kindern oder Jugendlichen zu Nutze. Während des mehrstufigen Lernprozesses unterstützen die TrainerInnen die SchülerInnen dabei, die selbst gesteckten Ziele und Fähigkeiten zu erreichen. Dieses Lernen soll Spaß machen und das Selbstvertrauen und die Selbstwirksamkeit verbessern.

Rollenspiel/theaterpädagogische Übungen

Die verschiedenen Formen des (problemorientierten) Rollenspiels sind eine zentrale Methode, um neue Verhaltensweisen im geschützten Rahmen risikofrei einüben zu können. Die SchülerInnen sollen in der »Als-ob-Realität« dabei lernen, Probleme zu artikulieren, zu reflektieren sowie differenziertes Sozialverhalten einzuüben.

Kommunikations- und Wahrnehmungsübungen

Bei diesen Übungen werden die SchülerInnen aufgefordert und animiert, in vorgegebener Weise zu kommunizieren. Das dabei Erlebte wird anschließend von ihnen in Worte gefasst. Ziel ist die Förderung der Kommunikationsvielfalt sowie der Selbst- und Fremdwahrnehmung. Von Bedeutung ist der Transfer zu aggressiven und konfliktträchtigen Alltagssituationen.

Soziometrische Übungen

Soziometrische Methoden sind besonders geeignet, für die Themen »Familie«, »Freundschaft«, »Aggression«, »Gewalt«, »Fremdenfeindlichkeit« und »Rassismus« zu sensibilisieren. Durch die Visualisierung von Meinungen, Haltungen, Einstellungen, Erfahrungen, Befindlichkeiten und Denkmustern kommen die SchülerInnen ungezwungen mit anderen in Kontakt und erleben sich in verschiedenen Koalitionen. Gegenseitige Akzeptanz und Interesse am anderen werden dadurch gefördert. Das Bedürfnis, über das Erlebte zu sprechen, entsteht oft von alleine.

---

197 Furman 2003
198 Bauer/Hegemann 2012

Trainingsrituale, Warming-up, Entspannungs- und Vertrauensübungen

Der Alltag von Kindern und Jugendlichen ist vielfach von Unruhe und widersprüchlichen Anforderungen geprägt. Anleitung oder Modelle zur Strukturierung der zeitlichen Anforderungen im Alltag fehlen häufig. Hier möchte das KSK-Training durch die immer gleiche Struktur der Trainingssitzungen, durch Trainingsrituale, Aufwärm-, Entspannungs- und Vertrauensübungen dazu beitragen, die Strukturierungsfähigkeit der SchülerInnen zu fördern, die Bereitschaft zur Mitarbeit, besonders in Rollenspielen, zu verstärken und die Vorbehalte oder Ängste vor Rollenspielen und Übungen abzubauen, die Konzentrationsfähigkeit zu stärken.

Erlebnispädagogische Methoden

Die Erlebnispädagogik als handlungsorientierte Methode im Kontext des KSK-Trainings stellt junge Menschen vor physische, psychische und soziale Herausforderungen, die ihnen eine Reflexion ihrer Denk- und Verhaltensmuster ermöglichen. Diese Möglichkeit zur Entwicklung der Persönlichkeit und der sozialen Kompetenz findet unter pädagogischer Anleitung statt. Bei der Reflexion und Visualisierung der Handlungsmuster werden die Aktionen in Gesprächsrunden besprochen. Die Teilnehmenden werden sich ihrer »selbst bewusst« und können bessere Handlungsmuster planen und ausprobieren.

Ein erlebnispädagogisches Programm kann vielfältige Aktivitäten beinhalten, wie bsw. Kanufahrten, Segeln, Klettern, Mountainbiketour, Nachtwanderung, anspruchsvolles Trekking u. ä. Unter den pädagogischen Zielaspekten »Persönlichkeitsförderung«, »Soziales Lernen«, »Entwicklungshilfen« kann es hier jedoch nicht nur um einen Tag oder einige Tage »Naturulaub« gehen. Zum Konzept der Erlebnispädagogik gehört ein systematischer Aufbau, der sich an Zielen und Zielgruppen des KSK-Trainings orientiert.

4.4.4 Aufbau einer KSK-Trainingssitzung

In Anlehnung an Jugert u. a. sind sämtliche Trainingsstunden in folgender Weise aufgebaut:[199]

- Ritual zum Einstieg: Anzeigen der Stimmungslage durch Signalkarten, Nennung der Regeln im »Trainingsvertrag/Trainingsvereinbarung«
- Warming-up
- Bearbeitung eines Trainingsmoduls
- Auswertungs- und Transfergespräche
- Entspannungs- und Vertrauensübungen (Cool-down)
- Abschlussrunde: Rückmeldungen zur Einhaltung der vereinbarten Regeln sowie die Bewertung der Trainingsstunde durch Signalkarten

---

199 Angepasst und erweitert nach Jugert u. a. 2009, S. 60 f.

4.4.5 Auswertung und Transfer

Erfahrungsgemäß haben SchülerInnen zu Gesprächen über Übungen und Rollenspiele wenig Lust. Auswertungsgespräche zu Rollenspielen und theaterpädagogischen Übungen zeigen aber deutlich, dass diese Methoden nur dann erfolgreich sind, wenn eine kognitive Verarbeitung stattfindet.

Die Auswertung ist umso effizienter, je mehr es gelingt, den Transfer in das Alltagsleben der Kinder und Jugendlichen anzustoßen. Jugert u. a. benennen drei Auswertungsebenen:

- emotionale Ebene: Wie hat den SchülerInnen die Übung gefallen?
- kognitive Ebene: Was haben sie von dem verstanden, worum es in der Übung ging?
- Transfer-Ebene: Woher kennen die SchülerInnen solch eine Situation und mögliche Verhaltensweisen? Wo und wie können sie das Erlernte anwenden?[200]

Während der Trainingsarbeit hat sich der Einsatz einer Videokamera für ein objektives Feedback sehr bewährt, denn kein Verhaltensfeedback ist so wirksam wie das Videofeedback. Erfahrungen in der Anwendung zeigen, dass bereits GrundschülerInnen große Freude mit und wenig Scheu vor dieser Methode haben. Zu Beginn der Trainingsstunde können zwei verantwortliche TeilnehmerInnen ausgewählt werden, die während der geplanten Zeit die Kamera bedienen. Des Weiteren ist es auch möglich, die Kamera im Raum so zu platzieren, dass sie das Gruppengeschehen einfängt. Nach kurzer Zeit geht meistens das Gefühl, dass man gefilmt wird, verloren – auch bei den TrainerInnen.

Von beiden TrainerInnen ist jedoch ein sensibler und sicherer Umgang mit dieser Technik zwingend erforderlich und sollte der Gruppe auch nicht »übergeholfen« werden. Das Betrachten und die Auswertung der Aufnahmen können mit bestimmten Aufgaben und Fragestellungen verbunden werden. Bereits in Klassenstufe vier war in einem Beispiel bemerkenswert, dass die SchülerInnen problematische Situationen, Regelbrüche und kritische Verhaltensweisen zurückmeldeten, obwohl die Beobachtungsaufgabe ausschließlich auf positive Aspekte orientierte. Dies werteten die TrainerInnen als ein Indiz, worauf die Konzentration und Aufmerksamkeit bereits frühzeitig geschärft sein kann.

4.4.6 Mögliche Themen und Trainingsmodule

In Anlehnung an Jugert u. a. setzt sich das Kerncurriculum des KSK-Trainings aus thematisch unterschiedlichen Modulen zusammen:[201]

- Motivation und Vertrauensaufbau
- Selbstsicherheit
- Körpersprache

---

200 Jugert u. a. 2009, S. 56
201 Siehe Trainingsmanuale bei Jugert u. a. 2006, 2009, 2011

- Kommunikation
- Konflikte und Aggression
- Beruf und Zukunft
- Gefühle, Einfühlungsvermögen
- Lob und Kritik
- Mobbing
- Vorurteile und Toleranz
- Teambildung/-entwicklung
- »was noch?«

Die inhaltlichen Schwerpunkte (Trainingsmodule) und die Auswahl des Methodenmaterials müssen regelmäßig an die unterschiedlichen Voraussetzungen und Problemlagen der TeilnehmerInnen angepasst werden. Die Anpassungen betreffen insbesondere Alter, Geschlecht, Klassen bzw. Peergruppen-Themen, Bildungsgrad, Entwicklungsstand, Beherrschung der deutschen Sprache, Migrationshintergrund und Verhaltensauffälligkeiten. Daher ist das KSK-Curriculum nicht als klassischer (schulischer) Rahmenplan zu verstehen, sondern als ein Trainingsprogramm, das sich an den realen Konflikten und alltäglichen Situationen der teilnehmenden SchülerInnen orientiert. Die Heranziehung und Kombination zusätzlicher kompatibler Trainingsmodule zur Vermittlung interkultureller und sozialer Kompetenzen haben sich in der bisherigen Trainingsarbeit äußerst bewährt.[202]

4.4.7 Wirkungs- und Erfolgskontrolle

Eine Wirkungs- und Erfolgskontrolle von Sozialen-Kompetenz-Trainings ist aus unserer Sicht unentbehrlich – wie in der gesamten Pädagogik, wenn wir Wirkungen erzielen wollen.[203] Was nicht methodisch akzeptabel evaluiert ist, kann keine zuverlässige Aussage über Erfolge geben. Gerade in Zeiten immer knapper werdender Mittel ist eine transparente und zuverlässige Erfolgsbeurteilung von entscheidender Bedeutung für die Zukunft von innovativen Lernprojekten und Präventionsprogrammen. Die Evaluation kann eine Grundlage für Argumente sein, das KSK-Training in der Praxis einzuführen.

In Anlehnung an Jugert u. a.[204] wird die Evaluation des KSK-Trainings auf zwei Ebenen durchgeführt: Die SchülerInnen, die an einem KSK-Training teilgenommen haben, sowie (falls möglich) eine Kontrollgruppe der gleichen Jahrgangsstufe, die nicht am Programm teilnehmen konnte, füllen zu Beginn, während und nach dem Training Fragebögen aus. Sie werden zudem von den durchführenden TrainerInnen in ihrem Verhalten (Sozialverhalten und Mitarbeit) eingeschätzt.

An dieser Stelle sei anzumerken, dass der Prozess der Evaluation einen erheblichen zeitlichen Aufwand bedeutet.

---

202 Landeskriminalamt Niedersachsen/ Gemeinde-Unfallversicherungsverband Hannover (Hg.) 2009
203 Cornel 2006, insb. S. 148 ff.
204 Jugert u. a. 2009, S. 86–104

4.4.8 Vorteile und Chancen

Soziales-Kompetenz-Training und Wertevermittlung sind elementare Voraussetzungen zur Verbesserung der sozialen und fachlichen Schulqualität. Unter diesem Aspekt ist das KSK-Trainingsprogramm insgesamt ein innovatives Lernangebot und bezieht sich auf folgende aktuelle Diskurse bzw. Empfehlungen:

- Die PISA-Studie (Deutsches PISA Konsistorium 2000) betont im Bereich der sozialen Orientierung präzise die Ziele, die durch das KSK-Training angestrebt und in seinem Programm umgesetzt werden. Diese Ziele beziehen sich auf die Förderung von Handlungskompetenz, prosozialen Verhaltensweisen und die Vermittlung von Werten.
- VertreterInnen aus den Bereichen Schule, Jugendhilfe, Wirtschaft, Gewerkschaften, Polizei und Justiz erkennen daher in diesem Programm eine Chance sowohl für die jungen Menschen als auch für ihre Institutionen.
- Die Qualifizierung von Kindern und Jugendlichen leistet einen wesentlichen Beitrag zur Prävention in Schule und Jugendhilfe sowie zur Unterstützung des Übergangs von Schule in Ausbildung und Beruf.
- Die Qualifizierung im Sinne von Team-, Konflikt- und Kommunikationsfähigkeit sowie eigenverantwortlichem Handeln entspricht den Anforderungen, die heute von Seiten der Wirtschaft und den Ausbildungsbetrieben an junge Menschen gestellt werden.[205]

4.5 Schritte der Implementierung

Bei der Einführung des KSK-Trainingsprogramms sollte sowohl der personelle als auch der institutionelle Faktor beachtet werden. Wenn die Leitung einer Schule die Absicht hat, das KSK-Training einzuführen oder zu erproben, besteht der erste Schritt der Implementierung in der Information des Kollegiums und der Eltern über das geplante Projekt. Die Schulleitung und das Kollegium sowie die relevanten Gremien der Schule beschließen die Erprobung des KSK-Trainings gemeinsam.[206]

Nach unseren Erfahrungen hat es sich als hilfreich erwiesen, auch Gruppen/Institutionen außerhalb der Schule, die an der Vermittlung sozialer Kompetenzen und (Gewalt-)Prävention der Kinder und Jugendlichen Interesse haben, für ein

---

205 Siehe hierzu die Ergebnisse einer bundesweiten Umfrage bei IHK-Ausbildungsbetrieben des Deutschen Industrie- und Handelskammertages 2016: https://www.ihk-berlin.de/politische-positionen-und-statistiken_channel/ZahlenundFakten/Statistik_und_Umfragen/Ausbildungsumfrage_2015/2261698 (abgerufen am 04.04.2017). Siehe auch die »Expertenmonitors zur Ausbildungsreife« des Bundesinstituts für Berufsbildung (2005) unter https://www.bibb.de/de/16633.php (abgerufen am 04.04.2017)
206 Jugert u. a. 2009, S. 137 f.

solches Projekt als UnterstützerInnen und KooperationspartnerInnen zu gewinnen. Hier kommen insbesondere VertreterInnen von Jugendämtern, ArbeitgeberInnen (IHK, HWK), Jobcenter der Agentur für Arbeit (Berufsberatung) und auch die Fachkräfte der polizeilichen Präventionsarbeit in Schulen in Betracht.

In einem nächsten Schritt erarbeitet ein Planungsteam »KSK-Training« die konkreten Rahmenbedingungen für die Durchführung des Verhaltenstrainings, wie den Stundenumfang für genau definierte Klassen bzw. Altersgruppen, die Evaluation und die personelle Ausstattung.

Die Lehrpersonen und die Fachkräfte der Schulsozialarbeit, die das KSK-Training durchführen werden, nehmen an einer Fortbildung zum/zur »TrainerIn für Konfrontatives Sozial-Kompetenz-Training« teil. In diesem Zusammenhang stellen *Transfergespräche* eine sinnvolle und effektive Maßnahme im Transferprozess dar. Transfer ist ein Lernprozess, der die Aufnahme und Übertragung des Gelernten auf eine Anwendungssituation umfasst. Der Prozess beinhaltet zudem alle Interventionen vor, während und nach einer Fortbildung, die zur Umsetzung des Gelernten notwendig sind. Unsere Erfahrungen zeigen, dass Fortbildungsmaßnahmen – so gut die Durchführung auch ist – oft nicht in den Arbeitsalltag übertragen werden. Ein beträchtlicher Teil dieses Phänomens liegt nicht in der Qualität der Weiterbildung begründet, sondern ist vielmehr auf die Vernachlässigung der Steuerung des Transferprozesses zurückzuführen. Deshalb ist es wichtig, dass die jeweilige Schulleitung mit den entsprechenden KollegInnen, die an der Fortbildung teilnehmen, kurz vor und nach der Fortbildung ein Transfergespräch führt. Die Transfergespräche sollen die Ausrichtung auf die Umsetzung des Gelernten schon vor der Fortbildung sicherstellen und können die Übertragung der erlernten Inhalte des KSK-Trainingsprogramms in den schulischen Arbeitsalltag erleichtern.

Mit der Schulleitung sollte eine Entlastungsregelung für den Mehraufwand der KollegInnen durch Fortbildung, Einarbeitung und Supervision/Praxisbegleitung ausgehandelt werden. Die KollegInnen, die sich nach der Fortbildung kompetent halten, führen in einer festgelegten Erprobungszeit (in der Regel ein Schulhalbjahr einmal wöchentlich 90 Minuten/Grundschule 45 Minuten) das KSK-Training durch. Nach unseren Erfahrungen ist die Ausdehnung der Trainingsdauer auf ein Schuljahr sehr zu empfehlen, da die Effekte bei längerer Trainingsdauer erheblich verbessert werden können. Während dieser Zeit sollten die TrainerInnen an einer regelmäßig stattfindenden *Supervision/Praxisbegleitung* teilnehmen.[207]

Eine *Evaluation* des KSK-Trainings ist wünschenswert. Die Evaluation (Bewertung, Beurteilung) des KSK-Trainings ist aus unserer Sicht in der Entwicklungs- und Erprobungsphase ein nicht wegzudenkendes Vorgehen. Evaluationsergebnisse helfen bei der Entscheidung für oder gegen den Einsatz eines solchen Lernprojekts dieses Ausmaßes. Was für die Projektphase ein normales Verfahren ist, wird auch im alltäglichen Einsatz innovativer sozialer Lernangebote immer mehr zu einem von Entscheidungs- und GeldergeberInnen gefordertem Vorgehen. So erhält man eine Sicherheit bei der Erfolgsbetrachtung des eigenen Vorgehens. Außerdem ge-

---

207 Ebd., S. 138

winnt man Datenmaterial, das die Durchführung weiterer derartiger sozialer Lernprojekte gegenüber Dritten rechtfertigt.

Die Ergebnisse der Evaluation und die Erfahrungen mit der Durchführung und Supervision/Praxisbegleitung des KSK-Trainings werden von den TrainerInnen mit Unterstützung der Schulleitung ausgewertet. Die Ergebnisse und Erfahrungen des KSK-Trainings werden allen KollegInnen und Gremien der Schule sowie den Eltern und externen Interessengruppen, wie beispielsweise Schulverwaltung, Fachdiensten des Jugendamtes, IHK, HWK, Agentur für Arbeit und MitarbeiterInnen der polizeilichen (Gewalt-)Präventionsarbeit, vorgestellt.

Auf der Grundlage der Evaluationsergebnisse kann die jeweilige Schule über eine dauerhafte Implementierung des KSK-Trainings als Regelangebot entscheiden. Wenn die Implementierung beginnt, wäre es aus unserer Sicht sehr hilfreich, wenn die Schulleitung dafür sorgt, dass in regelmäßigen Abständen für einen gewissen Zeitraum Veranstaltungen der Praxisbegleitung mit den TrainerInnen stattfinden. Hier können die TrainerInnen ihre Erfahrungen mit dem Training, mit den SchülerInnen, mit dem Thema und anderem in die Praxisbegleitung einbringen, wo sie in der Form der Supervision reflektiert und geklärt werden können. Deshalb ist eine gute und sachkundige Durchführung einer Praxisbegleitung für die TrainerInnen unabdingbar, um die nachhaltige Implementierung des KSK-Trainings nicht an Zweifeln, Unsicherheiten, Enttäuschungen und Ähnlichem im Laufe der Monate scheitern zu lassen.

An dieser Stelle soll eine kleine »Checkliste« vorgestellt werden, die weitere Fragebereiche markiert, die bei einer Verankerung des KSK-Trainings im Kontext der Schule beantwortet werden müssen. Hier werden Fragestellungen berührt, die bei der praktischen Umsetzung des Trainingsprogramms auftauchen können und die zum Teil über den Kompetenz- und Einflussbereich des TrainerInnen-Teams sowie der beteiligten Lehrkräfte hinausgehen und Stellungnahmen der Schulleitung erfordern. Fallstricke und Stolpersteine werden benannt, damit sie überwunden werden können.

Checkliste: Verankerung des KSK-Trainings in der Schule

1. *Institutionelle Erwünschtheit*
   - Ist eine Verankerung des KSK-Trainings als innovatives soziales Lernangebot in die Unterrichtsplanung (Stundentafel) von den PädagogInnen und insbesondere auf Leitungsebene tatsächlich gewünscht?
   - Wie groß ist der Bedarf an interner Zielklärung (pädagogische Leitbildentwicklung), Teamentwicklung, Verständigung und Abstimmung mit der Schulleitung?
   - Welche Alternativen zu einer »Maximallösung« (Erprobung und Einbettung des vollständigen Trainingsprogramms oder einzelner Trainingsbausteine) werden in Erwägung gezogen?
2. *Zeit/Finanzierung*
   - Ist die Durchführung des KSK-Trainings nur als Zusatzangebot zum »regulären« Unterricht und nur unter zeitlicher Mehrbelastung der Lehrkräfte möglich oder ist es als »Regelangebot« für die SchülerInnen in der Stundentafel fest etabliert?

- Müssen für die zukünftigen TrainerInnen zeitliche (curriculare) Freiräume geschaffen werden?
- Ist eine schulinterne Regelung mit Vertretungs- bzw. Ermäßigungsstunden machbar, sodass während des Trainings keine Beeinträchtigung der Regelaufgaben entsteht? Wie?
- Können z. B. entsprechende Änderungen/Anpassungen der Rahmenpläne bzw. der Angebotsstruktur von Unterrichtsleistungen flexibel vorgenommen werden? Welche?

3. *Räume und Material*
   - Welche Räume stehen zur Verfügung?
   - Wie steht es um ihre Größe und Ausstattung (z. B. Moderations- und Trainingsmaterialien, Pinnwand, Flipchart etc.)?
   - Bieten die Räume eine geschützte und ruhige Trainingsatmosphäre mit guter Akustik?

4. *Verantwortung*
   - Trauen sich die TrainerInnen die Durchführung des KSK-Trainings zu?
   - Die Trainingsarbeit sollte nicht allein von einem/einer als KSK-TrainerIn zertifizierten Person durchgeführt werden, sondern von einem Zweierteam. Findet sich im Kollegium ein/e Co-TrainerIn, die/der sich die Arbeit im Team zutraut? Finden sich TrainerInnen-Tandems, die »miteinander können«?
   - Wie groß ist das Interesse, der Rückhalt und die Unterstützung von Seiten derjenigen KollegInnen, die nicht an der Trainingsarbeit aktiv teilnehmen?

5. *Kooperationen und externe Ressourcen*
   - Werden Möglichkeiten der Zusammenarbeit externer KooperationspartnerInnen bei der Durchführung einzelner Trainingsmodule in Erwägung gezogen? (z. B.: Drogen- und Suchtberatung, erlebnispädagogische Gruppenunternehmungen, Präventionsbeauftragte der Polizei, Jugendgerichtshilfe, Berufsberatung, Jobcenter der Agentur für Arbeit, Fachärzte für Kinder- und Jugendpsychiatrie etc.)
   - Welche Modelle gemeinsamer Arbeitsteilung und Nutzung des unterschiedlichen Methoden-Know-hows der jeweiligen Berufsgruppen wären denkbar?
   - Mit welchen bereits vorhandenen Ansätzen und Methoden kann das KSK-Training verknüpft werden?

Die Checkliste kann als aktivierende Methode in der Organisationsberatung und -entwicklung eingesetzt werden. Die in der Checkliste aufgeführten Fragen sollen alle Beteiligten des Projektes »KSK-Training« anregen, die eigenen Ziele in Bezug auf das Thema Vermittlung sozialer Handlungskompetenz von SchülerInnen und deren Bedeutung im Kontext der (Gewalt-)Prävention genauer zu bestimmen.

Sie kann ein Instrument sein, womit bereits in der Anfangsphase des Implementierungsprozesses eines solchen Projektes »Stolpersteine« und »Fallstricke« vermieden werden können. Wenn die genannten Punkte ausreichend beachtet werden, kann die Implementierung gelingen. Jedoch kommt es nach unseren Erfahrungen immer wieder vor, dass einzelne Lehrpersonen und Fachkräfte der

Schulsozialarbeit bei dem Versuch der Umsetzung neuer innovativer Lernprojekte in ihre eigene Praxis diese häufig nach einiger Zeit aufgeben oder sie in einer verdünnten oder abgeschwächten Form praktizieren.

Ob das KSK-Training letztlich erfolgreich und nachhaltig in einer Schule implementiert werden kann, liegt also sowohl an seiner Attraktivität und Effizienz als auch der Innovationsbereitschaft, Entschlossenheit, Kreativität und Engagement sowie an der Unterstützung der Schulleitung und aller beteiligten PädagogInnen der Schule.[208]

4.6 Beispiele, Übungen, Arbeitsmaterialien

»Trainingsvertrag/Trainingsvereinbarung«[209]

Ich, _____,
verpflichte mich, zu jedem Zeitpunkt des Trainings, die folgenden Regeln einzuhalten:

- Ich höre zu, wenn andere sprechen!
- Ich beleidige, bedrohe oder verletze niemanden!
- Ich verhalte mich gegenüber allen in der Gruppe höflich, fair und wertschätzend!
- Ich befolge die Anweisungen der TrainerInnen!
- »Stopp!« bedeutet, dass ich jede Handlung aussetze!
- Ich behalte Privates, was während des Trainings besprochen wird, für mich und erzähle es nicht weiter!

Einverständniserklärung

Wenn ich eine dieser Regeln verletze, akzeptiere ich die »*Vier Level der Konfrontation*« *(die wertschätzende Konfrontation)*. Wenn die TrainerInnen mich auffordern, unterstütze ich aktiv die wertschätzende Konfrontation eines Teilnehmers/einer Teilnehmerin.

Datum: _____ Unterschrift: *(TN)* _____
Datum: _____ Unterschrift: *(Eltern)* _____

_____   _____
(TrainerIn)   (Co-TrainerIn)

---

208 Ebd., S. 138
209 Angepasst und erweitert nach Büchner 2016, S. 247

»Vier Level der Konfrontation«[210]
(die wertschätzende Konfrontation bei Regelverstößen)

1. Level: nonverbal – freundlich (Blickkontakt)
   Mit einer freundlichen Geste wird der TN auf seinen Regelverstoß aufmerksam gemacht. Unterlässt sie/er den Regelverstoß, endet die Konfrontation auf dieser Stufe.
2. Level: verbal – freundlich (Blickkontakt)
   Die Geste (durch Nennung des Namens) wird mit einem ernsten Gesichtsausdruck unterstützt und wiederholt. Unterlässt sie/er den Regelverstoß, endet die Konfrontation auf dieser Stufe.
3. Level: verbal – konfrontativ
   Der/die TN wird mit drei Fragen konfrontiert, d. h. sie/er wird unmissverständlich aufgefordert, die folgenden Fragen zu beantworten:
   – *»Was tust Du gerade?«*
   – *»Gegen welche Regel hast Du verstoßen?«*
   – *»Was passiert, wenn Du wieder gegen die Regel verstößt?«* (*»Möchtest Du hierbleiben oder gehen?«*)

Der/die TN weiß, dass er/sie die **Entscheidungsfreiheit bei einer *weiteren* Regelverletzung nicht mehr hat!** Daher ist die Frage 3 sehr wichtig, denn sie weist den/die TN deutlich darauf hin, dass ihm/ihr bei einem erneuten Regelverstoß die Fragen nicht mehr gestellt werden!

4. Level: Konfrontation (auch) durch die Gruppe
   – Die Konfrontation ist jetzt für den/die TN schwerwiegender und unangenehm. Nicht der Regelverstoß steht zur Debatte, sondern dass der/die TN die Konfrontation nicht akzeptiert.
   – Der/die TN weiß, dass er/sie jetzt die Trainingsstunde verlassen muss. Bis zur nächsten Sitzung soll er/sie sich schriftlich mit dem Regelverstoß auseinandersetzen und einen (»Rückkehr-) Plan« mit Hilfe der TrainerInnen erstellen.
   – Der/die TN wird verpflichtet, den »Plan« in der nächsten Trainingsstunde der Gruppe vorzustellen. Ohne Plan, keine Rückkehr in das Training! Er/sie wird von den TrainerInnen mit der Frage konfrontiert: »Wie willst Du uns zeigen, dass Du Dich in Zukunft an die vereinbarten Regeln halten willst?« Die TrainerInnen entscheiden, ob der »Plan« angenommen wird und der/die SchülerIn das Training fortsetzen darf. Dabei können in einer kurzen Diskussion die Gedanken und Meinungen der Gruppe ausgetauscht werden. Wichtig ist, dass es keine Möglichkeit der »Stimmungsmache« gegen die zurückkehrende Person gibt.

---

210 Angepasst und erweitert nach Büchner 2016, S. 248

> **»Die Anwendung der 4 Levels der Konfrontation«** (Simulations-Übung)
>
> Der/die TrainerIn erklärt das Vorgehen bei Störungen und »spielt« mit den TN die »Vier Levels der Konfrontation« in kleinen »Mini«-Rollenspielen durch.
>
> **Level 1:**
> *TrainerIn: »Also bitte, es möge jetzt einmal einer von Euch stören! Tom, sprich einfach mal Azra an und frage sie, was sie nach der Schule macht, während ich rede.«*
>
> Zunächst mag niemand stören. Der/die TrainerIn fordert noch einmal dazu auf. Dann reagiert der/die TrainerIn gegenüber dem TN, der eine Störung fabriziert, wie folgt: Er/sie signalisiert ihm durch Aufrufen seines Namens, dass er auf den Regelverstoß reagiert. (Der TN ist nun erfahrungsgemäß sehr verdutzt und weiß nicht, wie er damit umgehen soll.)
> *TrainerIn: »Okay, so reagiere ich, wenn Du das erste Mal in einer Trainingsstunde unsere vereinbarten Regeln verletzt. Jetzt störe noch einmal!«*
>
> **Level 2:**
> Bei einer zweiten Störung reagiert der/die TrainerIn wie folgt: Er/sie ruft klar und deutlich (mit erhobener, fester Stimme) den Namen des »Regelverletzers« und schaut ihn dabei mit einem ernsten Gesichtsausdruck an.
>
> **Level 3:**
> *TrainerIn: »So, jetzt darfst Du noch einmal gegen eine vereinbarte Regel verstoßen.«*
>
> Bei der *dritten Störung* reagiert der/die TrainerIn wie folgt: Er/sie stellt dem TN folgende Fragen:
>
> - »Was tust Du gerade?«
> - »Gegen welche Regel hast Du verstoßen?« (Der TN ist nun erfahrungsgemäß sehr unsicher und weiß nicht, was er antworten soll.)
>
> Eine mögliche Antwort des Trainers/der Trainerin wäre: »*Als Antwort von Dir erwarte ich, dass Du Dein Verhalten beschreibst, einfach das sagst, was Du gemacht hast.*« (Der TN beschreibt sein Verhalten.)
> *TrainerIn: »Dann bitte ich Dich, die Regel zu nennen, gegen die Du verstoßen hast. Du kannst Dir das Plakat »Unsere Regeln« anschauen.«* (Der TN nennt die Regel.)
> *TrainerIn: »Und jetzt kannst Du Dich entscheiden, ob Du weiter in der Gruppe bleiben und ohne zu stören am Training teilnehmen oder ob Du gleich gehen willst. Wie also entscheidest Du Dich?«* (Der TN entscheidet sich zum Bleiben.)
> *TrainerIn: »O.K., wenn Du dann also in der Gruppe bleiben möchtest, fahre ich mit meiner Arbeit fort. Jetzt gucken wir einmal, was passiert, wenn Du wieder störst. Bitte störe noch einmal!«* (Der/die TrainerIn wartet ab.)

Level 4:
TrainerIn: »*O.K., wenn ich sehe, dass Du ein weiteres Mal störst, stelle ich Dir nicht mehr die Fragen, sondern ich sage dann zu Dir: Ich sehe, dass Du Dich entschieden hast, unsere Trainingsstunde zu verlassen.*« (Der TN bleibt unschlüssig stehen.)
TrainerIn: »*Also jetzt müsstest Du gehen.*« (Der TN geht.)

Kriterien für den (Rückkehr-)Plan[211]

1. **Was habe ich gemacht? Beschreibe genau was vorgefallen ist!**
   Hier kann der/die TN seine/ihre Sicht über den Vorfall darstellen. Dabei kommt es häufig vor, dass der/die TN die Verursachung nicht bei sich, sondern bei anderen TN, den TrainerInnen oder anderen Umständen sieht.
2. **Welche Regel habe ich gebrochen? Weshalb habe ich so gehandelt? Was wollte ich erreichen?**
   Hier soll der/die TN aufschreiben, welchen Anteil er/sie selbst an dem Geschehen hatte. Diese Angabe wird mit den Regeln im »Trainingsvertrag/-vereinbarung« verglichen. Der/die TN soll für seinen/ihren eigenen Anteil an dem Geschehen Verantwortung übernehmen.
3. **Ich will mich darum bemühen, das Problem zu lösen! Bin ich bereit, mich in der Gruppe an die vereinbarten Regeln zu halten?**
   Wenn die Antwort »nein« ist, bitte begründe deine Antwort auf der Rückseite. ja ☐ nein ☐
   Diese Frage ist die Einstiegsfrage für die Entwicklung einer Lösung. Es wird damit die generelle Bereitschaft des/der TN erfragt, sich an die Regeln zu halten. Falls die Antwort »nein« ist, soll der/die TN seine/ihre Antwort schriftlich begründen. Falls die Antwort »ja« ist, soll die Bereitschaft in den nächsten Fragen weiter konkretisiert werden.
4. **Wie sieht mein Plan aus? Wie möchte ich zeigen, dass ich mich in Zukunft an die vereinbarten Regeln halten werde?**
   Hier wird der/die TN aufgefordert, seine/ihre Lösung vorzustellen. Dies kann zunächst auch eine pauschale, wenig konkrete Idee sein, wie z. B.: »Ich störe nicht mehr« oder »Ich mache besser mit« usw. In der nächsten Frage wird jedoch eine sehr genaue, anschauliche Lösung erwartet.
5. **Was möchte ich machen, wenn so ein Problem wie heute noch einmal auftritt?**
   Der/die TN soll bezogen auf die konkrete Situation nicht nur sagen, was er/sie nicht mehr machen möchte, sondern vor allem, was er/sie denn anstelle des nicht akzeptablen Verhaltens zeigen möchte. Er/sie soll eine Lösung ausarbeiten, die nötigenfalls Auswirkungen auf andere Personen und Bereiche mit umfasst. So kann es z. B. sein, dass ein/e TN vorschlägt, sich in den Trainingssitzungen nicht mehr von seinem/ihrem FreundIn ablenken zu lassen und dass er/sie dazu mit dem/der FreundIn vor der Trainingsstunde eine Vereinbarung treffen möchte.
6. **Was passiert mit dem Plan?**
   Der/die TN soll seinen/ihren Plan bei der nächsten Trainingsstunde den TrainerInnen und der Gruppe vorstellen, um wieder am Training teilnehmen zu können. Bei der Vorstellung des Plans in der Gruppe können Verände-

---

[211] Der »(Rückkehr-)Plan« im Kontext des KSK-Trainings entspricht in den wesentlichen Punkten dem in Kapitel 3 dargestellten Plan.

> rungen/Ergänzungen des Vorschlags von den TrainerInnen und der Gruppe eingefordert werden. Es geht um die zentrale Frage: »*Wie willst Du uns zeigen, dass Du Dich in Zukunft an die vereinbarten Regeln halten willst?*« Die TrainerInnen wie auch die anderen TN können hier Veränderungen und Ergänzungen einbringen, die den Plan wirkungsvoller und realistischer erscheinen lassen. Allzu hochtrabende Pläne sollten an einen realistischen Erwartungshorizont angepasst werden, damit ein Scheitern unwahrscheinlich ist.
> Wichtig! TN und TrainerInnen bekräftigen durch ihre Unterschrift die Bedeutung und Verbindlichkeit der Vereinbarung (Rückkehrplan).

4.7 Weitere Interventionsmöglichkeiten

Kein Verhaltenstraining lässt sich ausschließlich auf die Möglichkeit der Konfrontation in vier Levels reduzieren. Von daher kann es sehr hilfreich sein, darüber hinaus weitere Strategien und Ideen im Handlungskoffer zu haben. Einige von ihnen werden im Folgenden dargestellt. Zunächst geht es immer darum, dass jeweilig »problematisch« erlebte Verhalten im Kontext zu entschlüsseln, um dann der Entwicklungs- und Altersstufe entsprechend positiv und wertschätzend zu agieren. Dies bedeutet nicht, dass allein die gewählte Interventionsmöglichkeit immer zum Erfolg führen wird. Es kann aber die Wahrscheinlichkeit erhöhen, sich als TrainerIn selbstwirksamer und handlungsfähiger zu erleben. Von daher sind die Techniken allein nicht wirksam. Erst mit einer bestimmten pädagogischen/professionellen Haltung können die Techniken wirksam werden. Intervention meint in diesem Kontext, dass die PädagogInnen nicht nur reagieren, also dem Verhalten »hinterherlaufen«, sondern wohlüberlegt, vorausschauend und professionell agieren, so dass Kinder und Jugendliche Fähigkeiten und Fertigkeiten entwickeln können.[212]

An dieser Stelle sei noch einmal an die Illusion der Kontrolle erinnert – wir können und wollen andere Menschen nicht kontrollieren, sie aber in einem Verhaltenstraining in ihrer Entwicklung begleiten und unterstützen, um pro-soziale(re) Verhaltensweisen anzubahnen, zu trainieren und zu entfalten.

Physische Nähe/Präsenz

Das Gewahrsein der eigenen körperlichen Präsenz und deren Nutzung (Bewegung im Raum) können positive Effekte auf bestimmte Situationen während einer

---

[212] Wood/Bergsson 1996, S. 98 ff.

Trainingsstunde haben. Bereits das Aufstehen und Zugehen auf einen/eine dazwischensprechenden SchülerIn kann diesen zum Schweigen bringen. Wenn dies im Vorfeld legitimiert worden ist, kann auch das einfache Handauflegen auf die Schulter eines/einer »hibbeligen« SchülerIn beruhigend wirken.

Umlenken/Umgestalten

Umlenken bzw. Umgestalten ist ein Prozess und eine Unterstützungsmöglichkeit, mit der SchülerInnen (erneut) an ihre Aufgaben herangeführt werden und zu bestimmten Herausforderungen zurückkehren können.

Sollte sich herausstellen, dass z. B. der Schwierigkeitsgrad einer bestimmten Übung zu schwer für die Gruppe ist, können unterstützende und helfende Elemente eingebaut werden. Wenn der/die TrainerIn bemerken sollte, dass ein/e SchülerIn Kontakt mit einer anderen Person aus der Klasse aufnehmen möchte, indem sie/er Papierkügelchen wirft, kann der/die TrainerIn den Mülleimer hinhalten und sagen: »Hier ist der Mülleimer!«

Interpretation

Mit dieser Technik kann der Zusammenhang zwischen dem gezeigten Verhalten und einem dazugehörigen Gefühl hergestellt und verbalisiert werden, was die Wahrscheinlichkeit erhöht, dass SchülerInnen sensibilisiert werden und kognitiv mit den eigenen Emotionslagen in Kontakt kommen können. Das Motto »Verhalten macht Sinn« ist für die TrainerInnen auch eine Möglichkeit, eine Trennung von Person und Verhalten herzustellen und dadurch optimal auf die Bedürfnisse der SchülerInnen eingehen zu können.

Beispiel: »Es scheint noch schwer für Dich zu sein, ruhig und still auf Deinem Platz zu sitzen, während der/die TrainerIn die Aufgabe erklärt.« »Dich scheint es ziemlich zu ärgern, wenn Du mal nicht als Erste/r zeigst, was Du alles kannst.«

Verbale Interaktion zwischen Erwachsenen/Reflecting Team

Die verbale Interaktion zwischen Erwachsenen als spezifische weitere Intervention ist ein Austausch der TrainerInnen in wertschätzender Art und Weise über bestimmte Situationen und Ereignisse in einer Trainingsstunde. Dies kann eine als kritisch oder herausfordernd erlebte Stimmung entschärfen beziehungsweise die Mitarbeit wiederherstellen und sichern. Die Technik erfordert ein besonders aufeinander abgestimmtes und eingespieltes Team.

TrainerIn 1 zu TrainerIn 2: »Ich nehme gerade wahr, dass mehrere Kinder dazwischenreden während wir die Aufgabe erklären.« TrainerIn 2 zu TrainerIn 1: »Wir warten bis Ruhe ist und alle aufmerksam sind.« TrainerIn 1 zu TrainerIn 2: »Acht Kinder sitzen bereits leise auf ihrem Platz und warten, dass wir weitermachen können.« Usw.

Reflexion (Spiegeln)

Das Spiegeln ist die Rückmeldung einer bestimmten, beobachteten Verhaltensweise (das, was SchülerInnen sagen oder tun) ohne Wertung. Somit kann ein angemessenes Verhalten oder ein Fortschritt beschrieben oder an eine aktuelle Anforderung erinnert werden. Dies kann personal, depersonal oder über SchülerInnen, die angemessenes Verhalten zeigen, erfolgen. Des Weiteren können sich die beiden TrainerInnen über beobachtetes Verhalten austauschen.

Beispiel: TrainerIn: »Ich sehe, dass alle SchülerInnen still auf ihrem Platz sitzen und ihre Signalkarten bereithalten.«

Positives Feedback und Lob

Mit positivem Feedback und Lob kann den SchülerInnen mitgeteilt werden, dass von den TrainerInnen etwas Erfolgreiches/Bemerkenswertes/Beeindruckendes in der Mitarbeit wahrgenommen worden ist. Lob und positives Feedback sollten spezifisch, alters- und entwicklungsangemessen genutzt werden.

Beispiel: TrainerIn: »Ich freue mich über Deine aktive Mitarbeit heute.« »Ich finde es toll, wie Ihr Euch in der Übung gegenseitig unterstützt habt.«

5 Mediation und Streitschlichtung

5.1 Was ist Mediation?

Die meisten Konflikte oder Auseinandersetzungen in der Schule spielen sich zwischen einzelnen SchülerInnen ab, aber auch Konflikte zwischen Lehrkräften und SchülerInnen sind ein Thema. Sie enden oft in einer »Eskalationsspirale«,[213] weil jede Konfliktpartei in ihren Gefühlen verletzt ist und sich wehren möchte. Die alltäglichen Grenzverletzungen und destruktiv ausgetragenen Konflikte behindern immer wieder das Zusammenleben und Zusammenarbeiten in der Schule. Die Mediation (Mediationsverfahren) als konfliktlösende Methode kann hier helfen, diese Konflikte konstruktiv zu bearbeiten und somit nachhaltige Lösungen zu finden.

> »Mediation ist ein Verfahren, bei dem eine dritte, überparteiliche Person (oder Personen) zwischen den Konfliktparteien vermittelt. Grundsätze sind dabei eine nicht wertende überparteiliche Haltung und der Verzicht auf Lösungsvorschläge seitens der MediatorInnen. Dieses Verfahren wurde aufbauend auf Ideen der humanistischen Psychologie insbesondere in den 80er Jahren in den USA und anderen angelsächsischen Ländern entwickelt, um pragmatisch mit zunehmenden Konflikten umzugehen und sie damit schneller und ressourcenschonender zu regeln.«[214]

Je mehr Konflikte durch Vermittlung, also Mediation, statt durch Macht oder Recht entschieden werden, desto wohler fühlen sich die Menschen in der jeweiligen Institution.[215] Mediation baut auf bekannten Gesprächstechniken auf, gibt einen strukturierten Gesprächsablauf vor, der Streitenden und MediatorInnen Sicherheit bietet, und ist in ihren Grundzügen einfach, verständlich und relativ gut einzuüben. Einmal gelernt und in das Verhaltensrepertoire übernommen, wird Mediation als grundlegende Fähigkeit in den verschiedenen Lebensbereichen wie Schule, Familie oder Gleichaltrigengruppe (der sogenannten Peergroup) eingesetzt. Mediation wird sowohl von Erwachsenen als auch von Kindern und Jugendlichen bei ihren Gleichaltrigen angewendet (die sogenannte Peermediation).

Dies sind einige grundlegende theoretische und praktische Aspekte für den Einsatz von Mediation in der Schule. Im Folgenden geht es zunächst um die Anwendung der Mediation durch Erwachsene in der Schule. Auf die sogenannte Peer-Mediation gehen wir am Schluss dieses Kapitels ein.

---

213 Siehe hierzu ausführlich Büchner 2003, S. 89 ff.
214 Rademacher 2008, S. 107
215 Ury/Brett/ Goldberg 1991, S. 33

5.2 Welche Bedeutung kommt konfrontierenden Haltungs- und Handlungsaspekten in der Mediation zu?

Die Prinzipien, die in der Mediation zwischen Erwachsenen gelten, wie die der *Freiwilligkeit*, *Neutralität* und *Allparteilichkeit* sowie die *Schweigepflicht*, haben ihre Bedeutung. Sie dürfen aus unserer Sicht aber nicht unreflektiert auf die von Erwachsenen geleitete Schüler-Mediation übertragen werden. Wir möchten daher im Folgenden unsere Position zu den genannten Prinzipien im Rahmen der Schulmediation durch Erwachsene darstellen.

5.2.1 Freiwilligkeit

Für die klassische Mediation gilt das Prinzip der Freiwilligkeit.

> »Dahinter steckt der Gedanke, Zwang und ein förderliches Gesprächsklima schlössen sich gegenseitig aus und den Konfliktparteien fehle die notwendige Lösungsmotivation, wenn sie nicht freiwillig kommen.«[216]

Beides lässt sich in unserer Praxis nur eingeschränkt bestätigen, wenn auch die Freiwilligkeit der Verpflichtung oder gar dem Zwang vorzuziehen ist und letztendlich keine Lösung erzwungen werden kann. Denn hier wird übersehen, dass die Institution Schule in diesem Kontext ein Ort ist, der durch eine besondere Erziehungsverantwortung der PädagogInnen geprägt sein sollte. Deshalb gilt hier der Grundsatz: Die Mediation ist verpflichtend, aber es wird niemand zu einer Lösung oder Einigung gezwungen. Diese Haltung respektiert die Souveränität des Einzelnen und nutzt gleichzeitig den vorhandenen pädagogischen Einfluss. Sie ermöglicht es den Lehrkräften, auch solche SchülerInnen zur Mediation aufzufordern, die dieser Methode mit Widerstand und Abwehr gegenüberstehen. Nach unseren Erfahrungen gelingt es in der Regel im Mediationsgespräch, an die Bedürfnisse der Kinder und Jugendlichen anzuknüpfen und ihre Motivation zu stärken. In unserer pädagogischen Alltagsarbeit hören wir immer wieder folgende positive Reaktionen der betroffenen Kinder und Jugendlichen, wie z. B.: »Den Lehrern ist es nicht gleichgültig, was wir machen.« »Die Erwachsenen nehmen unsere Probleme ernst.« »Sie wollen, dass wir alle in der Schule miteinander klarkommen.«

Wir beobachten in der Praxis immer wieder, dass zwar die Mediation (aber auch die Wiedergutmachung) bei vielen Lehrkräften als Form der Konfliktlösung genutzt wird, sie jedoch oftmals der Auffassung sind, dass sie nur bei ganz außergewöhnlichen Auseinandersetzungen ihre Berechtigung habe. Zum Beispiel: »*Wegen eines Streits um einen zerbrochenen Bleistift schicke ich doch niemanden zur Mediation.*« So unterscheiden LehrerInnen oft wichtige von unwichtigen Konflikten und verhindern damit eine für die Betroffenen wertvolle Gelegenheit, bei der sie lernen könnten, Streitig-

---

216 Grüner 2006, S. 117

keiten auf faire Art und Weise zu lösen. Mit dieser Haltung widersprechen diese PädagogInnen dem Qualitätsmerkmal der Prävention (Frühzeitigkeit). Die Auseinandersetzungen um scheinbare Kleinigkeiten gibt es vor allem in den Grundschulen.[217]

Nach Grüner und Hilt begegnen LehrerInnen dieser »Selektions- bzw. Bewertungsfalle« am besten, indem sie ihre Angebote zur Konfliktbearbeitung im Kollegium transparent machen, KollegInnen dazu einladen, Mediation (aber auch Wiedergutmachung) »live« mitzuerleben oder Videoaufnahmen von solchen Gesprächen in der Gesamtlehrerkonferenz präsentieren. Damit lässt sich zeigen, wie emotional betroffen und beeinträchtigt Kinder und Jugendliche durch scheinbare Kleinigkeiten sein können und vor allem, wie sie lernen können, mit diesen Situationen konstruktiv umzugehen.[218]

Lehrpersonen sollten nach unserem Verständnis grundsätzlich schon auf Kleinigkeiten angemessen und konsequent reagieren, damit Großes erst gar nicht geschieht. Sie sollten wissen, dass sie im Sinne der Lerntheorie nicht nur ein wichtiges Vorbild für das Sozialverhalten darstellen, an dem sich die SchülerInnen orientieren, sondern dass sie von ihnen lernen, auch wie sie mit Regeln, Werten und Menschen umgehen. Indem LehrerInnen die Bedürfnisse und Gefühle der SchülerInnen ernst nehmen, erfahren sie, dass ihre LehrerInnen erzieherische Probleme anpacken und dass Konflikte gewaltfrei gelöst werden können. Dadurch kann nicht nur Sicherheit und Vertrauen als Basis für gute »LehrerInnen-SchülerInnen-Beziehungen« entstehen, sondern auch ein gutes Schulklima und eine konstruktive Konfliktkultur.

5.2.2 Neutralität und Allparteilichkeit

In der Mediation gilt allgemein der Grundsatz der »Neutralität« und »Allparteilichkeit«. Damit soll eine Parteinahme oder Wertung durch die MediatorInnen vermieden werden. Dieses Grundprinzip ist insofern umstritten, als die daraus erwachsenden Anforderungen an den/die MediatorIn sehr unterschiedlich interpretiert werden. Die Frage ist, wie sich die Gefühle und Meinungen, die MediatorInnen gegenüber Aussagen und Persönlichkeiten der Konfliktparteien haben, mit der geforderten Neutralität vertragen. Mit der Neutralität der Mediatorin/des Mediators kann realistischerweise nur die Art und Weise gemeint sein, wie sie/er das Verfahren steuert. Es kann nicht heißen, dass der/die MediatorIn keine Gefühle oder Meinungen zu den Positionen der Konfliktparteien entwickelt. Für die Praxis der Schule kann es vielmehr nur bedeuten, dass der oder die MediatorIn sich nicht gestatten darf, seine/ihre Handlungen in der Mediation von seinen oder ihren Gefühlen oder Meinungen einseitig beeinflussen zu lassen. Es geht nicht um emotionale Neutralität, sondern um Abstinenz von *Parteinahme (Überparteilichkeit)* bzw. einseitiger *Parteinahme (Allparteilichkeit)*. Im Endeffekt also um eine im Gesamtverlauf der Mediation ausgewogene Gesprächsführung.

Dies ist vor allem für LehrerInnen nicht einfach: Die Lehrkraft in der Rolle der Mediatorin/des Mediators muss demnach nötigenfalls die eigenen Emotionen zu-

---

217 Grüner/Hilt 2004, S. 7; Durach u. a. 2002, S. 45
218 Grüner/Hilt 2004, S. 7

rückstellen, ohne sich jedoch von ihnen abzuschneiden. Denn dann würde sie/ er sich eines wichtigen Instruments der Steuerung berauben, das Kontakt, Verstehen und Zuwendung zu den Konfliktparteien sichert. Ohne die Fähigkeit zur Selbstreflexion und Selbstbeobachtung kann das nicht gelingen. Nicht umsonst sind Übungen, in denen angehende MediatorInnen diesen Schritt der Differenzierung und Distanz zwischen eigenen Wahrnehmungen, Emotionen und Handlungsentscheidungen erproben, Bestandteil vieler Ausbildungsprogramme.

Wir sehen in dem Grundsatz der *Neutralität* und *Allparteilichkeit* noch eine weitere Herausforderung: Eine solche Haltung birgt die Gefahr in sich, zu übersehen, dass es zwischen SchülerInnen und LehrerInnen eine Generationsgrenze gibt, die klare Grenzziehungen und kompetentes Verhalten der Lehrperson in Konfliktsituationen erfordert. Für die Mediatorin/ den Mediator bedeutet dies, SchülerInnen Sicherheit und Orientierung – auch in der Mediation – zu geben. Der Lehrer bzw. die Lehrerin bleibt immer in der Gesamtverantwortung, ist nie allein nur MediatorIn.

Nach Durach u. a. muss eine Schulmediatorin oder ein Schulmediator jederzeit dazu bereit sein, die Haltung der Neutralität zu verlassen und für humane Werte einzutreten und wenn nötig, dafür zu kämpfen. Die »Allparteilichkeit« kann sich nur auf die Mediation selbst im engen Sinne beziehen, da es nicht darum geht, abwechselnd auf einer SchülerInnenseite zu stehen, sondern den eigenen Standpunkt auf der gegenüberliegenden Seite der SchülerInnen und damit der Generationsgrenze einzunehmen.[219]

5.2.3 Schweigepflicht

In den von Erwachsenen geleiteten Mediationsverfahren wird den betroffenen SchülerInnen *keine* Schweigepflicht zugesichert, weil z. B. im Mediationsgespräch immer wieder Fälle von Mobbing und Bullying aufgedeckt werden und gegenüber den InhaberInnen der elterlichen Sorge ein Schweigen gegebenenfalls rechtlich unzulässig ist. Hier ist eine klare parteiliche Intervention der MediatorInnen gefordert, die jeder Schweigepflicht und Neutralität widerspricht. So kommt es auch immer wieder vor, dass Gespräche im Klassenrat Unterdrückungsstrukturen offenbaren können, die von einer Mehrheit der Klasse abgelehnt werden, ohne dass diese in der Lage wäre, sie aus eigener Kraft zu überwinden. Solche Situationen erfordern eine klare Werthaltung der verantwortlichen Erwachsenen, die Fähigkeit, den Klärungsprozess zu leiten, die »Opfer« zu schützen, die »Täter« zu konfrontieren und Strukturen zu schaffen, welche die Bedürfnisse aller SchülerInnen berücksichtigen und die Klassengemeinschaft langfristig stärken kann.[220] Wichtig ist, dass alle an der Mediation beteiligten Personen wissen, dass es keine unbedingte Schweigepflicht des Lehrers oder der Lehrerin in der Rolle des Mediators oder der Mediatorin geben kann. Völlig unabhängig davon gilt natürlich der Grundsatz der Verschwiegenheit zum Schutz der Privatgeheimnisse gegenüber allen Unbefugten.

---

219 Durach u. a. 2002, S. 43
220 Grüner/Hilt 2004, S. 8

Bei allen einseitig verursachten Gewalthandlungen gibt es nichts zu schlichten, denn das »Opfer« hat jedes Recht, einfach zu fordern, dass die »Täter« ihr Verhalten unterlassen und für das gezeigte Verhalten nicht nur Wiedergutmachung leisten (sofern und soweit dies möglich ist), sondern auch zur Verantwortung gezogen werden. Eine Mediation würde hier schon vom Konzept eine Notwendigkeit der Einbeziehung – eine Zuständigkeit – des »Opfers« suggerieren, die nicht gegeben ist.[221]

5.3 Konzeption der Mediation

Wie umfangreich eine Mediation ist, um Konflikte zwischen zwei oder mehreren Streitenden zu lösen, hängt davon ab, wie lange der Konflikt schon schwelt bzw. wie viele Streitpunkte sich inzwischen angesammelt haben. Ein Konflikt kann mit einem Mediationsgespräch ausgeräumt werden, in manchen Fällen sind mehrere Gespräche erforderlich.

Die Lösung des Konflikts ist nicht einziges Ziel, sondern die Auseinandersetzung selbst und die Förderung beider Parteien, ihr eigenes Handeln in Frage zu stellen. Wichtigste Aufgabe der Mediatorin/des Mediators ist daher die Stärkung des Selbstwertgefühls und des Einfühlungsvermögens der Beteiligten sowie die Übernahme einer Teilverantwortung für den Konflikt. Denn beide Parteien haben in einer Form zur Eskalierung des Konflikts beigetragen. Ziel ist es daher, dass jede Konfliktpartei ihren Anteil der Verantwortung übernimmt.

Die Schule kann in vielfältiger Weise von der Mediation als Konfliktlösungsinstrument profitieren. Mit Hilfe dieser Methode können die SchülerInnen lernen, sich an Gesprächsregeln zu halten, über (verletzte) Gefühle und Bedürfnisse zu reden, sich in andere hineinzuversetzen (Perspektivenübernahme und Einfühlungsvermögen), die Hintergründe und Ursachen eines Konflikts besser zu verstehen, konstruktiv mit Wut und Ärger umzugehen und ihre Impulse besser zu kontrollieren, fair zu verhandeln, konstruktive Konflikt- und Problemlösungsstrategien sowie Selbstverantwortung und Verlässlichkeit.[222]

> »Es geht also bei der Mediation nicht darum, wer Recht hat oder wer schuldig ist oder wer gewinnt. Es geht darum, wie man sich wieder verträgt und was jeder dazu tun kann.«[223]

Das Mediationsverfahren ist insofern kurativ und präventiv gleichzeitig. Es sollte deshalb ein erzieherisches Lernangebot in der schulischen Gewaltprävention und für SchülerInnen zur Lösung ihrer Konflikte verpflichtend sein. Daher wird diese Form der Mediation – im Gegensatz zu anderen Schüler-Streitschlichtungs-Programmen – allein von hierfür ausgebildeten PädagogInnen durchgeführt.

---

221 Büchner 2013, S. 210; siehe hierzu auch die Ausführungen zur Wiedergutmachung in Kapitel 7
222 Grüner 2006, S. 114
223 Durach u. a. 2002, S. 31

Die Fähigkeit der Mediatorin/ des Mediators besteht im Wesentlichen darin – und diese sollte keineswegs unterschätzt werden – die Konfliktparteien unter Beachtung der Grundregeln und -prinzipien durch die »Phasen der Mediation« zu steuern. Sie sollen ihnen den Konflikt dennoch nicht aus der Hand nehmen und an ihrer Stelle eine Lösung zu präsentieren, die zwar möglicherweise objektiv »gerechter« ist, aber den Nachteil hat, nicht mit den Interessen der Konfliktparteien im Einklang zu stehen.

Im folgenden Abschnitt sollen die wichtigsten Schritte und Phasen des Mediationsverfahrens vorgestellt werden.[224]

5.3.1 Vorphase und Vorbereitung

Gibt es in der Schule Konflikte, die beidseitig verursacht sind, so werden die Konfliktbeteiligten von den verantwortlichen Erwachsenen aufgefordert, sich zu einem Konfliktgespräch zusammenzufinden. Unsere Erfahrungen zeigen, dass die SchülerInnen der direkten Konfrontation und Reflexion eines Konflikts zunächst aus dem Weg gehen wollen, danach jedoch meist sehr froh über die gründliche Klärungsmöglichkeit sind. Für Lehrpersonen und für Fachkräfte der Schulsozialarbeit stellt das Instrument der Mediation die Möglichkeit dar, anstelle von nur rein formalen schulischen Sanktionen, wie »Erziehungs- und Ordnungsmaßnahmen« (z. B. »schriftlicher Verweis«, Abmahnungen, Umsetzung in eine andere Klasse etc), den SchülerInnen konstruktive Bewältigungsstrategien für ihre Probleme erlebbar zu machen.

5.3.2 Mediationsgespräch

Einleitung

Die MediatorInnen sorgen dafür, dass das Gespräch in einer offenen und vertrauensfördernden Atmosphäre stattfinden kann. Der Gesprächsraum sollte sorgfältig ausgewählt und gestaltet sein. Die Sitzordnung sollte eine gleichwertige Kommunikation untereinander ermöglichen. Die einleitenden Worte sollten so gewählt werden, dass die Konfliktparteien sich angenommen und wertgeschätzt fühlen. Die KontrahentInnen werden (noch einmal) über den Ablauf, die Rolle der MediatorInnen sowie über die Grund- und Gesprächsregeln informiert. Die MediatorInnen kündigen an, dass deren Einhaltung strikt eingefordert wird.

Unverzichtbare Grundregeln sind:

- das Mediationsgespräch ist keine Gerichtsverhandlung
- es geht nicht darum, eine Partei zu verurteilen
- es sollen gemeinsam tragbare Lösungen gefunden werden

---

224 Angepasst und erweitert nach Durach u. a. 2002, S. 31 ff.; Hanke 2004, S. 42 ff.; Faller u. a. 2009, 129 ff.

- jede/r darf seine/ihre Meinung vortragen und ausreden
- gewaltsame Handlungen, wie Beleidigungen und körperliche Übergriffe führen zum sofortigen Abbruch des Mediationsgesprächs

Weitere Regeln können gemeinsam vereinbart werden. Nach Erklärung des Mediationsverfahrens können offene Fragen beantwortet werden. Schließlich werden die Streitparteien nach ihrer Bereitschaft gefragt, sich auf die Regeln und das Verfahren einzulassen. Diese müssen sie klar und deutlich äußern.

Problemdarstellung: Sichtweise der einzelnen Konfliktparteien

Jede Seite hat nun Gelegenheit, den Konflikt aus ihrer Sicht darzustellen. Jede Seite bekommt dafür ausreichend Zeit. Die KontrahentInnen dürfen ihre Erwiderung erst dann äußern, wenn sie an der Reihe sind. Am Schluss fasst die Mediatorin/der Mediator das Gesagte unter Beachtung der von beiden angesprochenen Punkte so zusammen, dass die Parteien sich darin richtig wiedergegeben finden.

Konflikterhellung: Verborgene Gefühle, Interessen, Hintergründe

Soweit dies noch nicht in der vorangegangenen Phase geschehen ist, sollen nun die mit dem Konflikt verbundenen Gefühle geäußert sowie die Interessen und Wünsche herausgearbeitet werden, um die es den Beteiligten eigentlich geht. Das Ziel sollte sein, den »Knackpunkt« zu finden, an dem der Konflikt angegangen werden kann. Die Kommunikationsrichtung wird zunehmend auf den Kontakt der KontrahentInnen untereinander verlagert. Das gemeinsame Positive wird in den Blick gerückt. Die Mediatorin oder der Mediator hört heraus, was an Wünschen und Bedürfnissen im Hintergrund mitschwingt, und spiegelt dies den Konfliktparteien wider.

Problemlösung: Sammeln und Entwickeln von Lösungsmöglichkeiten

Wenn durch die vorhergehende Phase das gegenseitige Verstehen ermöglicht wurde, können die Streitenden nun gemeinsam überlegen, wie sie ihren Konflikt beilegen wollen – aus dem »Konflikt« ist ein »Problem« geworden, für dessen Lösung die KontrahentInnen gemeinsam die Verantwortung tragen. Mit einem rein positiven Brainstorming (ohne »wenn« und »aber«) werden die Ideen gesammelt und zu Lösungsvorschlägen ausgearbeitet.

Übereinkunft und Überprüfung

Die Konfliktparteien einigen sich auf den ihnen am meisten zusagenden Lösungsvorschlag. Sie klären alle Fragen, die damit verbunden sind. Die Vereinbarung wird schriftlich festgehalten und von den Beteiligten unterschrieben (siehe »Mediationsformular« am Ende des Kapitels). Zu einem in der Vereinbarung festgelegten

Termin treffen sich die Mediatorin oder der Mediator und die Konfliktparteien noch einmal zu einer Rückschau und zur Überprüfung, ob und wie die Einigung umsetzbar war. Falls nötig, müssen gegebenenfalls Korrekturen angebracht oder es muss ganz neu verhandelt werden.

An dieser Stelle stimmen wir Rademacher grundsätzlich zu, dass im pädagogischen Alltag dieses Setting in der Reinform eher die Ausnahme ist.

> »Zum einen erfordert die Bearbeitung von Konflikten insbesondere dann, wenn es mehrere Konfliktbeteiligte gibt, andere Settings (z. B. getrennte Gespräche mit den Konfliktparteien), zum anderen erfordern Konflikte in Klassen auch ein anderes Vorgehen (z. B. Klärungen in Kleingruppen, ggf. Bestimmung von Delegierten). Entscheidend ist bei der Mediation – und das ist letztendlich auch der Kern für Veränderungen im Umgang mit Konflikten – die Haltung.«[225]

5.3.3 Wichtigste Methoden der Mediation

Prinzipiell steht den Schul-MediatorInnen eine Vielzahl von Methoden zur Verfügung, um den Prozess der Konfliktbearbeitung und Problemlösung voranzubringen. Die wichtigsten sind:

»Hilfreiches Zuhören« oder »Aktives Zuhören«

Bei »Hilfreichem Zuhören«[226] geht es nicht nur darum, die einzelnen Worte des Gesprächspartners zu verstehen, sondern über die Worte hinaus vor allem auch zu erfassen, was das Gesagte für ihn persönlich bedeutet. Hilfreiches Zuhören ist keine Technik, sondern eine Grundeinstellung, kein Instrument, sondern eine innere Haltung: Ich stelle mich auf das Zuhören als einen aktiven Prozess ein. Hilfreiches Zuhören kann durchaus anstrengender sein als Reden. Ich bereite mich darauf vor und frage mich: »Was will mir der/die andere sagen?« Es ist die aktive Auseinandersetzung mit dem/der anderen, in der festen Absicht, ihn/sie besser zu verstehen als bisher. Hilfreiches Zuhören besteht aus der Bereitschaft, den anderen in seiner/ihrer Andersartigkeit zu akzeptieren, und der Fähigkeit, sich einfühlsam in seine/ihre Lage zu versetzen (Empathie). Damit sind Akzeptanz und Empathie die wichtigsten Voraussetzungen für »Hilfreiches Zuhören«. Die Botschaft lautet: »Das, was du sagst, ist wichtig und interessiert mich. Ich höre dir aufmerksam zu, weil ich an dir Interesse habe und du mir nicht gleichgültig bist. Ich möchte verstehen, worum es dir geht. Ich möchte die Sache mit deinen Augen betrachten lernen.« Hilfreiches Zuhören ist die Basismethode in der Konfliktvermittlung. Es geht um Empathie, Unterstützung und Wertschätzung für den/die, der/die sich einem Erwachsenen

---

225 Rademacher 2008, S. 107
226 In der Fachliteratur wird meist der Begriff (nach Gordon) »Aktives Zuhören« verwendet. So wie »Aktives Zuhören« hier beschrieben wird, erscheint es uns als zu technisch und zu vereinfachend. Es verleitet dazu, den Aspekt der »Einstellung und Haltung«, die dem Prozess des Zuhörens innewohnt, zu übersehen. Aus diesen Gründen wurde der Begriff »Aktives Zuhören« durch »Hilfreiches Zuhören« ersetzt (siehe hierzu ausführlich Büchner 2003, S. 59 ff.).

(MediatorIn) mitteilen oder anvertrauen möchte. Wenn ich »hilfreich zuhöre«, behalte ich »meinen eigenen Senf« für mich. Ich verzichte darauf, meine eigenen Ansichten, Bewertungen und Geschichten, die mir zu dem Thema vielleicht durch den Kopf gehen, ins Gespräch einzubringen. Ich konzentriere mich ganz auf mein Gegenüber. Hilfreiches Zuhören ist damit der ursprünglichste Ausdruck von Lösungsabstinenz – der zentralen Grundhaltung in der Mediation.[227]

Ich-Botschaft

Die Konfliktparteien werden in Ich-Botschaften angeleitet, von ihren eigenen Erfahrungen und Gefühlen zu reden und sich nicht hinter Allgemeinplätzen zu verstecken oder in Beleidigungen und Beschimpfungen der Gegenseite auszuweichen. Dabei sollen sie klar benennen, um was es konkret geht, was das für Gefühle bei ihnen auslöst und was sie sich vom anderen wünschen.

Brainstorming

Ein Brainstorming ist eine kreative Ideensammlung, bei der alle Vorschläge unzensiert aufgelistet und die brauchbarsten zur Weiterarbeit herangezogen werden.

Einzelgespräche

In schwierigen Situationen ist es sinnvoll, wenn die MediatorInnen Einzelgespräche als Konfliktlösungsstrategie mit den Konfliktparteien führen. Zum Beispiel, wenn

- sich das Mediationsgespräch festgefahren hat, indem der/die MediatorIn feststellt, dass die Streitenden für dieses konfliktlösende Verfahren nicht geeignet erscheinen, weil sie die Diskussionen und Konsensfindungswege als Schwäche von Erwachsenen auslegen,
- die Gefühle noch zu stark sind oder das Gespräch außer Kontrolle zu geraten droht,
- eine Konfliktpartei nicht offen sprechen kann oder will,
- grundsätzlich die vereinbarten Regeln nicht eingehalten werden.

In diesem Kontext hat sich in unserer Praxis das Anfertigen eines »Konfliktprotokolls« bewährt. Das Konfliktprotokoll ist für den Einsatz in der Konfliktbearbeitung gedacht, wenn die SchülerInnen den Streit nicht im Mediationsgespräch oder nicht in der Klassengemeinschaft regeln wollen oder können bzw. die Emotionen so hoch kochen, dass eine verbale Auseinandersetzung noch nicht möglich ist.

---

[227] Büchner 2003, S. 60 f.; im Materialteil am Ende des Kapitels 5.6 wird kurz beschrieben, wie »hilfreiches Zuhören« funktionieren kann. Siehe hierzu auch Rohnstock/Roller 2013, S. 45–54

Die einzelnen Streitparteien werden aufgefordert, das Konfliktprotokoll in Einzelarbeit (bei jüngeren SchülerInnen mit Hilfe der MediatorInnen) auszufüllen. Dies hat den Vorteil, dass sich die Streitenden langsam beruhigen und wieder zu sich finden. Mit dem Konfliktprotokoll wird der Streit sowohl auf der Ebene des Phänomens als auch emotional aufgearbeitet. Zudem fördert es mit den Fragen nach der Befindlichkeit der/des jeweiligen anderen (»Wie hat sich die/der andere vermutlich im Streit gefühlt?«) die Empathie der beiden KontrahentInnen. Nach dem Ausfüllen des Konfliktprotokolls können die Streitenden zusammen mit der Mediatorin/dem Mediator die einzelnen Punkte besprechen und mit Hilfe der Frage (»Was wäre mir im Moment das Allerliebste?«) eine momentane Lösung für den Streit entwickeln. Möglich ist hier auch, dass die Betroffenen sich bereit erklären, ihren Streit doch noch mit dem/der SchuldmediatorIn weiter zu bearbeiten.[228]

5.3.4 Möglichkeiten und Grenzen der Mediation

Typische »Fälle« und Anwendungsbereiche für Mediation an Schulen sind zum Beispiel: Beschimpfungen und Beleidigungen, körperliche Auseinandersetzungen, Sachbeschädigungen, Nötigungen, interkulturell geprägte Konflikte (z. B. zwischen SchülerInnen unterschiedlicher ethnischer Herkunft), generationsübergreifende Konflikte (z. B. zwischen LehrerInnen und SchülerInnen), Konflikte um den Freund/die Freundin sowie Gerüchte und üble Nachrede.

Die Grenzen der Mediation sind zunächst dadurch bestimmt, dass Mediation nur ein Baustein der erzieherischen Gewaltprävention und kein Allheilmittel ist. Weitere gegebenenfalls nötige und sinnvolle flankierende Maßnahmen können u. a. sein: die »Wiedergutmachung« (▶ Kap. 7), das »Konfrontative Sozial-Kompetenz-Training« für eine oder mehrere Klassen (▶ Kap. 4) oder Aktivitäten und Maßnahmen im Rahmen des »Klassenrats«[229]

Nicht durch MediatorInnen zu vermitteln sind: schwere Körperverletzungen, insbesondere unter Anwendung von Waffengewalt, schwerer Raub und räuberische Erpressung, sexuelle Nötigung bzw. sexuelle Gewalt, Delikte nach dem Betäubungsmittelgesetz (BTMG), vor allem Drogenhandel, Gewaltvorfälle mit gewaltbereiten Cliquen/Gruppen, insbesondere im Zusammenhang mit gewalttätigen »schulfremden« Kindern und Jugendlichen, schwerer Vandalismus, familiäre Probleme, Streitereien unter Geschwistern, welche dieselbe Schule besuchen.

Die Vorteile und Chancen der Mediation an Schulen bestehen darin, dass Kinder und Jugendliche selbst Verantwortung übernehmen für die gewaltfreie Lösung von Konflikten in der Schule. Sie lernen mit Hilfe der Schulmediatorin/des Schulmediators, wie Konflikte untereinander konstruktiv gelöst werden können. Lehrpersonen werden im Schulalltag entlastet und das soziale Klima im Sinne eines zivilisatorischen Standards der Friedfertigkeit an der entsprechenden Schule kann sich verbessern. Die Zahl eskalierender und schwererer Konflikte sinkt in aller Regel. Die Schule verfügt über ein einheitliches zielgenaues und differenziertes Konflikt-

---

228 Hanke 2004, S. 56
229 Lohmann 2015, S. 124 ff.

lösungskonzept und die SchülerInnen lernen eine ritualisierte Form der Konfliktlösung.[230]

5.4 Voraussetzungen und Umsetzung

Das Konzept der Mediation sollte als elementarer Baustein zur Erfüllung des Erziehungsauftrags, den die Schule neben dem Bildungsauftrag hat, gehören. Um den Erfolg, die Kontinuität und die Nachhaltigkeit eines solchen Projekts zu gewährleisten, ist eine vorausschauende Planung bezüglich der Implementierung unerlässlich. Der Ansatz der Mediation sollte in andere pädagogische, erzieherische Maßnahmen zur Förderung und Vermittlung sozialer Kompetenzen und (Gewalt-)Prävention eingebettet werden. Im Folgenden soll ein kurzer Überblick über die Voraussetzungen gegeben werden, die bei der Umsetzung der Mediation in der Schule zu beachten sind.

> »Um Mediation in Schulen zu etablieren, muss ein möglichst großer Anteil der Lehrkräfte eines Kollegiums diese Idee mittragen und später auch praktisch leben. Deshalb ist es sinnvoll, wenn das Kollegium im Rahmen eines Pädagogischen Tages mit den Grundgedanken der Mediation vertraut gemacht wird und dann auf einer Gesamtkonferenz die Einführung beschließt. Entscheidend ist auch, dass die Schulleitung hinter der Idee steht und die entsprechenden zeitlichen und finanziellen Ressourcen bereitstellt, um die Mediation in die Praxis zu bringen. Außerdem ist es wichtig, die Eltern- und Schülervertretungen in den Prozess einzubinden.«[231]

Ein Hauptgrund für das Scheitern vieler Mediationsprojekte ist immer wieder die mangelnde Einbindung in die Konfliktkultur der Schule. So wird die Mediation als konfliktlösende Methode an vielen Schulen zu oft noch als isoliertes Projekt bzw. Ansatz und als persönliches Engagement einiger weniger Lehrpersonen oder Fachkräfte der Schulsozialarbeit betrachtet. Wenn Mediation ein festes Lernangebot zum Trainieren sozialer Kompetenzen für die SchülerInnen sein soll, muss sie breit verankert sein und von vielen Schultern getragen werden. Das Engagement einzelner Personen reicht hier nicht aus, um diesen Ansatz langfristig in der schulischen Konfliktbearbeitung umzusetzen.

Sogenannte »Insellösungen«, bei denen nur einzelne Lehrkräfte hinter der Mediation stehen und nur eine oder höchstens zwei Lehrkräfte das Projekt aktiv tragen, sind oftmals der Grund für die Beendigung von Mediationsprojekten.[232]

Nach Grüner kann dies nur gelingen, wenn das Kollegium mit Unterstützung der Schulleitung dafür gewonnen werden kann, die Mediation nicht als Instrument zur gelegentlichen Lösung einzelner Konflikte zu betrachten, sondern als eines, mit dessen Hilfe möglichst vielen SchülerInnen wichtige soziale Kompetenzen vermit-

---

230 Durach u. a. 2002, S. 30
231 Rademacher 2008, S. 111
232 Rademacher 2011, S.115

telt werden. Mediation sollte deshalb ein fester Bestandteil des jeweiligen Schulprogramms sein.[233]

Das Ziel, die Mediation in die Konfliktkultur einer Schule zu integrieren, ist nur erreichbar, wenn sich in einem ersten Schritt möglichst viele Lehrpersonen und Fachkräfte der Schulsozialarbeit und nach Möglichkeit auch die Schulleitung in einem Basis- und Grundlagentraining mit der Grundhaltung der Mediation vertraut machen. Es sollte hier vor allem darum gehen, die Philosophie zu verstehen, die Haltung der LehrerInnen zu trainieren und Akzeptanz im Kollegium zu schaffen. In Hessen zum Beispiel umfasst dieses Grundlagentraining 30 Stunden, in anderen Bundesländern 20–25 Stunden.[234]

Des Weiteren bedarf es einer umfassenden Fortbildung in der Schul-Mediation für die Lehrkräfte, die die SchülerInnen-MediatorInnen ausbilden. Eine solche Fortbildung umfasst in der Regel 80 bis 130 Stunden und wird in Deutschland von unterschiedlichen Institutionen angeboten.[235]

Wenn die genannten Voraussetzungen für eine Implementierung gewährleistet sind, kann eine externe Beratung bzw. ein Austausch zwischen verschiedenen Schulen bei der Umsetzung hilfreich sein. Hier kann angeregt werden, in jeder Schule eine Projektgruppe zu bilden, die auf eine nachhaltige Umsetzung des Gesamtkonzepts achtet. Es kommt immer wieder vor, dass gut funktionierende Mediationskonzepte in Schulen deshalb nicht aufrechterhalten werden können, weil nicht rechtzeitig neue Lehrkräfte nachgeschult wurden. Solange Schulmediation nicht selbstverständlicher Teil der primären LehrerInnenausbildung an den Hochschulen geworden ist, besteht ein Bedarf an kontinuierlichen Fortbildungsangeboten, damit sich insbesondere jüngere Lehrkräfte qualifizieren können.[236]

> »Zur Wirkung von Mediation gibt es in Deutschland bisher nur wenige wissenschaftliche Untersuchungen. Wie nachhaltig Mediation in deutschen Schulen verankert ist, wurde empirisch noch nicht erforscht.«[237]

Unsere Erfahrungen sowie eine bundesweite Studie von Behn u. a. (2006) zeigen, dass bei der Implementierung eines Mediationsprojekts der Schulleitung eine Schlüsselrolle zukommt. Ohne ihre Zustimmung, ohne ihr Engagement und ohne das Thema immer wieder auf ihre »Agenda« zu setzen, kann sich ein solches Projekt nicht langfristig und nachhaltig etablieren. Die Schulleitung entscheidet gemeinsam mit den beteiligten schulischen Gremien, welche Ressourcen an welcher Stelle für das Programm eingesetzt werden sollen.

Der Fokus der Evaluationsstudie von Behn u. a. richtete sich insbesondere auf die Rahmenbedingungen für die Umsetzung von Schulmediation. Sie nennt dabei drei wesentliche Aspekte:

---

233 Grüner 2006, S. 115
234 Rademacher 2011, S. 111
235 Der Bundesverband Mediation hat für die Ausbildung von SchulmediatorInnen Standards entwickelt: https://www.bmev.de/aus-fortbildung/wie-werde-ich-mediatorin/stan¬dards/schulstandards.html (abgerufen am 11.04.2017)
236 Rademacher 2008, S. 113; siehe auch Hanke 2007, S. 123 f.
237 Rademacher 2008, S. 114 f.

»1. Anerkannte und erfolgreich implementierte Mediationsprojekte benötigen Schulleitungen, die als Moderator/innen und Koordinator/innen im gesamten Verlauf des Abstimmungs- und Einführungsprozesses des Projektes für die Schulgemeinschaft stärker in Erscheinung treten.
2. Die Akzeptanz der Lehrer/innen für ein Mediationsprojekt bedarf der Einsicht und der Kenntnis über den Nutzen der Mediationsidee und über klar geregelte Abläufe des Projektes im Schulalltag.
3. Die Attraktivität und die Angemessenheit des Mediationsprojektes an einer Schule spielten eine entscheidende Rolle für die Akzeptanz des Projektes auf Seiten der Schüler/innen.«[238]

5.5 Streitschlichtung

Im schulischen Alltag gewinnt das der Mediation verwandte Modell der »Streitschlichtung« in vielen Bundesländern an Bedeutung. Es ist inzwischen an immer mehr Schulen zu finden. Die größte Verbreitung findet dieses Mediationsverfahren in der Sekundarstufe I. Mit der Einsetzung von »Streit-Schlichtungs-Programmen« verfolgen die Schulen das Ziel,

- das Schul- und Klassenklima zu verbessern,
- die Lehrkräfte von Alltagskonflikten zu entlasten und
- soziale Kompetenzen der SchülerInnen zu stärken.

Schülerstreit-Schlichtungsprogramme sind stark formalisierte Mediationsverfahren, die i. d. R. von SchülerInnen moderiert werden. Hierfür werden geeignete SchülerInnen von Erwachsenen (Lehrkräften, SozialpdagogInnen, ErzieherInnen) ausgebildet, die sich als SchulmediatorInnen qualifiziert haben. Die Ausbildung der SchülerInnen sollte mindestens ca. 40 Stunden umfassen.[239]

Diese Peer-MediatorInnen werden auch SchülermediatorInnen oder StreitschlichterInnen bzw. »Konfliktlotsen« genannt. Die beiden letztgenannten Begriffe werden meist gleichberechtigt genutzt, dennoch gibt es fachlich gesehen einen Unterschied in der Arbeit der beiden Gruppen. Während StreitschlichterInnen in Konfliktfällen mediieren, können Konfliktlotsen auch deeskalierend tätig werden und haben damit ein größeres Aufgabenspektrum.

Eine zentrale Rolle spielt in diesem Kontext die Peer Education, ein Ansatz, bei dem die Kinder und Jugendlichen für ihre Belange eintreten und sich für andere

---

238 Behn u. a. 2006, S. 25 f.
239 Unentbehrlich für alle SchülerInnen-Mediations-Umsetzungen sind die Materialien des »Schüler-Streitschlichter-Programms« von Karin Jeffereys-Duden (2008, 2016), Ortrud Hagedorn (2000, 2005); Jamie Walker (2001) und das von Faller u. a. entwickelte »Offenbacher Trainingsprogramm« (2009).

SchülerInnen engagieren. Eine Grundvoraussetzung der Peer Education, der Partizipation von Kindern und Jugendlichen, ist, dass Erwachsene Vorurteile revidieren und die Betroffenen ernst nehmen. Dies bedeutet eine Einstellungs- und Haltungsänderung bei den Lehrkräften.

Nach dem Ansatz der Streitschlichtung geben LehrerInnen Kompetenzen ab und in gleichem Maße lernen SchülerInnen Verantwortung für ihre alltäglichen Konflikte zu übernehmen. In einem riualisierten Mediationsverfahren unterstützen ausgebildete StreitschlichterInnen die Streitparteien bei der Erarbeitung einer kooperativen und konstruktiven Konfliktlösung (Peer-Mediation). Basierend auf dem Gedankengut zur gewaltfreien Konfliktlösung werden mit der Streitschlichtung Lösungen angestrebt, bei denen es keine »Verlierer« gibt, sondern beide Seiten sowohl in der Sache als auch auf der Beziehungsebene gewinnen können. Die Inanspruchnahme der Streitschlichtung wie auch die Annahme des Ergebnisses ist freiwillig.

Für Schulleitung und Kollegium kann aus dem Konzept der Streitschlichtung eine Entlastung in Bezug auf die Regelung von SchülerInnenkonflikten resultieren, wenn LehrerInnen zulassen, dass SchülerInnen mehr Verantwortung übernehmen. Damit verbunden ist die Hoffnung, dass auf lange Sicht Einstellungen und Fähigkeiten zu einer gewaltfreien Konfliktlösung bei allen am Schulleben Beteiligten verankert werden können.

Auch wenn SchülerInnen von Lehrpersonen und Fachkräften der Schulsozialarbeit zu Peer-MediatorInnen ausgebildet wurden, verhindert dies oftmals nicht, dass die Peer-MediatorInnen teilweise zu wenig Akzeptanz in ihrer Schule haben und im schlimmsten Fall nicht mehr existieren (Schätzungen gehen von einem Drittel aus). Die Gründe dafür sind vielfältig:[240]

- Die erwünschten Wirkungen (weniger Gewalt und Aggression) treten nicht in dem Maße ein, wie sie erhofft werden. In diesen Fällen scheinen die Erwartungen zu hoch, um von einer solchen Peer-Mediationsgruppe erfüllt werden zu können.
- Die Existenz dieser Gruppen ist zu sehr an ein bis zwei Lehrkräfte oder sogar nur an einen/eine SozialpädagogIn gekoppelt, wird von der Schulgemeinschaft nicht deutlich wahrgenommen und kann so auch nicht mitgetragen werden. Diese Form konstruktiver Konfliktbearbeitung ist dann nicht tatsächlich ein lebendiger Teil des Systems Schule geworden.
- Es gibt zu wenige SchülerInnen, die von sich aus zu den SchülerInnen-StreitschlichterInnen gehen und sich bei der Lösung ihrer Konflikte Unterstützung holen. Wenn ihre Dienste nur zögernd in Anspruch genommen werden, kann dies bei manchen StreitschlichterInnen mehr oder weniger große Enttäuschungen auslösen. Dies kann daran liegen, dass die Lehrkräfte die Arbeit der SchülerInnen-StreitschichterInnen wenig oder gar nicht unterstützen, sodass deren Einsatz sehr begrenzt bleibt. Mit Unterstützung ist hier gemeint, dass Lehrpersonen auf die Arbeit der StreitschlichterInnen hinweisen, SchülerInnen die StreitschlichterInnen empfehlen und damit deren Arbeit wertschätzen. So empfinden einzelne LehrerInnen nach wie vor die Arbeit von SchülerInnen-

---

240 Rademacher 2011, S. 116

MediatorInnen als Macht- bzw. Autoritätsverlust, da sie eine Aufgabe übernehmen, die sie als ihre originäre ansehen.

5.5.1 Ablauf der Streitschlichtung

In der Regel wenden sich Streitende an MitschülerInnen ihrer Schule, die zu Streitschlichtern bzw. Streitschlichterinnen ausgebildet sind. Aber auch Lehrkräfte können die Streitenden auffordern oder ihnen empfehlen, zur Streitschlichtung zu gehen. Hier werden sie angeleitet, ihren Konflikt nach einem vorgegebenen Ritual zu bearbeiten. Am Ende sollte eine von beiden Parteien akzeptierte Vereinbarung stehen. Wenn die Schlichtung keinen Erfolg hat oder die Streitenden die Schlichtung verweigern, sollte versucht werden, dass die Konfliktbearbeitung von einem/einer SchulmediatorIn (Lehrkraft, SozialpädagogIn, ErzieherIn) durchgeführt wird. Der Ablauf und die Phasen der Streitschlichtung orientieren sich schwerpunktmäßig an den bereits oben beschriebenen fünf Schritten der Mediation.

5.5.2 Voraussetzungen und Umsetzung

Im Folgenden stellen wir Gelingensbedingungen und notwendige Voraussetzungen vor, damit Schulmediationsprojekte erfolgreich in die Praxis der Schule umgesetzt werden können:

1. Mediation oder Streitschlichtung sollte nicht das einzige Projekt im Bereich der erzieherischen Gewaltprävention an der Schule sein und zudem nicht in Konkurrenz zu anderen bewährten Programmen stehen. Es sollte unbedingt in das Schulprogramm eingebunden werden. Alle in diesem Buch beschriebenen Praxismodelle (sozialer Trainingsraum, Konfrontatives Sozial-Kompetenz-Training, Wiedergutmachung und der Ansatz der »Neuen Autorität«) lassen sich gut mit dem Konzept der Mediation verknüpfen.
2. In Konferenzen sollte immer wieder an die Streitschlichtung erinnert werden, damit die SchülerInnen-MediatorInnen genügend in Anspruch genommen werden.
3. Ferner sollte es Unterstützungsmodelle geben, bei denen ein persönlicher Kontakt zwischen StreitschlichterInnen und bestimmten Klassen in Form einer Patenschaft gefördert wird.
4. Es ist wichtig, dass die erwachsenen SchulmediatorInnen Supervision oder kollegiale Beratung/Intervision erhalten und sich weitere Lehrkräfte als SchulMediatorInnen ausbilden lassen.
5. Nicht nur die SchülerInnen-StreitschlichterInnen sollten wissen, wie man mit Konflikten umgeht, vielmehr sind möglichst in allen Klassen soziale Trainings im Sinne des Mediationsgedankens zur Förderung der sozialen Handlungskompetenz durchzuführen. Hierfür sollten die Lehrpersonen und die Fachkräfte der Schulsozialarbeit entsprechend geschult werden.
6. Die Einbindung von Fachkräften der Schulsozialarbeit in das Projekt bietet vielfältige Unterstützung und kann zum Gelingen des Streitschlichtungsprojektes beitragen.

7. Breit angelegte Informationsveranstaltungen für Eltern, LehrerInnen und SchülerInnen vor Projektstart sowie eine gemeinschaftliche Entscheidung für das Projekt und der Startschuss durch die zuständigen schulischen Gremien haben einen positiven Einfluss auf den Projektverlauf.
8. Die Reflektion des vorhandenen institutionellen Umgangs mit Konflikten sowie die Einführung eines systematischen, verbindlichen und transparenten neuen Systems der Konfliktbearbeitung an der Schule bei klaren und nicht überfordernden Ziele für das Mediationsprojekt können einen großen Gewinn bringen.
9. Zentrale Rahmenbedingungen sind u. a. die Freistellung der Lehrkräfte (Stundenermäßigung), die die SchülerInnen-StreitschlichterInnen ausbilden und begleiten, die Freistellung der SchülerInnen für die Streitschlichtungen auch innerhalb der Unterrichtszeit sowie die Einrichtung eines geeigneten Mediationsraumes.

Die Fachgruppe Mediation in Erziehung und Bildung (MEB) im Bundesverband Mediation e.V. (BM) hat im Jahr 2001 Standards entwickelt und 2010 aktualisiert, die eine gute Grundlage für die Implementierung von Mediationsprojekten an Schulen bieten.[241]

Die Checkliste im folgenden Abschnitt versucht noch einmal alle Fragen aufzuführen, die vor der Einführung der Streitschlichtung als Entscheidungshilfe dienen kann.

---

[241] https://www.bmev.de/mediation/einsatzbereiche/erziehung-bildung.html (abgerufen am 12.04.2017)

5.6 Beispiele, Übungen und Arbeitsmaterialien

Tab. 4: Ablauf und Phasen der Mediation (Nicht die Mediation ist freiwillig, sondern die Lösung des Problems!), angepasst und erweitert nach Walker 2001, S. 179; Durach u. a. 2002, S. 39; Hanke 2004, S. 42

1. Phase: Einleitung

- Gesprächs- und Grundregeln erklären
- Ziel der Mediation verdeutlichen
- Mediationsverfahren erläutern, Rolle der Mediatorin/des Mediators erklären
- Nachfragen, ob alle damit einverstanden sind

Ausgangsituation

2. Phase: Sichtweise der einzelnen Konfliktparteien

- Konfliktparteien tragen Standpunkte vor: »*Was ist passiert?*« – Jeder/jede hat seine/ihre Sicht der Dinge
- Spiegeln, zusammenfassen, wenn nötig umformulieren
- Punkte aufschreiben, Reihenfolge besprechen
- Anschließend: zusammenfassen

Kommunikation über MediatorIn sichern

5.6 Beispiele, Übungen und Arbeitsmaterialien

Tab. 4: Ablauf und Phasen der Mediation (Nicht die Mediation ist freiwillig, sondern die Lösung des Problems!), angepasst und erweitert nach Walker 2001, S. 179; Durach u. a. 2002, S. 39; Hanke 2004, S. 42 – Fortsetzung

3. Phase: Konflikterhellung

- Nachfragen, klären
- Jeder/jede ist auf seine/ihre Art verletzt. Motive und Gefühle herausfinden: »*Wie ging es dir dabei?*« - »*Worüber hast Du*
- *Dich geärgert?*« – »*Was hat Dich verletzt?*«
- Abschließend: »*Wie geht es Euch jetzt? Welche Wünsche habt Ihr?*«

Schrittweise direkte Kommunikation herstellen

4. Phase: Problemlösung

- Jeder/jede macht den ersten Schritt (Brainstorming): »Was wünschst Du Dir vom anderen?« – »Was bist Du bereit zu tun, um den Streit zu beenden?«
- Verhandeln und Kompromisse finden: Jeder/jede muss einen Teil der Verantwortung übernehmen (Jeder/jede darf gewinnen!)
- Einen neuen Anfang machen
- Lösungen diskutieren, nach Konsens suchen

Seite an Seite nach Lösungen suchen

5. Phase: Vereinbarung

- Abmachungen gelten: »Wer macht was, wann und wo?«
- Vereinbarung genau formulieren und vorlesen
- Alle unterschreiben

Ohne fremde Hilfe wieder miteinander klarkommen

Konfliktprotokoll

Name: _____ _____ Klasse _____ Datum: _____

Mit wem habe **ich** gestritten? _____
                   (Name)

Wer hat aus **meiner Sicht** mit dem Streit angefangen und warum? _____

Was wollte **ich** erreichen? _____

Was wollte der/die **andere** vermutlich erreichen? _____

Was habe **ich** gesagt? _____

Was habe **ich** getan? _____

Was hat der/die **andere** gesagt? _____

Was hat der/die **andere** getan? _____

Wie habe **ich** mich im Streit gefühlt? _____

Wie hat sich der/die **andere** vermutlich im Streit gefühlt? _____

Was könnte **ich** tun, um den Streit zu beenden? _____

Was könnte der/die **andere** tun, um den Streit zu beenden? _____

Was wäre **mir** im Moment das Allerliebste? _____

Der Streit wurde geschlichtet am: _____ SchlichterIn: _____

Folgende Einigung wurde erzielt: _____

Unterschriften aller am Streit Beteiligten:

_____   _____
(Konfliktpartei A)   (Konfliktpartei B)

Angepasst und erweitert nach Hanke 2004, S. 56

5.6 Beispiele, Übungen und Arbeitsmaterialien

Wie funktioniert »hilfreiches Zuhören«?

Schematisch gesehen läuft hilfreiches Zuhören folgendermaßen ab:

- Eine zugewandte, ruhige und offene Körperhaltung.
- Augenkontakt, bestätigendes Kopfnicken, gefühlsbegleitende Mimik.
- Erzählimpulse (»Türöffner«), z. B. »Erzähl mal.« – »Erkläre mir das noch mal genauer.« – »Und wie denkst Du darüber?«
- Signale des Zuhörens wie »Hhm«, »Ach ja«, »Verstehe« etc.
- Das Gesagte in eigenen Worten zusammenfassen. Damit gebe ich dem Erzählenden die Möglichkeit zu überprüfen, ob ich ihn bisher richtig verstanden habe.
- Durch sogenannte »Einleitungs- oder Brückensätze« signalisiere ich, dass ich mich bemühe, den anderen zu verstehen (»So weit ich Dich verstanden habe, meinst Du…«, »Du meinst also…«), wobei dieser mich jederzeit korrigieren kann und soll (»Bitte korrigiere mich, wenn ich Dich nicht ganz korrekt wiedergebe…«). Solche Sätze schlagen also eine »Brücke« zwischen meinem bisherigen Verständnis und dem, was der andere meint.

Andere *Methoden* des hilfreichen Zuhörens sind etwas direktiver, d. h. lenkender. Zu ihnen gehören u. a.:

- Gefühle spiegeln: Nicht nur das wiedergeben, was explizit gesagt wurde, sondern auch das, was zwischen den Zeilen, vor allem auf der Gefühlsebene, mitschwingt.
- Echo geben: Kernsätze oder Schlüsselwörter des Erzählenden wortwörtlich wiederholen. Damit lenke ich seine Aufmerksamkeit auf einen bestimmten Aspekt und verleite den Erzählenden automatisch dazu, diese weiter zu vertiefen.
- Umformulieren: Eine bewertende oder verletzende Aussage in eine Aussage übersetzen, die den eigenen Anteil des Erzählers stärker heraushebt. Wenn der Erzählende sagt »Der ist doch krank im Hirn!«, formuliert der Zuhörende um »Dir stinkt wohl gewaltig, was der sagt.«
- Drastifizieren: Etwas deutlicher, übertriebener, drastischer formulieren und damit die gefühlsmäßige Botschaft einer zögerlichen oder vernebelnden Aussage auf den Punkt bringen. Wenn der Erzählende sagt »Und dann war ich irgendwie schon ein bisschen sauer auf ihn.«, drastifiziert der Zuhörende »Du hattest eine Mordswut auf ihn.« oder »Du hättest ihm den Kopf abreißen können.« Das Drastifizieren bewirkt, dass der Erzähler entweder den Mut entwickelt, auch zu seinen »bösen«, bisher unter Verschluss gehaltenen Gefühlen zu stehen, oder aber dass er die übertriebene Formulierung zurückweist und seine Aussage weiter präzisiert.

Angepasst und erweitert nach Fechler 2000, S. 81

Mediationsformular

MediatorIn: _____

Mediation (Ort, Datum): _____

Streitfall/ Ereignis *(Worum geht es?):*

_____

Beteiligte (Konfliktparteien):

_____

Offener Konflikt

Sichtweise A: _____

Sichtweise B: _____

Verdeckter Konflikt

Sichtweise A: _____

Sichtweise B: _____

Mögliche Lösungen (Brainstorming)

_____

_____

Lösungen: _____

Überprüfung (Nachtermin) am: _____

Ich nehme die Vereinbarung an:

_____   _____
(Konfliktpartei A)   (Konfliktpartei B)

_____
Unterschrift MediatorIn

Büchner 2003, S. 144 f.

Checkliste: Voraussetzungen und Mindeststandards für Streitschlichtung

1. **Raumfrage**
   - Gibt es einen eigenen Raum für die Streitschlichtung?
   - Gibt es einen Raum, der mehrfach genutzt wird, aber als fester Schlichterraum ausgestattet werden kann?
   - Gibt es mögliche Sponsoren (Sparkassen, Volksbanken, Elterninitiativen, Förderverein etc.)?
2. **Einsatz der StreitschlichterInnen**
   - Wann wird geschlichtet (Pausen, bestimmte Wochentage, nach Schulschluss)?
   - Wird ein Einsatzplan erstellt oder dürfen die StreitschlichterInnen von den Streitparteien gewählt werden?
   - Wann und wo sind die StreitschlichterInnen ansprechbar?
   - Sind Fehlzeiten im Unterricht abgeklärt worden?
   - Wie werden die unterrichtenden KollegInnen informiert?
   - Schlichten die StreitschlichterInnen auch bei akuten Streitigkeiten auf dem Schulhof?
   - Werden die StreitschlichterInnen von sich aus aktiv oder werden sie nur auf Anfrage tätig?
3. **Vorstellung der Streitschlichtung**
   - Projekttage, Meldung von Interessierten oder Wahl der SchlichterInnen durch die SchülerInnenschaft
   - Ankündigung durch Schulleitung, Vorstellung der StreitschlichterInnen in den Klassen
   - Information der Eltern, Information der Presse
4. **Kooperation/Netzwerke**
   - Jugendamt, Schulbehörde, Eltern, andere Schulen
   - Landesinstitute für LehrerInnen-Fortbildung und Schulentwicklung
   - Präventionsbeauftragte der Polizei, Sponsoren, Presse
5. **Unterstützung der StreitschlichterInnen**
   - Schulleitung, Kollegium, SchulmediatorInnen, Vertrauens- und Beratungslehrerinnen, Fachkräfte der Schulsozialarbeit, sonstige Vertraute gewinnen
   - Schweigepflicht beachten
6. **Schulische Rahmenbedingungen**
   - Gründung einer Streitschlichtungs-AG
   - Streitschlichtung als Wahlpflichtfach
7. **Sonderfälle**
   - Streitschlichtung in derselben Klasse oder Jahrgangsstufe
   - Besondere Situation der Abgangsklassen bei Einführung der Streitschlichtung
   - Streitschlichtung bei Klassenfahrten

Angepasst und erweitert nach Jugendnotkreuz 2003, S. 14; Büchner 2003, S. 144 f.

5 Mediation und Streitschlichtung

Tab. 5: Eskalationsstufen im Konflikt[242]

9 Stufen im Konflikt nach Friedrich Glasl (1999)	Konflikteskalation zwischen Axel und Sascha
	**1. Spannung** Seit mehreren Monaten sind Axel und Sascha in der gleichen Klasse. Beide haben bisher nicht viel miteinander zu tun gehabt. Eigentlich weiß Axel nicht so recht, woran es liegt, aber wenn er Sascha hört, wie er spricht und wie er sich in der Klasse und Pause so gibt, findet er zunehmend, dass Sascha »so komisch denkt«. Manchmal auch »Der spinnt« und er fragt sich »Wie kann man so sein?«. Er fühlt sich unbehaglich, wenn sie sich begegnen und wenn Sascha mit ihm spricht.
	**2. Erste verbale Angriffe** Als Sascha aus Axels Sicht »mal wieder eine blöde Bemerkung« über ein Fußballspiel des letzten Samstags macht, greift Axel ihn mit den Worten an, »dass er nun wirklich von nichts eine Ahnung« habe und so ergibt ein Wort das andere. Seit dieser Auseinandersetzung begegnen sich beide misstrauisch und reagieren gereizt aufeinander. Sascha weiß nicht so recht, was mit Axel los ist, aber dessen »bescheuerten Sprüche« will er sich auch nicht länger anhören.
	**3. Taten** Nach einigen Tagen sind Axel wie Sascha der Meinung, das »man mit dem blöden Sack« sowieso nicht reden kann. »Der versteht nix!« und was auch immer der eine oder andere sagt, das interessiert beide nicht mehr. Zwischen den beiden ist die Spannung mit Händen zu greifen und alle bekommen mit, wie sie sich gegenseitig provozieren. Der eine lässt mal die Jacke des anderen verschwinden, der andere revanchiert sich mit dem Verstecken des besten Kulis im Papierkorb.
	**4. Verbündete suchen** So langsam wird es Zeit, sich Verbündete zu suchen. Beide sprechen mit ihren Freunden oder versuchen noch einige Unentschiedene auf ihre Seite zu ziehen: »Wie findest du denn den Sascha? Weißt du, dass der ... und permanent provoziert der mich, fängt ständig neuen Streit an.« Beide Seiten suchen nun gezielt nach Möglichkeiten, der anderen Seite eins auszuwischen, sie zu ärgern, zu provozieren und zu mobben.

---

242 Seminarmaterialen-Konfliktlotsen-Ausbildung/BSV: http://www.soziale-verteidigung.¬de/uploads/tx_ttproducts/datasheet/HuD_3_gesamt.pdf (abgerufen am 14.04.2017)

5.6 Beispiele, Übungen und Arbeitsmaterialien

Tab. 5: Eskalationsstufen im Konflikt – Fortsetzung

9 Stufen im Konflikt nach Friedrich Glasl (1999)	Konflikteskalation zwischen Axel und Sascha
	**5. Gesichtsverlust** Axel und Sascha sind verfeindet. Es gibt keinen Weg zurück mehr, »Der oder ich« ist die Devise. Jede Gelegenheit wird genutzt, den anderen in schlechtem Licht dastehen zu lassen. Bei falschen Antworten von Axel im Unterricht wird mit hämischen Bemerkungen nicht gespart. Als ein Portemonnaie verschwindet, wird anonym behauptet, Axel sei es gewesen. Über Sascha wird das Gerücht verbreitet, in Wahrheit sei er schwul.
	**6. Drohungen** Weder Sascha noch Axel können sich noch eine friedliche Streitbeilegung vorstellen. Nicht hinnehmbar ist das, was bisher passiert ist. Beide Seiten drohen: »Wenn du …« und sind entschlossen, ihre Drohungen auch wahr zu machen: »Wer nicht hören kann, muss fühlen!« und »Du wirst schon sehen, was du davon hast!«
	**7. Begrenzte Schläge** Die Auseinandersetzung nimmt an Härte zu – unversöhnlich geben sich Axel und Sascha. Beide Gruppen versuchen nun den jeweils anderen Schaden zuzufügen: So haben mehrere von Saschas Freunden in der letzten Sportstunde die Sportsachen von Axel entwendet und in die Mülltonne der Schule geworfen. Sascha wird beim Fußballspiel von Axels Freuden mehrfach böse gefoult. Die Reifen der Fahrräder von beiden wurden bereits mehrfach zerstochen und der Ledersattel von Sascha ist auch spurlos verschwunden.
	**8. Zerstörung** Der Streit eskaliert, in den Pausen kommt es zu verschiedenen Rangeleien und Prügeleien zwischen Mitgliedern beider Gruppen. Nach der Schule kommt es in der Stadt am Abend zu einer großen Schlägerei, die erst durch die Polizei beendet wird.
	**9. Selbstvernichtung – Gemeinsam in den Abgrund** Sascha und Axel stehen sich eines Tages mit Messern gegenüber. Gegen beide wird polizeilich ermittelt und sie müssen die Schule verlassen.

Eskalationsstufen im Konflikt: Merkmale[243]

1. **Spannung**
   - Standpunkte verhärten sich: Der/die andere denkt »so komisch« – Der/die andere spinnt. Wie kann man so sein?
   - Gefühle des Unbehagens bei Begegnung und im Gespräch
2. **Erste verbale Angriffe**
   - harte, verbale Auseinandersetzung
   - konkurrierende Einstellung wächst
   - Misstrauen gewinnt Raum
3. **Taten**
   - Überzeugung, Reden bringt nichts mehr
   - Keine Bereitschaft, noch irgendwie auf die andere Seite einzugehen
   - Provokationen, erste kleine »Attacken«
4. **Feindbilder und Verbündete**
   - Schwarz-Weiß-Denken: Alles, was die andere Seite macht, ist von böser Absicht bestimmt
   - Gezielt nach Möglichkeiten suchen, der anderen Seite Unannehmlichkeiten zu bereiten, zu mobben
   - Unterstützung suchen und gemeinsam gegen die andere Seite vorgehen
5. **Gesichtsverlust**
   - Aktionen, die dazu führen, dass die andere Seite in schlechtem Licht dasteht
   - Sichtweise: Es gibt keinen Weg zurück mehr: Du oder ich!
   - Jeden direkten Kontakt mit der anderen Partei vermeiden – ich trete ihr nur noch als Gegner gegenüber
6. **Drohungen**
   - Beide Seiten versuchen sich mit Drohungen zu beeinflussen
   - Bisher noch gültige positive Verhaltensregeln werden nicht mehr beachtet
7. **Begrenzte Schläge**
   - Totale Abwertung des/der anderen; im anderen wird nichts Menschliches mehr gesehen
   - Die andere Seite muss weg – sie hat kein Recht mehr hier zu sein
   - Destruktive Aktionen mit Schäden für die andere Seite
8. **Zerstörung**
   - Massive Angriffe auf die andere Seite, um sie »vernichtend zu schlagen«
9. **Selbstvernichtung – Gemeinsam in den Abgrund**
   - Die totale Konfrontation zielt auf die endgültige Niederlage der anderen Seite, auch wenn dies mit massiven eigenen Nachteilen verbunden ist. (»Den Feind mit in den Abgrund reißen!«)

---

243 Seminarmaterialen-Konfliktlotsen-Ausbildung/BSV: http://www.soziale-verteidigung.¬de/uploads/tx_ttproducts/datasheet/HuD_3_gesamt.pdf (abgerufen am 14.04.2017)

6 Neue Autorität und gewaltloser Widerstand in der Erziehung

6.1 Konzept der Autorität durch Beziehung nach Haim Omer

»Selbstwertstärkende konfrontierende Pädagogik« und die »Neue Autorität« orientieren sich an einem »autoritativen« Erziehungsstil, wie er im »Handbuch der Kindheitsforschung« von den Psychologen Silbereisen und Schuler definiert wird: Wärme, Zuwendung, verständlich begründete, klare Strukturen und Grenzen, entwicklungsgerechte Aufgaben und Herausforderungen.[244] Der autoritative Erziehungsstil, wie er von Diana Baumrind 1967 formuliert wurde,[245] grenzt sich somit vom stark kontrollierenden autoritären und dem alles erlaubenden permissiven Erziehungsstil ab.[246] Die Vorteile dieses Stils liegen darin, dass sich die so erzogenen Kinder aufgeschlossener, verständnisvoller und kooperativer gegenüber Gleichaltrigen und Erwachsenen verhalten und ein angemessenes – durchsetzungsfähigeres – Alltagsverhalten zeigen.[247] Die entwicklungsförderliche Wirkung des autoritativen Erziehungsstils im Vergleich zu anderen ist belegt.[248]

6.1.1 Begriff der Autorität und seine Verwendung in der deutschsprachigen Pädagogik

In Deutschland gibt es seit 50 Jahren einen spezifischen Diskurs zum Begriff der Autorität, was zum einen mit dem besonderen Missbrauch der Autorität und dem autoritären Führungsstil zusammenhängt und zum anderen mit der Debatte um die Aufarbeitung des Faschismus in den 1960er Jahren. Die Studenten- oder 68er-Bewegung wurde nicht umsonst eine ›Antiautoritäre Bewegung‹ genannt. Deshalb kann man den Begriff der Autorität – jedenfalls im pädagogisch-wissenschaftlichen Diskurs – in Deutschland nicht benutzen wie in Israel, England oder Kanada und Dänemark. Das wird uns nicht hindern ihn richtig zu rahmen, aber eine Klärung ist nötig, wenn man nicht falsche Freunde haben will, die zurückwollen zu einer

---

244 Silbereisen/Schuler 1993, S. 278 ff., auf die Unterteilung verschiedener Erziehungsstile wird noch vertiefend eingegangen werden.
245 Baumrind 1967, S. 43 ff.
246 Zimbardo 1995, S. 84
247 Silbereisen/Schuler 1993, S. 278
248 Fuhrer 2007, S. 131 ff.; Himmelseher 2009, S. 9 f.

unterwerfenden Autorität. Der Bezug zum gewaltlosen Widerstand ist da ja deutlich – aber man muss Abwehr antizipieren und damit erklärend umgehen.

Untersucht man den Diskurs um die antiautoritäre Pädagogik der späten Sechzigerjahre, so kann man rekonstruieren, dass sowohl der Bezug auf Alexander S. Neills Summerhill aus den 1920er und 1930er Jahren aus Großbritannien als auch auf die Psychoanalyse[249] und Frankfurter Schule mit ihren Studien zum autoritären Charakter wenig Eindeutiges zur Rolle der Autorität in der Erziehung folgern lassen. Gleichwohl hatte die antiautoritäre Bewegung jener Zeit, in der es zweifellos auch um Autoritätskonflikte mit der Elterngeneration ging, die an Krieg und Holocaust beteiligt war und in den 1950er und frühen 1960er Jahren darüber meist schwieg, einen autoritären Erziehungsstil, dem es vor allem um Disziplinierung und blinden Gehorsam ging,[250] für das Entstehen autoritätshöriger Charaktere verantwortlich gemacht und diese wiederum für ihr Verhalten im und nach dem Faschismus. Obwohl die antiautoritäre Bewegung keine geschlossene pädagogische Konzeption hatte und eher eine Suche während des gesellschaftspolitischen Aufbruchs war, die aus der Kritik des Bestehenden heraus in Familie, Kindergarten und Schule neue Erziehungsformen und herrschaftsfreie Kommunikation entwickeln wollte,[251] hat sie doch auch spätere Theorien und Konzeptionen beeinflusst und damit blieb der Begriff der Autorität in Deutschland diskreditiert.

Schaut man sich die Ursprünge an, so stellt man fest, dass Alexander S. Neill selbst niemals von antiautoritärer Pädagogik sprach, sondern in seiner »demokratischen Schule«, die 1921 aus der Reformpädagogik entstand und bis heute besteht, vor allem auf Selbstregulation und freiwilligen Unterricht gesetzt wurde. Als Gründer einer antiautoritären Pädagogik wird in Deutschland immer wieder Siegfried Bernfeld genannt.[252] Er selbst hat den Begriff ›antiautoritär‹ nie verwendet und sich mit seinen politischen und pädagogischen Ansichten in vielerlei Hinsicht nicht durchgesetzt. Hat auch seine Bedeutung für die Erziehung im Kibbuz nachgelassen, so wurde sein Werk »Sisyphos oder die Grenzen der Erziehung« aus dem Jahr 1925 doch in einer Befragung von 168 deutschen Erziehungswissenschaftlerinnen und Erziehungswissenschaftlern im Jahr 2000 mit großem Abstand

---

249 Zu Recht wurde festgestellt, dass dabei vor allem der Diskussionsstand der 1920er und frühen 1930er Jahre rezipiert wurde, also vor dem erzwungenen Exil der Psychoanalyse und die Weiterentwicklungen aus Frankreich, den USA und Großbritannien, die oft auch eine Abwendung von der klassischen Triebtheorie waren, kaum zur Kenntnis genommen wurden; vgl. dazu auch Bilstein 2011, S. 223

250 Rutschky hat die Bedeutung von Gehorsam und Autorität in der historischen Entwicklung der Erziehung nachgezeichnet; Rutschky 1977, neben vielen spezifischen Quellen insb. Einleitung Seite L und LI

251 Die Suche bewegte sich dabei auf Basis der Kritik der bestehenden oft sehr auf Gehorsam und Disziplin orientierten sexualfeindlichen Erziehungsinstitutionen zwischen eigenen praktischen Experimenten, der Reformpädagogik Bernfelds und Summerhills bis zur Antipädagogik Ekkehard von Braunmühls (1980); vgl. zur Geschichte der antiautoritären Pädagogik und der sie tragenden gesellschaftlichen Bewegung auch Schroedter 2012; für Braunmühl legitimiert sich Autorität in einer Demokratie aus Kompetenz und freiwilliger Anerkennung; Braunmühl 1980, S. 224.

252 Unter diesem Titel gaben Lutz von Werder und Reinhart Wolff 1969/70 auch Siegfried Bernfelds Ausgewählte Schriften heraus.

als das pädagogisch wichtigste des 20. Jahrhunderts genannt[253] – das zeigt die bleibende Bedeutung dieses Diskurses.

Auch Adorno u. a. als Autoren der ›Studies in the Authorian Personality‹, die 1945/46 erstellt, aber erst 1950 veröffentlicht wurden,[254] beziehen sich zwar auf Erich Fromms Konstrukt des »autoritär-masochistischen Charakters«[255], äußern sich aber nicht über die Rolle der Autorität in der Erziehung. Es wird das autoritäre Syndrom beschrieben als durch Sozialisation entstandener Charakterzug mit Bezug auf psychoanalytische Terminologie. Nur aus den beispielhaft zitierten Interviewpassagen wird der vermutete Zusammenhang deutlich, ohne dass das weiter ausgeführt wird:

> »Well, my father was a very strict man ...His word was law, and whenever he was disobeyed, there was punishment. When I was 12, my father beat me practically every day ...«[256]

Ähnlich wird das beschrieben in Horkheimers Studien über Autorität und Familie, an der Fromm ebenfalls mitwirkte.[257] Fromm sieht die Autorität selbst nicht nur als erzwungen an, sondern als »gefühlsmäßige Bindung einer untergeordneten zu einer übergeordneten Person«[258] und meint, dass sie aus der Verinnerlichung der Regeln des Vaters im Über-Ich entstehe.[259] Deshalb seien auch Autorität und Über-Ich nicht zu trennen.[260] Fromm spricht sich genauso wenig wie Sigmund Freud gegen Autorität in der Erziehung aus[261] und Horkheimer bezeichnet Autorität als eine zentrale geschichtliche Kategorie,[262] spricht 1936 von der anti-autoritären Haltung als »Übertreibung des bürgerlichen Selbstbewusstseins«[263] und meint, dass die Familie »autoritäre Charaktertypen« produziere, solange sich die grundlegenden Strukturen des gesellschaftlichen Lebens und die auf ihr beruhende Kultur nicht verändere.[264]

Adorno bemerkt 1966 in seinem Vortrag ›Erziehung nach Auschwitz‹, dass in Deutschland »autoritäre Verhaltensweisen und blinde Autorität viel zäher überdauern«, als man es gern hätte.[265] Gleichwohl mahnt er zur Vorsicht, den »autoritären Charakter«[266] und den »autoritätsgläubigen Deutschen Geist« direkt für

---

253 Schroedter 2012, S. 113
254 Adorno u. a. 1975, S. 237 ff.
255 Adorno u. a. 1975, S. 474; Fromm 1936a; Fromm 1936b, S. 262; zur Rolle Adornos und Fromms an den Forschungen zur autoritären Persönlichkeit vgl. auch Fahrenberg/Steiner 2004, 127 f.
256 Adorno u. a.1975, S. 477
257 Fromm 1987
258 Ebd., S. 79
259 Ebd., S. 82
260 Ebd., S. 85
261 Auf Sigmund Freuds Erfahrungen mit Folgen autoritärer Erziehung und Einstellung zum Zwang wurde bereits im zweiten Kapitel (Fußnote 57) hingewiesen.
262 Horkheimer 1977, S. 300
263 Ebd., S. 328
264 Ebd., S. 343
265 Adorno 1971a, S. 91
266 Ebd., S. 95

den Nationalsozialismus und Auschwitz verantwortlich zu machen.[267] Er meint, dass mit dem von ihm gebildeten sozialpsychologischen Begriff der »Authoritarian Personality« manchmal undifferenziert umgegangen werde.[268] Er führt aus, dass das Moment der Autorität Voraussetzung des Mündigwerdens sei, dass dies aber nicht dazu missbraucht werden dürfe, diese notwendige Stufe zu verherrlichen und an ihr festzuhalten, denn das führe zu psychologischen Verkrüppelungen, Unmündigkeit und Verdummung.[269] Wir sehen also ein sehr differenziertes Verhältnis zur Funktion der Autorität.

Wir können bilanzierend feststellen, dass die Verbannung der Autorität aus dem Erziehungsprozess – jenseits der verständlichen Sensibilität in Deutschland, die wir teilen – keine Orientierung für gelingende Erziehung darstellt. Wir müssen offensichtlich genauer auf die Erziehungsstile schauen, auf die Methoden des Einwirkens auf die jungen Menschen und die Wirksamkeit, mit der die Mündigkeit erreicht wird.

Es ist in der Geschichte der Pädagogik immer wieder versucht worden, unterschiedliche Erziehungsstile zu kategorisieren, wobei man unterscheiden muss zwischen einem (mehr oder weniger) konzeptionell geplanten pädagogischen Handeln und Erziehungshandeln, das man anhand von Beobachtungskriterien verschiedenen Stilen zugeordnet. In manchen Elternratgebern zur Erziehung aber auch Fachliteratur wird dies nicht klar unterschieden. Mit Bezug auf Diana Baumrind[270] wird in den letzten 50 Jahren oft zwischen dem autoritären, dem autoritativen und permissiven Erziehungsstil differenziert (siehe oben). Während es im autoritären Erziehungsstil vor allem um Gehorsam geht und Strafen als Erziehungsmittel im Vordergrund stehen, wobei die Kinder und Jugendlichen ihre Sichtweisen und Interessen kaum einbringen können, schränken beim permissiven Erziehungsstil die Eltern die Freiheit der Kinder kaum ein, geben damit aber auch wenig Orientierung und sehen sich kaum in der Verantwortung für den Sozialisationsprozess ihrer Kinder. Eine Übertragung dieses Stiles auf die Schule ist kaum möglich, denn hier geht es ja explizit um einen Bildungsauftrag und selbstverständlich müssen die Lehrer und Lehrerinnen Verantwortung übernehmen für die Erreichung des Zieles hinsichtlich der kognitiven, emotionalen und moralischen Entwicklung.

Hinsichtlich des autoritativen Stils, der in einer Skala der drei Stile meist in der Mitte genannt wird, ist zum einen die Achtung des Kindeswillens, seines Strebens nach Autonomie und Freiheit des Erprobens von Bedeutung, zum anderen aber auch die Orientierung durch Erziehungspersonen, wobei die Regeln und Ziele diskursiv vermittelt werden. Autorität entsteht durch Diskussion, Überzeugung und Akzeptanz, muss sich immer wieder infrage stellen lassen und dient zeitlich befristet nur dem Zweck, junge Menschen zu schützen und ihnen eine Entwicklung zur vollen Autonomie zu ermöglichen, die im pädagogischen Alltag in kleinen, immer größer werdenden Schritten erprobt und eingeübt wird. Diana Baumrinds Klassifikationssystem ist inzwischen um weitere Dimensionen angereichert worden, deren Referieren hier aber nicht nötig ist. Wichtig ist, dass es immer um Zielsetzungen, Me-

---

267 Ebd., S. 91
268 Adorno 1971b, S. 139
269 Ebd., S. 140
270 Baumrind 1967

thoden, Klima und letztlich um Wirksamkeit geht, denn hohe Anforderungen, die nicht oder nur bei wenigen Schülern und Schülerinnen umgesetzt werden können, sind ebenso wenig erstrebenswert, wie ein nettes Zusammensein während des Unterrichts, das die gesellschaftlichen Anforderungen an die heranwachsende Generation außer Acht- und sie unvorbereitet aus der Schule entlässt.

Auf der Basis dieser Klärung und Einordnung wollen wir uns als viertem Methodenbaustein mit der Neudefinition der Autorität und dem gewaltlosen Widerstand nach Haim Omer beschäftigen.

6.1.2 Neudefinition der Autorität durch Haim Omer im Kontext von gewaltlosem Widerstand in der Erziehung

Wie definiert oder beschreibt man die (Neue) Autorität, was verstehen Haim Omer und weitere Protagonisten darunter? »Wertschätzende«, »wohlwollende«, »echte«, »gesunde« oder »ideale« Autorität?[271] Über welche Verführungskraft verfügt die Sprache durch negative oder positive Wörter beim Versuch einer Begriffsklärung und welchen Einfluss hat sie darauf?

Wir möchten hier die Diskussion nur insoweit führen, wie dies für die praktische Anwendung der Haltungs- und Handlungsaspekte[272] der ›Neuen Autorität‹ notwendig ist, verweisen aber an dieser Stelle neben den Ausführungen unter Kapitel 6.1.1 auf Arendt, Eschenburg, Sennet, Reichenbach und Baumann-Habersack, die sich mit dem aktuellen Autoritätsbegriff ausführlich(er) befasst haben.[273]
Bezogen auf die von uns beschriebene Praxis interessieren uns vielmehr folgende Aspekte:

Wenn Autorität kein Persönlichkeitsmerkmal, sondern Ausdruck einer Beziehung zwischen Menschen und somit letztendlich ein wechselseitiges Anerkennungsverhältnis ist: Wie zeigt sich dies in der Sportstunde, auf der Hofpause, in der Projektwoche, auf der Klassenfahrt?[274] Was wird von den sogenannten Autoritätspersonen getan, damit Kinder und Jugendliche in ihnen wertschätzend, respektvoll und humanistisch handelnde Menschen erkennen können? Wie können durch Vorbildlichkeit, Ansehen und Glaubwürdigkeit Schülerinnen und Schüler wachsen, ihre Kraft mehren und gefördert werden?[275]

»Neben der grundsätzlichen Zustimmung zur Autoritätsrolle bedeutet dies auch, dass die Autoritätsperson eine Haltung und Verhaltensweisen zeigt, die es den Schülerinnen und Schülern möglich machen, sie als Autorität anzuerkennen.«[276]

Wie das gelingen kann, werden wir in Kapitel 6.3. anhand von Beispielen und Übungen ausführlicher skizzieren. Zunächst sollen die Grundideen Haim Omers

---

271 Reichenbach 2011, S. 118
272 Lemme/Körner 2016
273 Vgl. Arendt 1955; Eschenburg 1965; Sennet 2008; Reichenbach 2011; Baumann-Habersack 2015
274 Reichenbach 2011, S. 118 f.
275 Ebd., S. 25
276 Lemme/Körner 2016, S. 60

vorgestellt werden, um deutlich zu machen, wie wichtig seine konzeptionellen Überlegungen und die Haltungsänderung sind.

Das von dem Psychologen Haim Omer und seinem Team an der Universität Tel Aviv entwickelte Konzept der »Neuen Autorität« basiert u. a. auf der sozialpolitischen Idee und Praxis des gewaltlosen Widerstandes Mahatma Gandhis. Es eröffnet andere Wege für diejenigen, die mit »auffällig« und gewaltbereit erlebten Kindern und Jugendlichen und deren Familien arbeiten. Seinen Ursprung hat es in der Arbeit mit Familien, in denen der Konflikt zwischen Eltern und Kindern stark eskaliert und die elterliche Präsenz verloren gegangen war. In solchen Familien fühlen sich die Eltern an den Rand gedrängt und die Kinder bestimmen das Geschehen – oft ohne ihre eigenen langfristigen Interessen und Entwicklungsperspektiven zu kennen und wahrnehmen zu können.

Seit 1999 ist das Konzept in Deutschland auf ein zunehmendes Interesse gestoßen. Gemeinsam mit Arist von Schlippe hat Haim Omer die »Neue Autorität« durch eine Vielzahl von Tagungen, Seminaren und Buchveröffentlichungen in Deutschland bekannt gemacht. Dabei hat es sich zu einem systemischen Konzept entwickelt.[277]

Das Konzept der »Neuen Autorität« als systemischer Ansatz findet immer mehr Verbreitung in Schulen und Einrichtungen der Jugendhilfe und beschreibt die Notwendigkeit, Autorität neu zu definieren und den Autoritätspersonen Mittel an die Hand zu geben, um Regeln aufzustellen und deren Einhaltung wertschätzend aufrecht erhalten zu können. Das Konzept bietet für PädagogInnen und Eltern Anregungen, wie in schwierigen Situationen die eigene Handlungsfähigkeit (wieder-)hergestellt, erweitert und Entscheidungssicherheit gewonnen werden kann. Dies ist notwendig, um den Kindern und Jugendlichen Sicherheit und Orientierung bieten zu können. Die verantwortlichen Erziehungspersonen lernen über die Haltung der Präsenz und durch die Interventionsmöglichkeiten des gewaltlosen Widerstandes aus den Machtkämpfen auszusteigen, Unterstützungssysteme zu nutzen und den ihnen anvertrauten Kindern und Jugendlichen mit Wertschätzung und Achtsamkeit zu begegnen.

> »Im Elternhaus, in der Schule, in Einrichtungen wie in der Öffentlichkeit: stets geht es darum, eine Form von ›Anwesenheit‹ und ›Dasein‹ zu verwirklichen, die nicht (primär) auf Macht und Durchsetzung gegründet ist, sondern auf Beziehung, Kommunikation und Kooperation – und die damit Bindung ermöglicht. Die aus dem Konzept hergeleiteten Interventionsmöglichkeiten zielen darauf ab, verlorengegangene Präsenz wiederherzustellen und damit auch verlorengegangene Bindungen zu erneuern oder neu aufzubauen. Damit fokussiert ›Neue Autorität‹ auf etwas grundsätzlich Anderem als Kontrolle, Durchsetzung oder Macht, nämlich auf Verbundenheit. Die Erziehungsverantwortlichen lernen dabei die entstandenen Eskalationsprozesse zu erkennen und aus diesen auszusteigen, deeskalierend und beziehungsfördernd vorzugehen und anhand der Methoden des gewaltlosen Widerstandes, eines transparenten öffentlichen Vorgehens und der Nutzung eines Unterstützungsnetzwerkes neue Möglichkeiten in der Entwicklung tragfähiger Beziehungen verantwortlich zu entwickeln.«[278]

---

277 www.neueautoritaet.de (abgerufen am 17.04.2017)
278 www.neueautoritaet.de (abgerufen am 17.04.2017)

6.1 Konzept der Autorität durch Beziehung nach Haim Omer

Abb. 2: Botschaften und Grundhaltungen der »Neuen Autorität«

Die Abbildung soll die zentralen Botschaften und Grundhaltungen der Konzeption der »Neuen Autorität« darstellen und deutlich machen. Sie, die Leser und Leserinnen, werden zugleich daran erkennen, dass es daran in vielen Schulen, aber auch Familien und in der Jugendhilfe mangelt. Halt geben meint Verankerung, Beharrlichkeit und Wachsame Sorge, die junge Menschen nicht aufgibt, weiterschiebt und ausgrenzt, wenn es einmal nicht so funktioniert, wie ich mir das wünsche und wie es die meisten anderen tun. Wird dieser Halt gegeben und ist er für alle wahrnehmbar (in einer Schulklasse registrieren jeweils viele andere, wie auf das Verhalten eines Schülers oder einer Schülerin reagiert wird), dann entsteht Vertrauen, ein Beziehungsaspekt, der nicht nur ein Gefühl repräsentiert, sondern auch in Krisen und Konflikten trägt. Außerdem geht es auch immer darum, sich im positiven Sinne als eine verlässliche Größe im Leben der SchülerInnen zu verankern. Fairness, Authentizität und Klarheit sollen den langfristigen Kurs bestimmen – an Bord des Schiffes, um Umwege und Unwetter zu vermeiden und in der Schule und in sonstigem pädagogischen Alltag, um keinen kleinlichen Zick-Zack-Kurs zu benötigen, der nur von Stunde zu Stunde trägt, sondern aus der klaren Bestimmung der eigenen Position als Erziehungsperson heraus, das Verhältnis zu den Schülern und Schülerinnen zu bestimmen. Dies führt zu einer Bindung und Beziehung, die auch bei hoher See hält. Bei Störungen und Konflikten ist dabei übrigens regelmäßig nicht nur ein Tau oder Seil wichtig, sondern eine gute Vernetzung aller Personen untereinander – dann sind wir schon wieder beim oben genannten Halt. Aber das Schiff soll nicht nur sicher gebunden sein (und im Hafen liegen) – es geht auch um Bewegung und Entwicklung. Deshalb zeigt die Abbildung auch den Antrieb, die Unterstützung der Schüler und Schülerinnen und die Präsenz der Lehrerinnen und Lehrer. Unabdingbar ist dabei das gewaltfreie Handeln bei allem, was die pädagogischen Fachkräfte tun. Des Weiteren sollten sie von dem, was sie tun, überzeugt sein. Dabei können gemeinsam entwickelte Werte eine mögliche Orientierung bieten. Mit den pädagogischen Beziehungen wollen wir Ziele erreichen, die Mündigkeit und Autonomie heißen und dazu bedarf es der Stärke im Antrieb, um Seemeile um Seemeile gemeinsam beharrlich alle Herausforderungen zu meistern.

Der Ausstieg aus der Ohnmacht und der Hilflosigkeit gelingt am besten, wenn die Erwachsenen Verantwortung übernehmen und selber Veränderungen setzen, anstatt vom Kind/Jugendlichen Veränderungen zu erwarten! Professionelle Präsenz als Quelle von Autorität bedeutet, dass die verantwortliche Erziehungsperson versucht, folgende Grundhaltungen beim Kind/Jugendlichen zu verankern:

- Veränderung beginnt einseitig und fängt bei mir an.
- Mein Selbstwertgefühl ist nicht vom Verhalten des Gegenübers abhängig.
- Ich zeige klaren Protest (»gewaltlosen Widerstand«) und auch Sorge gegenüber destruktivem und gewaltbereitem Handeln.
- Ich unterscheide zwischen dem Verhalten und der Person.
- Ich stelle (partielle) Öffentlichkeit her und suche mir HelferInnen.
- Vorwürfe, Bestrafung und Beschämung belasten die Beziehung.
- Ich schmiede das Eisen, wenn es kalt ist.
- Reden ist Silber, Schweigen ist Gold.
- Ich muss nicht gewinnen, das Kind/den Jugendlichen nicht besiegen, aber ich bleibe beharrlich und präsent.
- Nach der Konfrontation biete ich eine Versöhnungsgeste an.
- Ich würdige kleine Entwicklungsschritte.
- Konflikte sind normal und Humor ist herzlich willkommen.[279]

6.2 Voraussetzungen und Umsetzung

Für die Umsetzung einer guten Schulkultur braucht man nicht nur die Bereitschaft der Beteiligten zur Mitwirkung, sondern auch ein gut ausgebildetes und professionelles Personal.

Trotz aller Ausbildung und Fortbildungen wird aber immer wieder festgestellt, dass eine Vielzahl der PädagogInnen besonders als herausfordernd erlebten Situationen im Schulalltag noch nicht gewachsen sind, weil sie ihre Präsenz verlieren, in Machtkämpfe einsteigen und es nicht verstanden haben, ihr eigenes Verhalten, ihre Haltung und ihre Anteile bei Auseinandersetzungen und Konflikten zu hinterfragen und zu reflektieren.

In dem von Haim Omer entwickelten Konzept geht es vor allem um Empowerment, d. h. einen Prozess, der darauf abzielt, eigene Interessen und Aufgaben, aber auch Herausforderungen (wieder) selbstbestimmt und selbstverantwortlich wahrnehmen zu können.

---

279 Omer/Schlippe 2004, S. 231–235

Es setzt bei der erwachsenen Person an, um die eigene pädagogische und professionelle Präsenz zu stärken und (weiter) zu entwickeln. In Kapitel 6.3. sind einige Erfahrungen und Beispiele beschrieben, wie dies gelingen kann.

Im Arbeitsalltag können somit die Aufgaben und Herausforderungen in achtsamer, gewaltfreier, wertschätzender, verantwortungsvoller Haltung und in Wachsamer Sorge wahrgenommen werden. Die »Neue Autorität« sollte im Schulkontext aber nicht isoliert, sondern Teil einer intensiven und systematischen Schulprogrammentwicklung sein.

Der zentrale Aspekt ist dabei die Verzahnung von inklusiven Strukturen, Inhalten und Praktiken. D. h., alle einzelnen Arbeitsfelder, Regelungen, Aktivitäten und Maßnahmen sind aufeinander bezogen und bilden Vernetzungen auf allen Ebenen des Schullebens. Diese vernetzten Beziehungen bilden die Grundlage des Bildungskonzeptes.

Für die Implementierung des Konzeptes der »Neuen Autorität« heißt das konkret, dass auf bestehende Vernetzungen sowohl in der Schule als auch auf die Vernetzung mit KooperationspartnerInnen zurückgegriffen werden kann. Des Weiteren benötigt es mindestens eine verantwortliche Person und einen UnterstützerInnenkreis, die das Konzept verbreiten und voranbringen und für alle beteiligten PädagogInnen (auch in kritisch erlebten Situationen) ansprechbar sind.

Außerdem erfordert es eine wertschätzende, konstruktive und menschliche Atmosphäre innerhalb des Kollegiums (»Wenn ich mich mit meinen Problemen an eine andere Person wende, erlebe ich das als Stärke und nicht als Schwäche.« – »Ich kann um Unterstützung fragen und erkenne andere Ideen/Meinungen/Gedanken als eine Bereicherung an.«).

Und nicht zuletzt bedarf es einer überzeugten und starken Schulleitung, die dieses Konzept mitträgt und überzeugt davon ist, eine gewinnbringende Unterstützungsmöglichkeit für das Kollegium entwickeln, etablieren und implementieren zu können.

Wie könnte sich nun eine Schulkultur und ein Schulprogramm hinsichtlich dieses Konzeptes weiterentwickeln?

Das Kollegium sollte als Basis eines Miteinanders gemeinsam erarbeitete Werte, Normen, Regeln und Vereinbarungen vertreten und leben. Dafür kann zunächst ein halber Studientag genutzt und mit dem gesamten Kollegium an diesem Thema gearbeitet werden. In kleineren Teams werden zunächst in unterschiedlichen Konsensfindungsprozessen gemeinsame Werte gesucht und dabei die Fragen gestellt und beantwortet: »Was tun wir, damit diese Werte wirksam werden?« »Woran erkennen unsere Mitmenschen, dass wir diese Werte leben?«

Kann das Einigen auf den Wertekanon noch recht einfach sein, fällt die Beantwortung der Fragen ungleich schwerer, was natürlich auch mit einem Blick auf sich selbst und mit der eigenen Haltung und dem eigenen Handeln zu tun hat.

Diese Werte stellen lediglich eine Momentaufnahme eines gesamten Kollegiums dar und sollen nicht als Dogma verstanden werden. Dabei können weitere (andere) Werte für eine Einzelperson in ihrer Arbeit eine größere Relevanz haben.

Wie bereits kurz erwähnt, sollte das Konzept der »Neuen Autorität« in einem längeren Prozess im Schulprogramm verankert und in der Gesamtkonferenz abgestimmt werden.

Wertekanon an der Wedding-Grundschule

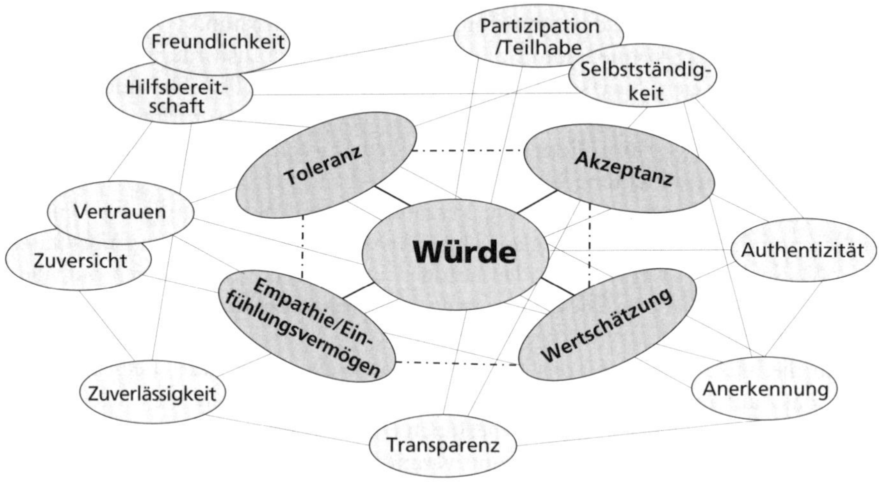

(Freundlichkeit, Hilfsbereitschaft, Partizipation/Teilhabe, Selbstständigkeit, Toleranz, Akzeptanz, Vertrauen, Zuversicht, Würde, Authentizität, Empathie/Einfühlungsvermögen, Wertschätzung, Zuverlässigkeit, Anerkennung, Transparenz)

Abb. 3: Inklusives Schulprogramm der Wedding-Schule 2016, S.16[280]

Wenn das Konzept in der Schule ernsthaft implementiert werden soll, müssen immer mehrere Bereiche und Aspekte angesehen werden (u. a. Schulart, Schulstandort, Sozialraum), Schülerschaft, Kollegium (unterschiedliche Professionen), Schulgesetz, Wissensvermittlung vs. Erziehungsauftrag (Rahmenlehrplan), Schwerpunkt der Schule (Synergieeffekte durch Verknüpfung mit anderen Konzepten und Ansätzen).

Durch regelmäßige Fortbildungen und Reflexionsmöglichkeiten für das gesamte Kollegium können dann Nachhaltigkeit gewährleistet und Entwicklung gefördert werden.

Dazu sollten mit der durchführenden Person im Vorfeld und prozessorientiert Methoden, Inhalte und Vorgehensweisen am Bedarf des jeweiligen Personals abgestimmt werden.

Die Möglichkeit des Austausches kann unter anderem durch eine gemeinsame Teamzeit (Team- und Besprechungsstruktur) gewährleistet werden:

- regelmäßig stattfindende Stufenteams
- regelmäßig stattfindende KlassenlehrerInnen-KlassenerzieherInnen-Teams
- Dienstberatung der ErzieherInnen (1x Monat Intervision für alle Interessierten zum Thema der »Neuen Autorität«)
- für die LehrerInnen Ermöglichung einer Supervision/Intervision
- bei Bedarf kommen als Unterstützung SozialpädagogIn, SonderpädagogIn oder IntegrationserzieherIn bzw. weitere (externe) Professionen dazu.

---

280 http://www.wedding-schule.de/schulprogramm-2016/ (aufgerufen am 7.7.2017)

Abschließend sei für all die Leserinnen und Leser an dieser Stelle angemerkt, dass jede Person im Einzelnen beginnen kann, die eigene pädagogische professionelle Präsenz weiterzuentwickeln und der eigenen Autorität eine positive Färbung im eigenen Tempo und in kleinen Schritten zu geben. Dabei genügt die Bereitschaft anzufangen und eigene Erfahrungen zu machen, um den pädagogischen und erzieherischen Pflichten wertschätzend und selbstwertstärkend nachkommen zu können.

6.3 Beispiele und Übungen

Exemplarisch möchten wir nun ein paar positive und wertvolle Praxiserfahrungen in der Arbeit mit dem Konzept der »Neuen Autorität« an einer Grundschule präsentieren.

Beispiel Klassenkonferenz/Ankündigung

Wenn es Probleme mit einzelnen SchülerInnen oder der Klasse gibt, wird in einer Klassenkonferenz meist über (Straf-)Maßnahmen nach dem Schulgesetz nachgedacht, die manchmal notwendig scheinen, aber so gut wie nie wirksam sind.

Durch die konkrete Frage »Was können wir Erwachsenen nun tun, um an der Situation etwas zu ändern?« eröffnet sich eine ganz andere (neue) Perspektive des Denkens – diese Frage ist gar nicht so einfach zu stellen, wenn sich in der Klassenkonferenz beispielsweise sechs LehrerInnen sehr kritisch und abfällig äußern und den Schüler/die Schülerin am liebsten *weg von der Schule haben wollen.*

Wenn nun an solch einer Klassenkonferenz eine in der »Neuen Autorität« erfahrene Person beteiligt ist, kann sie folgende Frage stellen: »Nun haben wir schon 15 Minuten darüber gesprochen, was alles schlecht läuft – wann läuft es denn gut? Und was ist dann anders? Und was können wir ganz konkret tun, dass es besser wird? Wer benötigt dabei welche Unterstützung?«

In einem nächsten Schritt haben mit dem Konzept vertraute Schulen die Erfahrung gemacht, dass eine gemeinsam formulierte »Ankündigung«[281] der Erwachsenen an die einzelnen SchülerInnen oder an die Klasse eine hilfreiche einseitige Maßnahme auf eine immer wiederkehrende kritisch erlebte Situation sein kann. Der Zusammenschluss der Erwachsenen und die Entscheidung, gewaltfrei Protest zu zeigen, können die PädagogInnen stärken.

Da es für alle Beteiligten zeitlich schwer war, die Bekanntmachung während eines Treffens zu realisieren, fand die Erstellung durch einen längeren Prozess via E-Mail statt – auch die Schulleitung war darüber informiert und konnte mitlesen und mitdenken.

Das Ergebnis solch einer Ankündigung an eine Klasse ist im Folgenden dargestellt.

---

281 Eine ausführliche Beschreibung dazu in Lemme/Körner 2016, S. 96 f.

> »Liebe Klasse 4!
> Wir sind in großer Sorge um Euch!
> Wir, Eure LehrerInnen und ErzieherInnen, beobachten, dass die Stimmung in Eurer Klasse sehr rücksichtslos und aggressiv ist.
> Viele Kinder sind sehr gemein zueinander und provozieren sich gegenseitig.
> Das werden wir nicht weiter dulden!
> Wir, die Erwachsenen in Eurer Klasse, wollen, dass es allen gut geht.
> Aus diesem Grund werden wir in der nächsten Zeit mehr darauf achten, wie wir in der Schule miteinander umgehen und was die Klasse für Unterstützung braucht, damit sich jeder wohlfühlen kann.
> Z. B. werden wir Euch im Klassenrat stärker dabei helfen, Vereinbarungen und Regeln zu finden.
> Wir Erwachsenen haben uns zusammengeschlossen und werden viel mehr miteinander reden.
> Wir tun dies, weil Ihr uns wichtig seid und es unsere Pflicht ist.
> Eure Klassenlehrerin, Klassenerzieher, FachlehrerInnen und Sozialpädagoge...«

Bevor es zum Vorlesen vor der Klasse kam, machten sich die beteiligten Erwachsenen über die folgenden Aspekte Gedanken:

- Mit welcher Absicht soll vor die Klasse getreten werden?
- Wie positionieren sie sich im Klassenraum?
- Wer trägt die Ankündigung vor? Wie wird sie eingeleitet?
- Wodurch fühlt sich die vortragende Person gestärkt und unterstützt?
- Wodurch zeigen die anderen Erwachsenen ihre Wertschätzung, aber auch ihre Entschlossenheit?
- Wie wird auf mögliche Störungen reagiert?
- Was passiert nach dem Vorlesen? Wie wird die Intervention beendet?
- Wer wird alles von dieser Maßnahme in Kenntnis gesetzt?

Da sich in diesem Beispiel die Klassenlehrerin unsicher fühlte, übernahm das Vortragen der Klassenerzieher. Er stand mittig vor der Klasse und die anderen Erwachsenen positionierten sich in einem angedeuteten Halbkreis links und rechts von ihm. Während er vorlas, hätte man im Klassenraum eine Stecknadel fallen hören können. Alle Schülerinnen und Schüler wirkten hochkonzentriert, aufmerksam und ruhig. Auch die Anzahl der Erwachsenen beeindruckte sie.

Rosa beschreibt diesen Moment mit dem Begriff der Resonanzpädagogik, »wenn es im Klassenzimmer knistert«.[282]

Anscheinend hatte das Auftreten in der Art und Weise, wie die Erwachsenen es taten, eine hohe Relevanz und Bedeutung für die Klassengemeinschaft – es passierte etwas völlig Unerwartetes. Weder Drohungen und Strafankündigen, noch Erwartungen und Predigen fanden statt.

---

282 Rosa/Endres 2016, S. 16 f.

Deutlich wurde der Ausdruck der Sorge, aber auch der Ausdruck der Entschlossenheit, dem nicht hinnehmbaren Verhalten gewaltlosen Protest entgegenzustellen und weitere Handlungen bekanntzumachen, was sich in Zukunft aus Sicht der Erwachsenen ändern oder intensiver passieren wird. Ein Mädchen in der ersten Reihe applaudierte sogar. Im Nachhinein erfuhren die pädagogischen Fachkräfte, dass sie damit ausdrücken wollte, dass endlich in der Klasse etwas passiere und sie froh sei, sich dadurch wieder vermehrt auf das Lernen konzentrieren zu können. In der Folgezeit entspannte sich nach und nach die Klassenatmosphäre. Der Integrationserzieher unterstützte, wie angekündigt, den einmal wöchentlich stattfindenden Klassenrat und kleine Vorkommnisse wurden direkt angesprochen. Die pädagogischen Fachkräfte sahen die Ankündigung aber auch als eine Art Selbstverpflichtung an und tauschten sich intensiver aus. Dies führte wiederum zu einer höheren Akzeptanz unter den Schülerinnen und Schülern. Die Wachsame Sorge der Autoritätspersonen führte im weiteren Verlauf zu einer Selbstfürsorge unter den Kindern. Dadurch entstand nach und nach (wieder) Vertrauen und auch die Schülerinnen und Schüler teilten den Erwachsenen problematische Situationen mit.

Sukzessive verbesserte sich weiterhin das Klassenklima. Durch den Zusammenschluss der erziehungsverantwortlichen Personen verbesserte sich auch die Zusammenarbeit, der Austausch und die Art und Weise der Kommunikation.

In der Praxis erprobte Erfahrungen, um die professionelle, persönliche Präsenz zu erweitern:

- Anfang des Schuljahres Durchführung einer Kennenlern-Woche (wenig Unterricht, viel Zeit und Spiele/Übungen, um sich und andere besser kennenzulernen, Ausflüge, Einsatz von viel Zeit)
- bereits frühzeitig kleine Klassenfahrten (Miteinander klarkommen, Vertrauen herstellen)
- Wertschätzung, Zuverlässigkeit, Haltung der Erwachsenen (in guten wie in weniger guten Zeiten)
- morgendliche Begrüßung (am Eingang zur Schule)
- wöchentliche Gesprächskreise in der Klasse (was lief gut, was lief weniger gut)
- von Anfang an intensive Begleitung (z. B. zum Schwimmunterricht)
- Rituale (Geburtstage, Fasching, diverse interkulturelle Feste)
- Dokumentation von tollen Ereignissen
- Anfertigen von persönlichen T-Shirts mit Beschriftung für alle Kinder einer Klasse
- LehrerIn lädt zu Beginn des Schuljahres die Eltern zu einem Einzelgespräch ein, um sie persönlich kennenzulernen und in Kontakt zu treten
- Hausbesuche, Telefonate, persönlicher Kontakt auch beim Abholen der Kinder nach Ende des Schultages (Grundschule)
- wenn es auf dem Pausenhof immer wieder Konflikte gibt, wird die Präsenz der Lehrkräfte erhöht. Als eine Schule mit massiven Gewaltvorfällen während der Hofpause zu tun hatte, wurde die Maßnahme ergriffen, dass zusätzlich zu der Pausenaufsicht für jede Klasse die verantwortliche pädagogische Fachkraft präsent ist

- erwachsene Personen sprechen sich gegenseitig ab, sich während der Pausenaufsicht zusätzlich zu unterstützen (Unterstützungsnetzwerk)
- passieren Vorfälle auf dem Nachhauseweg und Erwachsene der Schule bekommen das mit, thematisieren sie das, sprechen die Kinder und Jugendlichen an und bearbeiten den Konflikt innerhalb der Schulzeit und informieren die Eltern
- beim Übergang von der Schulanfangsphase in die dritte Klasse in der Grundschule stellen sich die Erwachsenen in den Klassen vor (Zusammenarbeit im kollegialen Austausch über Stärken, Fähigkeiten und Talente der Kinder)
- Anfertigung von Namensschildern (von Anfang an persönliches Ansprechen durch Erwachsene)
- die Erwachsenen der jeweiligen Stufe treffen sich regelmäßig und sprechen sich gegenseitig ab, wie sie sich unterstützen können

7 Wiedergutmachung im Kontext der Schule

7.1 Ausgangslage

An jeder Schule gibt es Kinder und Jugendliche, die uns durch gewaltbereites Verhalten herausfordern. Um Schuldgefühle abzuwehren und die Verantwortung für die Tat abzulehnen, haben die betroffenen Kinder und Jugendlichen einerseits »verlernt«, sich in andere hineinzuversetzen und deren Leid zu spüren,[283] und andererseits gelernt, massive Verharmlosungen und Rechtfertigungen einzusetzen.

Vor allem Fehler in der Erziehungsarbeit begünstigen diese Entwicklung, die sich, wie bei anderen abweichenden Verhaltensweisen auch, nicht plötzlich, sondern prozesshaft vollzieht: Häufig wird von Lehrkräften bei »Kleinigkeiten« weggesehen, in der Hoffnung, sich dadurch die anstrengende Auseinandersetzung mit Schülern und Schülerinnen sparen zu können. Für den »Täter«[284] lohnt sich sein antisoziales Verhalten also viele Male, bevor etwas geschieht. Wenn dann endlich reagiert wird, verstreicht meistens zu viel Zeit zwischen der Tat und der Konsequenz. Zwischen dem Verhalten oder der Tat und dem »Preis«, den der »Täter« dafür zu zahlen hat, kann von diesem kein Zusammenhang mehr hergestellt werden. Die persönliche Konfrontation mit der Tat und gegebenenfalls mit dem »Opfer« bleibt oft aus. Die Folgen der Tat können nicht erlebt werden. Es kann keine Betroffenheit entstehen. Einfühlungsvermögen geht verloren. Eine »schlimme Kindheit«,[285] das »soziale Milieu«, eine durchgemachte Nacht, Alkohol und Drogenkonsum oder die Berufung auf die Besonderheiten der kulturellen Identität: Im Namen der »Ehre«, der Clique, werden oft mildernde Umstände als Entschul-

---

283 Nur ein sehr geringer Teil der Schüler und Schülerinnen, die im Schulalltag kaum ein Prozent ausmachen, ist psychisch so gestört, dass sie diese Empathie nie gelernt haben und niemals Schuldgefühle kannten. Man sollte da nicht vorschnell als Laie psychiatrische Diagnosen vorbringen, um Ausgrenzungen und die Vergeblichkeit pädagogischen Bemühens zu begründen.

284 Der Begriff ist nicht unproblematisch, weil er leicht stigmatisierend wirken kann. Hier ist nur der gemeint, der ganz konkret etwas getan hat, also ein bestimmtes Verhalten gezeigt hat, das nicht den Erwartungen entsprach und in der Regel verboten war und ist.

285 Diese Formulierung verkennt nicht, dass es tatsächlich frühkindliche Erfahrungen der Misshandlung, des Missbrauchs, der Vernachlässigungen und sozialer Benachteiligungen während des weiteren Sozialisationsverlaufs gibt, die zu schweren Verhaltensstörungen und Delinquenz führen können – gegebenenfalls mit geringen Chancen der jungen oder später erwachsenen Menschen, sich normkonform zu verhalten., Im Gegenteil, gerade weil es so etwas gibt, dient es anderen ideal als Rechtfertigung.

digung geltend gemacht. Diese Strategie des Vermeidens von Schuldgefühlen macht »Täter« zu »Profis« in Sachen Rechtfertigungen und Verharmlosungen.[286] Die Kriminologie kennt dieses Phänomen seit mehr als 50 Jahren unter dem Begriff der Neutralisationstechnik[287] und daraus folgt, dass man diesen »Neutralisierungen des Unrechts«, das die Betroffenen durchaus erkennen, entgegentreten muss.

Schulen setzen bei einseitig verursachten Grenzüberschreitungen in der Regel auf Schulstrafen im Sinne von »Erziehungs- und Ordnungsmaßnahmen« nach dem Schulgesetz. Nach Grüner bringt diese Vorgehensweise mehrere Nachteile mit sich.

> »Die Geschädigten gehen leer aus. Sie erhalten keine persönliche Wiedergutmachung. Ihr Bedürfnis nach Ausgleich wird nicht befriedigt. Sie lernen nicht, wie man sich selbstbewusst, aber gewaltfrei wehrt und greifen vielleicht zur Gegengewalt, oder bleiben in der Opferrolle. Schulstrafen als einzige Maßnahme führen in der Regel auch nicht zur erhofften Verhaltensänderung bei den Tätern, da sie nichts an den Merkmalen ändern, die es ihnen ermöglichen, relativ ungehemmt Gewalt auszuüben: ihrem mangelnden Einfühlungsvermögen in das Erleben ihrer Opfer und ihren ausgeprägten Rechtfertigungsstrategien.«[288]

Dagegen hat sich bei (überwiegend) einseitig verursachen Konflikten die Methode der »Wiedergutmachung« in der Schule bewährt. Im Verlauf des Wiedergutmachungsverfahrens wird der »Täter« mit dem Erleben des »Opfers« konfrontiert und seine Rechtfertigungsstrategien thematisiert. Das »Opfer« erhält die Gelegenheit, eine Wiedergutmachung für den erlittenen Schaden einzufordern. Ziel ist nicht das Infragestellen der Persönlichkeit des »Täters«, sondern die Stärkung von Empathie und verbalen, gewaltfreien Handlungsmöglichkeiten. Dies ist auch der Grund, weshalb schulische und polizeilich-juristische Sanktionen diese Kinder und Jugendlichen erfahrungsgemäß selten »erreichen« noch deren Verhalten verändern. Reine Sanktionspädagogik fördert weder das Einfühlungsvermögen noch konfrontiert sie die inneren Rechtfertigungen und Verharmlosungen der gewaltbereiten Kinder und Jugendlichen.

7.2   Konzept der Wiedergutmachung als Verfahren

Bei dem Verfahren, wie es hier vorgestellt wird, verwenden wir bewusst den Begriff »Wiedergutmachung«. Manche Schulen reden auch vom »Tat-Ausgleich« oder »Täter-Opfer-Ausgleich«. Diese Begriffe sind insofern missverständlich, als sie Personen thematisiert und nicht Verhalten. Uns ist in diesem Kontext wichtig, dass es nicht darum geht, jemand zum »Täter« oder »Opfer« abzuwerten. Es geht um einzelne Verhaltensweisen und Taten, die wiedergutgemacht werden müssen. Es ist deshalb im Einzelfall durchaus nicht ausgeschlossen, dass der »Täter« von heute das

---

286 Durach u. a. 2002, S. 60; Grüner/Hilt 2002, S. 17 f.; Redl/Winemann 1984, S. 149 ff.
287 Vgl. Sykes/Matza 1968
288 Grüner 2008, S.122

»Opfer« von gestern war und umgekehrt. Dasselbe gilt auch für die Begriffe »Täter« und »Opfer«. In unserer Praxis werden deshalb die Betreffenden mit ihrem Namen angeredet und nicht mit »Opfer« oder »Täter«. Wenn im Folgenden von »Tätern« oder Schädigern geredet wird, ist immer auch die weibliche Form mit gemeint.[289]

Die »Wiedergutmachung« im Kontext der Schule darf *nicht* mit dem *»Täter-Opfer-Ausgleich«* (TOA), wie er im Jugendgerichtsgesetz, in der Strafprozessordnung und im Strafgesetzbuch verwendet wird, gleichgesetzt oder verwechselt werden. Sie ist eine rein pädagogische Erziehungsmaßnahme und hat von daher auch keinen Einfluss auf strafrechtlich relevante Vorgänge bzw. dass zusätzlich bei schweren Delikten Strafanzeige erstattet werden kann. Das heißt auch: der »Täter« kann sich nicht darauf berufen, dass eine innerschulische oder andere Einigung mit dem Geschädigten gleichzeitig eine Strafverfolgung[290] durch die Polizei hinfällig macht oder zivilrechtliche Ansprüche (Schadensersatz, Schmerzensgeld etc.) durch Dritte aufhebt. Allerdings kann eine erfolgreich durchgeführte Wiedergutmachung in der Schule dazu beitragen, dass die Staatsanwaltschaft oder das Gericht prüft, ob ggf. eine Strafeinstellung mit oder ohne Auflagen möglich ist.

Während die Mediation die Lösung von Beziehungskonflikten mit gegenseitigen Konfliktanteilen zum Ziel hat und auf die Lösungsbereitschaft der Konfliktparteien angewiesen ist, eignet sich die Wiedergutmachung für alle Arten und Fälle (überwiegend) einseitiger Gewaltanwendung oder sonstiger Schädigungen. Zur »Gewalt« zählen seelische und körperliche Übergriffe, zu den sonstigen Schädigungen beispielsweise Eigentumsdelikte oder Sachbeschädigungen.

Wenn in der Schule strafrechtlich relevante Grenzüberschreitungen wie Körperverletzung, Raub, Erpressung, Mobbinghandlungen oder sogenannte »Abzieh-Taten«, aber auch Diebstahl, Sachbeschädigung und Vandalismus begangen werden, »Täter« bekannt und Geschädigte vorhanden sind, dann liegt es auf der Hand, vor allem dafür zu sorgen, dass der angerichtete Schaden wiedergutgemacht und die entstandenen Konflikte zwischen Schädiger und Geschädigtem aufgearbeitet und bereinigt werden.[291]

Für die genannten Grenzüberschreitungen ist die Mediation dann das falsche »Werkzeug« zur Konfliktlösung, wenn es gar nicht um einen Konflikt mit Anteilen auf beiden Seiten geht und dies auch von niemandem geltend gemacht wird. Es ist gar nicht so selten, dass der Verursacher der Schädigung überhaupt nicht vorbringt, dass das »Opfer« einen Anlass gesetzt hat, so dass man auch keinen Konflikt regeln kann. Die Tat geschah beispielsweise aus einer Laune heraus oder aus Langeweile und der oder die Geschädigte war einfach zur falschen Zeit am falschen Ort. Hier wird dann ein Verfahren benötigt, das mit den Schädigern bzw. »Tätern«, einseitiger Gewaltanwendung, Sachbeschädigungen, Diebstahl, fehlendem Wertebewusstsein, fehlender Lösungsbereitschaft, fehlendem Einfühlungsvermögen und mit den massiven Rechtfertigungs- und Verharmlosungsstrategien der Betroffenen umgehen kann.[292]

---

289 Grüner 2006, S. 124; Grüner 2008, S. 123
290 Dies ist erst ab dem Strafmündigkeitsalter von 14 Jahren möglich.
291 Büchner 2013, S. 216f
292 Durach u. a. 2002, S. 49; Büchner 2013, S. 216

7 Wiedergutmachung im Kontext der Schule

Die Wiedergutmachung ist ein solches Verfahren und ergänzt die Mediation um eine weitere, notwendige und wichtige Interventionsmöglichkeit. Sie wird ausschließlich von besonders geschulten Erwachsenen geleitet und ist für die gewalthandelnden Schüler und Schülerinnen verpflichtend. Sie sollte daher eine pädagogische Regelmaßnahme in der erzieherischen Gewaltprävention jeder Schule sein.[293]

Im Gegensatz zur Mediation, bei der Allparteilichkeit im Vordergrund steht, ergreifen die verantwortlichen Erwachsenen, die die Wiedergutmachung leiten, Partei für die Geschädigten und geben den Tätern die Gelegenheit, die verursachten Schäden und Verletzungen durch persönliches Handeln wiedergutzumachen. Auf Vorwürfe, Schuldzuweisungen und Einsichtsforderungen wird verzichtet.[294]

Einsicht verlangen ist nach wie vor die beliebteste Form der PädagogInnen in Deutschland, wenn ein Konflikt gelöst werden soll. Dabei wird jedoch oft Folgendes übersehen: Einsicht lässt sich nicht erzwingen oder anders formuliert: Einsicht auf Kommando verhindert Einsicht, verlorene Einsichtskämpfe machen Kinder und Jugendliche zu »Gewinnern«. »Einsichtige« Kinder und Jugendliche geben uns Recht, Anerkennung und Bestätigung, entschuldigen und entlasten uns. Clevere Kinder und Jugendliche spielen Einsicht.[295]

Die meisten Betroffenen zeigen sich einsichtig, weil sie sehr genau wissen, dass sie in diesem Fall in der Regel milder »bestraft« werden. Hier lautet die Devise der als »auffällig« und gewaltbereit erlebten Kinder und Jugendlichen: »Ich erzähle ihm (dem Pädagogen/der Pädagogin), was er/sie hören möchte und dann komme ich hier gut weg!«

Durach u. a. führen hierzu aus:

> »Einsicht ist eine Frucht, die über viele alltägliche ›Trainingseinheiten‹ zum Umgang mit Konflikten langsam heranreift. Sie fällt vom Baum, wenn sie reif ist und nicht, wenn ich es gerne hätte.«[296]

Die PädagogInnen sollten deshalb eine persönliche, spürbare und konkrete Wiedergutmachung, aber keine Einsicht verlangen.

Jede Form der Gewalt, auch Mobbing, wird verhandelt. Der »Täter« sitzt dem Geschädigten gegenüber, er wird mit ihm und seinem Erleben konfrontiert. Bei Vandalismus und Sachbeschädigungen vertreten LehrerInnen, SchulleiterInnen oder HausmeisterInnen die geschädigte Schule und beschreiben so eindringlich und detailliert wie möglich alle Folgen der Tat.

Im Vordergrund der Wiedergutmachung stehen der Geschädigte und die Opfergerechtigkeit. Die wichtigsten Fragen lauten: Wie kann der Schaden, den der Geschädigte oder die Schule erlitten hat, durch eine angemessene und persönliche Leistung des Schädigers wiedergutgemacht werden?[297] Wer entscheidet, wann etwas wieder gut ist?

---

293 Büchner 2013, S. 216; im Berliner Schulgesetz ist die Wiedergutmachung beispielsweise schon geregelt.
294 Grüner, 2008, S. 124
295 Durach u. a. 2002, S. 62 ff.
296 Ebd., S. 72
297 Ebd., S. 60

7.3 Voraussetzungen und Umsetzung

Bevor mit der Methode der Wiedergutmachung gearbeitet wird, muss sichergestellt sein, dass nicht ein anderes Instrument, z. B. die Mediation, besser passt, wie wir es in Kapitel 5 beschrieben haben. Das heißt: Im Gegensatz zur Mediation sind bei der Wiedergutmachung Vorinformationen unabdingbar und zwingend notwendig.

Grundsätzlich gilt: Je schwerer die Tat, je weniger Beziehung zwischen SchädigerIn und Geschädigten, je eindeutiger das »Schuldkonto« (»Gewaltkonto«) verteilt ist und je klarer und eindeutiger die Informationen über den Tathergang sind, desto mehr spricht für die Wiedergutmachung und gegen die Mediation.[298]

Der Pädagoge oder die Pädagogin kann jederzeit aus einer Mediation eine Wiedergutmachung machen, ohne dass die Beteiligten Schaden nehmen. Umgekehrt wird jemand als TäterIn bezeichnet, ohne es gewesen zu sein. In diesem Fall bleiben Verletzungen zurück, die nur sehr schwer rückgängig gemacht werden können. Allerdings trifft das auch auf den Fall zu, wenn in einer Mediation nicht erkannt wird, dass hier ein »TäterIn-Opfer-Verhältnis« mit sehr ungleicher Tatbeteiligung vorliegt (z. B. bei Mobbing). In diesem Fall kann das »Opfer« erneut beschädigt und damit traumatisiert werden und kommt nicht zu seinem Recht. Die sicherste Basis für die Wiedergutmachung ist, Geschädigte und SchädigerIn getrennt auf die Wiedergutmachung vorzubereiten, indem Sinn und Ablauf des Gesprächsverfahrens erklärt werden.[299]

Das Wiedergutmachungsverfahren kann in den folgenden Schritten ablaufen:

1. Beschuldigte/r SchülerIn wird durch den/die KonfliktvermittlerIn oder die Schulleitung über eine mögliche Wiedergutmachung vorinformiert.
2. Kontaktaufnahme des Konfliktvermittlers (besonders geschulter Pädagoge oder Pädagogin) mit dem »Täter«; Durchführung eines Erstgesprächs.
3. Kontaktaufnahme und Erstgespräch mit dem/der Geschädigten (»Opfer«).
4. Erstellung eines Regelungskonzepts für die Wiedergutmachung.
5. Konfliktgespräch mit dem/der SchädigerIn und Geschädigten oder sonstige Wiedergutmachungsregelung (Erstellung eines »Wiedergutmachungsvertrages/-Vereinbarung«).
6. Kontroll- und Unterstützungsaktivitäten des Konfliktvermittlers im Hinblick auf die Einhaltung der Regelung.
7. Dokumentation: Abschlussbericht über Wiedergutmachungsverlauf fertigen.[300]

In Anlehnung an Durach u. a. sowie an Thomas Grüner zum »Täter-Opfer-Ausgleich« im Kontext der Schule werden in der nachfolgenden Übersicht der mögliche Ablauf und die wichtigsten Phasen der Wiedergutmachung zusammengefasst dargestellt:[301]

---

298 Grüner 2008, S. 123
299 Durach u. a. 2002, S. 61
300 Büchner 2013, S. 217
301 Durach u. a. 2002, S. 49–75; Grüner 2008, S. 121–133

7 Wiedergutmachung im Kontext der Schule

Tab. 6: Phasen der Wiedergutmachung

1. Phase: »Opfer« und »Täter« getrennt auf Wiedergutmachung vorbereiten!

»Auf Nummer sicher gehen!«

- Lasse das »Opfer« schildern, um was es geht. Wirkt das »Opfer« glaubwürdig? Ist die Geschichte plausibel?
- Erkläre kurz den Ablauf der Wiedergutmachung und die Rolle, die das »Opfer« darin spielt.
- Kläre, wie stark die Angst des »Opfers« vor der Wiedergutmachung und der Konfrontation mit dem/der SchädigerIn oder »TäterIn« ist.
- Welche Hilfen benötigt das »Opfer« (z. B. direkt neben dem/der KonfliktvermittlerIn sitzen…)
- Informiere kurz den/die »TäterIn«, um welche Tat es geht. Bei Widerspruch prüfe, wie grundsätzlich und plausibel dieser ist.
- Beschreibe das Verfahren und teile dem/der »TäterIn« mit, dass Kooperation, Ehrlichkeit und die Bereitschaft zur Wiedergutmachung von ihm erwartet wird.
- Ist der/die »TäterIn« bzw. SchädigerIn hierzu nicht bereit, muss ihm/ihr deutlich gemacht werden, dass dies unter Umständen schulische und strafrechtliche Sanktionen zur Folge haben kann, auch wenn wir von deren Wirksamkeit wenig halten.
- Dauer des Vorgesprächs: ca. 2 Min. pro Person. Wenn die Sachlage eindeutig und die Kooperationsbereitschaft des »Täters« sicher ist, kann auch auf das Vorgespräch mit ihm auch verzichtet werden.

2. Phase: Eine emotionale Erfahrung vermitteln – Schluss mit lustig!

»Schluss mit lustig!«

- Innerliche Einstimmung vor einem Wiedergutmachungsgespräch.
- Arbeit zu zweit, wenn möglich.
- Kurz sagen, um welche Tat es geht: »*Es geht hier und heute darum, dass Du, Maik, dem Marcel das Handy geklaut hast!*«
- Nennung der offiziellen Bezeichnung dafür; z. B.: »*Die Polizei würde das Diebstahl nennen!*«
- Aufzeigen, was bei einer Anzeige passieren würde (Gerichtsverfahren, Strafe…) ohne damit zu drohen.
- Dem/der »TäterIn« gegenüber die Erwartungen klarmachen. Zum Beispiel: »*Von Dir erwarte ich, dass Du ehrlich bist und zu dem stehst, was Du gemacht hast und dafür eine Wiedergutmachung leistest. Und dass Du akzeptierst, dass heute Dein Gegenüber (»Opfer«) im Mittelpunkt steht!*«

Tab. 6: Phasen der Wiedergutmachung – Fortsetzung

- Nicht von eigenen Gefühlen über das negative Verhalten des »Täters« oder der »Täterin« treiben lassen und keine Abwertung der Person (»Ablehnungsfalle«). Sorgfältige Trennung zwischen Person und Verhalten.
- Erklärung der Gesprächsregeln und Zustimmung dafür einholen. Zum Beispiel: »Ich erwarte von Euch, dass Ihr Euch an zwei Regeln haltet: 1. Jede/r darf ausreden! 2. Niemand hat das Recht die andere Person zu beschimpfen, zu beleidigen, zu bedrohen oder sonst wie anzugreifen! Geschieht dies dennoch, wird das Wiedergutmachungsgespräch abgebrochen! Seid Ihr bereit, Euch an die Regeln zu halten?«

3. Phase: Mit der Opferperspektive und den Folgen der Tat konfrontieren!

- Konkretes Hinterfragen, wie die Tat zu Stande kam. Durch Vertiefungsfragen, kleine Rollenspiele und Aufstellungen kann der Tathergang erlebnisnah rekonstruiert und den/die »TäterIn« mit den Folgen seiner/ihrer Handlungen konfrontiert werden. *Lernziel: Initiieren von Einfühlungsvermögen.*
- Wie bei der Mediation, geht es auch hier nicht um *DIE* Wahrheit, sondern um das individuelle und subjektive Erleben des »Opfers« und darum, dass hier die Erwachsenen für die Werte im sozialen Miteinander einstehen.

»Das hast du gemacht!«

4. Phase: Keine Rechtfertigungen und Verharmlosungen dulden!

- Alle Rechtfertigungen, Verharmlosungen und Ausreden des Schädigers bzw. der Schädigerin wie z. B. » ... und dann bin ich total wütend geworden und habe ihn geschlagen!« »Ich habe mich doch nur gewehrt!« »Ich habe doch gar nichts gemacht!« werden als Rechtfertigung für die Schädigung nicht akzeptiert.
- Wiederholendes Einreden auf den/die »TäterIn« oder SchädigerIn bei Ablenkung bzw. beharrliche Konfrontation bis zur Verantwortungsübernahme.
- Der Angst des »Opfers« (Geschädigten) ausreichend Platz einräumen und einfühlsam damit umgehen. Verachtung und Rachefantasien im »Opfer« an dieser Stelle ansprechen: »Was würdest Du dem Schädiger, der

»Ich hab' ja nur ...«

Tab. 6: Phasen der Wiedergutmachung – Fortsetzung

SchädigerIn bzw. TäterIn am liebsten sagen? Was würdest Du am liebsten mit ihm/ihr machen?« Lernziel: Das »Opfer« soll den Unterschied zwischen inneren Zuständen (Gefühle, Fantasien, Impulse) und Handlungen lernen: »Alle diese Gedanken, Gefühle und Impulse sind o.k. und dürfen sein, aber das heißt noch lange nicht, dass Du sie auch ausleben darfst. Du hast kein Recht darauf den/die andere/n zu verletzen, aber Du hast ein Recht auf Wiedergutmachung!«

5. Phase: Eine persönliche Wiedergutmachung verlangen, aber keine Einsicht!

»Das bringe ich wieder in Ordnung!«

- Die Wiedergutmachung muss persönlich, sofort spürbar und mit konkreten Handlungen verbunden sein.
- Handlungsleitende Fragen: *Was wünscht das »Opfer«? Stehen Tat und Wiedergutmachung in einem angemessenen Verhältnis?* Mögliche Wiedergutmachungsleistungen gemeinsam überlegen und aufschreiben.
- Vorschläge sortieren, bewerten und auswählen.
- Sich gemeinsam auf eine Wiedergutmachungsleistung verständigen.
- Vereinbarung zur Wiedergutmachung des entstandenen Schadens genau formulieren und vorlesen. Alle unterschreiben eine »Wiedergutmachungs-Vereinbarung/Vertrag« (was wird wann und wo gemacht?)
- Erfolgskontrolle ist unabdingbar: Wichtig ist, dass nicht »hinter dem/der SchädigerIn bzw. TäterIn hergelaufen wird«. Der Nachweis muss eigenverantwortlich erbracht werden. Bei Nichteinhaltung der Vereinbarung ist auch für die entstehenden »Kosten« sowohl auf Seite der KonfliktvermittlerIn und als auch auf der »Opferseite« eine Wiedergutmachung zu leisten.
- Zum Schluss noch ein klarer und deutlicher Hinweis an SchädigerIn bzw. »TäterIn«: Auf Racheakte gegenüber dem »Opfer« können Konsequenzen folgen (ggf. Strafanzeige, Ausschluss von der Schule …).

Häufig haben SchädigerIn und Geschädigte/r im Vermittlungsgespräch keine konkreten Vorstellungen von Wiedergutmachungsleistungen, so dass es für den Pädagogen oder die Pädagogin in der Rolle des Konfliktvermittlers oder der Konfliktvermittlerin darum geht, Ideen bzw. Möglichkeiten aufzuzeigen, aber auch andere Beispiele zu illustrieren, damit die Beteiligten zu eigenen Wiedergutmachungsleistungen finden.

Folgende Anwendungsmöglichkeiten von Wiedergutmachungsleistungen sind denkbar:

- *Vandalismus:* Entfernung der Beschädigung, Instandsetzung der Beschädigung, provisorische Instandsetzung bis zu einer professionellen Instandsetzung, finanzieller Ausgleich
- *Diebstahl:* Rückgabe, Ersatzleistung, finanzieller Abgleich
- *Gewalthandlung gegen Personen:* Gemeinsames Gespräch und Entschuldigung, Anhörung des »Opfers« durch »TäterIn«, Anhörung eines Stellvertreters des »Opfers« durch »TäterIn«, Anhörung eines Opferberichts auf Diktiergerät oder Smartphone, Gegenlesen des schriftlichen Opferberichts, Formulierung eines TäterIn-Opfer-Briefs (»Entschuldigungsbrief«) durch TäterIn, Krankenbesuch beim »Opfer« durch »TäterIn«, Pflegehandlung beim »Opfer« durch »TäterIn«.[302]

Durch diese möglichen Wiedergutmachungsleistungen soll sich der/die »TäterIn« mit dem von ihm/ihr herbei geführten Schaden auseinandersetzen. Damit er/sie modellhaft lernen kann, dass und wie mit Konflikten gewaltfrei umgegangen werden kann, sollten die Schulen die folgenden pädagogischen Handlungsmöglichkeiten zur Verfügung stellen können:

- *Sachbeschädigung an Wänden:* Schulhausfarben, Pinsel, Abdeckfolie
- *Sachbeschädigung an Schulinventar:* chemische und mechanische Reinigungsmittel, Werkzeug
- *Gewalthandlung an Personen:* »Opfer«-Interview, »TäterIn-Opfer-Briefe« (Entschuldigungsbrief), Erste-Hilfe-Kästen, Verbandsmaterial für gegenseitige Hilfe, Nähzeug[303]

Im Folgenden werden die sozialen Lernprozesse, die durch die Wiedergutmachung angeregt werden, noch einmal zusammenfassend dargestellt:

»Die Geschädigten lernen,

- ihre Angst vor den Schädigern oder Schädigerinnen zu überwinden und über das Erlittene zu reden,
- sich mit ihren Gefühlen, Verletzungen und Rache-Phantasien auseinanderzusetzen,
- Wiedergutmachungen einzufordern und
- sich selbstbewusst, aber gewaltfrei, gegen Gewalt zu wehren.

Auf der anderen Seite lernen die »TäterInnen« bzw. SchädigerInnen,

- die Opferperspektive und die Folgen ihres Handelns kennen,
- dass sie für ihr Verhalten verantwortlich gemacht werden,
- dass ihr Verhalten persönliche Konsequenzen hat und
- dass sie nicht in ihrer Gesamtheit abgelehnt werden und auch nicht die Gedanken, Gefühle und Bedürfnisse, die zur Tat geführt haben, sondern ausschließlich ihr verletzendes Verhalten.«[304]

---

302 Hagedorn 2000, S. 16
303 Ebd., S. 16
304 Grüner 2008, S. 129

Wenn Betroffenheit erreicht wird, ist Versöhnung möglich. Alle Schüler und Schülerinnen können sehen, dass den Opfern wirklich geholfen wird. Der Mut, sich gegen Gewalt zu wehren, wächst. Es kann ein Klima der Sicherheit entstehen. Die Wiedergutmachung ist eine Chance für die betreffenden Kinder und Jugendlichen, sich sozial weiterzuentwickeln und weiter an Bildungsprozessen partizipieren zu können, statt einfach nur durch schulische bzw. polizeilich-juristische Sanktionen entweder an den Rand gedrängt oder im Extremfall aus der Schule ausgeschlossen zu werden. Sie ist jedoch kein »Allheilmittel«.

7.4 Beispiele, Übungen und Arbeitsmaterialien

Die Wiedergutmachung (Übersicht)

1. Auf Nummer sichergehen
   Die Wiedergutmachung vorbereiten.
2. »Schluss mit lustig!«
   Eine emotionale Erfahrung vermitteln.
3. »Das hast Du gemacht!« (Dem Opfer eine Stimme geben)
   Mit der Opferperspektive und den Folgen der Tat konfrontieren.
4. »Ich hab' ja nur...«
   Keine Rechtfertigungen und Verharmlosungen dulden.
5. »Das bringe ich wieder in Ordnung!« (Die Suppe auslöffeln lassen)
   Eine persönliche Wiedergutmachung verlangen, aber nicht unbedingt Einsicht

Durach u. a. 2002, S. 66; Grüner/Hilt 2002, S. 20

Tab. 7: Die Wiedergutmachung (Unterschiede zur Mediation) (Durach u. a. 2002, S. 66; Grüner/Hilt 2002, S. 20)

Wiedergutmachung	Mediation (konfrontativer Ansatz)
ist eine verpflichtende Schulmaßnahme	ist ein verpflichtendes Angebot der Schule
Vorinformationen sind nötig	ist ohne Vorinformation machbar
überwiegend Parteilichkeit und Wertebewusstsein	überwiegend Neutralität – Allparteilichkeit – Fairness
eine Wiedergutmachung wird eingefordert	die Lösung ist freiwillig
einseitige Wiedergutmachung	gegenseitige Wiedergutmachung

> **Leitfaden zur Vorbereitung eines Wiedergutmachungsgesprächs**
>
> Es ist hilfreich, sich vor einer Wiedergutmachungssitzung noch einmal innerlich einzustimmen, indem der Ablauf und alle Phasen des Wiedergutmachungsverfahrens gedanklich durchgegangen werden. Dazu kann ein ganz individueller Leitfaden für eine Wiedergutmachung beitragen:
>
> - Notiere Stichworte und Fragen zur Vorbereitung auf die Wiedergutmachung und zum Übergang zur *Phase 2 (siehe »Ablauf und Phasen der Wiedergutmachung«)*
> - Notiere Stichworte zur Tat, zu den Gesprächsregeln und Konsequenzen bei Regelverstößen sowie zum Übergang zu *Phase 3 (siehe »Ablauf und Phasen der Wiedergutmachung«)*
> - Notiere konkrete Fragen zum Hergang und zu den Folgen sowie zum Übergang zur *Phase 4 (siehe »Ablauf und Phasen der Wiedergutmachung«)*.
> - Notiere Schritte für die *Phase 4*: Interventionen bei Rechtfertigungen und Verharmlosungen der Tat.
> - Notiere Stichworte zur Formulierung einer Wiedergutmachungsleistung *(Phase 5)* und mache Dich mit dem Wiedergutmachungsformular vertraut.

Angepasst und erweitert nach Büchner 2003, S. 159

Wiedergutmachungsvertrag/-Vereinbarung

zwischen:
_____
     Name
und:
_____
     Name

Worum geht es? (Streit/Konflikt):
_____
_____

Welche Wiedergutmachungsideen gibt es?
_____
_____

Vereinbarte Wiedergutmachung:
_____

Überprüft wird die Wiedergutmachung durch/am:
_____

Bei Nicht-Einhaltung wird Folgendes angekündigt:
_____

Das Abschlusstreffen findet statt am:
_____

Alle Anwesenden stimmen der Wiedergutmachung zu.

_____   _____
Datum, Unterschrift   Datum, Unterschrift

_____
Datum, Unterschrift (KonfliktvermittlerIn/weitere Personen)

_____
Datum, Unterschrift Eltern/Personensorgeberechtigte

Der Entschuldigungsbrief

Wenn ein Kind oder Jugendliche/r jemandem Unrecht getan hat, kann es/er/sie mit Hilfe des Programms »Stufen der Verantwortung«[305] einen Entschuldigungsbrief aufsetzen, in dem es/er/sie sich für seine/ ihre Tat entschuldigt.

> **Beispiel für einen Entschuldigungsbrief**
>
> *Lieber/Liebe …,*
> *ich gebe Dir diesen Brief, weil ich mich für mein Verhalten entschuldigen möchte. Ich meine das, was passiert ist.*
> *Da habe ich … Es war dumm von mir, weil ….*
> *Ich habe mich danach auch schlecht gefühlt. Wenn möglich, würde ich es gern irgendwie wieder gut machen. Was könnte ich tun?*
> *Ich habe mir gedacht, ich könnte zum Beispiel…*
> *Ich verspreche, dass dies sich nicht wiederholt. Stattdessen werde ich mich in ähnlichen Situationen ganz anders verhalten.*
> *Ich habe vor…*
> *Es tut mir richtig leid, was geschah und ich möchte etwas dafür tun, das auch andere solche Dinge machen. Ich möchte…*
> *Herzlich,*
>
> *Ort, Datum*

---

305 »Stufen der Verantwortung« ist ein Programm zur Förderung des Verantwortungsgefühls von Kindern und Jugendlichen. Es ermutigt sie zu sehen, dass Fehler zum Leben dazu gehören und hilft ihnen, mit begangenem Unrecht besser umzugehen. Dazu gehört, die Konsequenzen des eigenen Handelns für andere zu überdenken und Wiedergutmachung anzubieten. Das Programm macht dazu auch Vorschläge zur Formulierung eines Entschuldigungsbriefes mit dessen Hilfe Kinder und Jugendliche sich für begangenes Unrecht entschuldigen und Vorschläge zur Wiedergutmachung formulieren können. Zur Vorgehensweise: http://www.kidsskills.org/German/verantwortung/ (aufgerufen am 16.04.2017).
    Das Konzept wurde von Ben Furman in Zusammenarbeit mit Tapani Ahola und Harri Hirvihuhta entwickelt. Stufen der Verantwortung ist Teil des Projektes Gesundes Selbstbewusstsein im Auftrag des Zentralamtes für Unterrichtswesen in Helsinki (Finnland). Institut für Kurzzeittherapie Lyhytterapiainstituutti Oy. Helsinki, Finnland.

8 Ausblick

In diesem Band wurden zahlreiche praxisnahe Konzepte, Methoden und Methodenbausteine vorgestellt, durch die zielgerichtet soziale Kompetenzen in der Schule vermittelt werden können, so dass einerseits Unterricht in einer Großgruppe (Klasse) überhaupt möglich ist, ohne dass Lehrende, Schüler und Schülerinnen leiden und andererseits langfristige Wirkungen im Sinne der Gewaltprävention erzielt werden können.

Wer diese Ziele mit uns teilt und aufgrund der vorliegenden Erfahrungen die Methoden ganz oder teilweise anwenden möchte, der muss wissen, dass dazu Ressourcen an Zeit, Raum, (wenig) Material und Personal notwendig sind. Die Konzepte sind flexibel und ermöglichen stufenweise und teilweise Umsetzungen – das darf aber nicht zu der Fehlannahme führen, alles sei mit einem bisschen guten Willen (oder zeitlicher Selbstausbeutung der Erziehungspersonen) einfach machbar. Gesellschaftliche Erziehungsstile und Bedarfe haben sich ebenso verändert wie sich fachliche Kompetenzen entwickelt haben. Dass beispielsweise professionelle Soziale Arbeit an jede Schule gehört und nicht nur fern im Jugendamt verortet ist, sollte heute selbstverständlich sein.[306]

Wenn wir hier in diesem Band über Konzepte zur Reduzierung von (Unterichts-)Störungen, über soziales Kompetenztraining, Mediation und Streitschlichtung sowie »Neue Autorität« und Wiedergutmachung sprechen, dann sind das nicht nur Methoden im Umgang mit Konflikten in der Schule, sondern es zeigt sich darin auch ein neuer Stil konstruktiver gesellschaftlicher Konfliktlösungen, die in vielen Bereichen in den letzten Jahrzehnten Einzug gehalten haben. Vom Familienrecht über das Strafrecht, von Schlichtung in Arbeitskämpfen bis zu Vermittlungsverfahren zwischen Großkonzernen schätzt man diese Kompetenzen, weil man inzwischen eingesehen hat, dass nicht immer so eindeutig feststellbar ist, wer Recht und wer Unrecht hat, und dass solche Zuschreibungen für den zukünftigen Umgang nicht immer produktiv sind.

Wer in Schulklassen und sonstigen Lerngruppen mit jungen Menschen, insbesondere in den Pubertätsjahren, zu tun hat, tut gut daran damit zu rechnen, dass diese Lebenszeit der jungen Menschen nicht allein von dem ihnen von außen vorgegebenen Zweck bestimmt ist (zum Beispiel Erwerb einer schulischen Qualifikation), sondern auch eine Zeit des Ausprobierens, Sich-Präsentierens und ›Grenzen-

---

306 Dortmunder Erklärung: Schulsozialarbeit systematisch ausbauen und professionell etablieren! https://www.schulsozialarbeitnrw.de/wpcontent/uploads/2015/12/Die_Dort¬munder_Erkl%C3%A4rung_Digital_final.pdf (aufgerufen am 07.04.2017)

auslotens‹ ist. Die Mutprobe des einen und das Grenzentesten der anderen können sich für die anderen Personen als Störung darstellen. Damit muss man in Kenntnis der Funktion für die Schüler und Schülerinnen umgehen – das Verbot allein wird so wenig helfen wie der Wunsch, es möge nicht geschehen. Störungen bewusst bearbeiten und Konflikte aktiv lösen dient auch dem Erwerb sozialer Kompetenzen und der Gewaltprävention.

Es ist heute eine Selbstverständlichkeit, dass im Erziehungsprozess Lehrer und Lehrerinnen, Eltern und gegebenenfalls Fachkräfte der Jugendhilfe gemeinsam und kooperativ wirken sollen. Dabei geht es nicht allein um die Respektierung des Rechts der elterlichen Sorge, die Mitbestimmungsrechte und die Information der Eltern. Wir können auch davon ausgehen, dass die fachliche Kompetenz der professionellen Erziehungspersonen auf den Erziehungsstil und die pädagogische Praxis der Familien und Eltern ausstrahlt. Wird in der Schule ohne Strafen, Beschämung und Ausgrenzung und dennoch konsequent, gewaltfrei und wertschätzend erzogen, so kann das sowohl über die Schüler und Schülerinnen als auch über die Eltern den Sozialisationsprozess insgesamt positiv beeinflussen. Ganz besonders notwendig sind dazu auch interkulturelle Kompetenzen, um alle Eltern erreichen und mit ihnen auf der Basis ihrer jeweiligen Wertvorstellungen und Vorerfahrungen professionell über Erziehungsziele und -stile beraten zu können.

Da die Methoden und Methodenbausteine aus Kapitel 3 bis 7 sich zu einem Stil und einer Konzeption verdichten bzw. gegenseitig ergänzen und weil es der Kooperation von Lehrerinnen und Lehrern, Fachkräften der Schulsozialarbeit und Schulpsychologie sowie Eltern, Schüler und Schülerinnen bedarf, ist es unabdingbar, auch die Schulleitung einzubeziehen, darüber auf Schulkonferenzen zu diskutieren und zu entscheiden sowie alles im Schulprogramm zu verankern. Dabei kann es durchaus sinnvoll sein, die Methoden zunächst in einer Pilotphase auszuprobieren.

Nicht immer gibt es die Möglichkeit, entsprechend dem Bedarf und den eigenen Kenntnissen die hier vermittelten Kompetenzen zügig in den Schulkonferenzen zu diskutieren und in Schulprogramme zu implementieren. Vielleicht fehlt hier und da die Einsicht in die Relevanz oder es fehlen Ressourcen, die nicht schnell zu beschaffen sind. Das sollte nicht zur Resignation führen – Entwicklungsprozesse brauchen Zeit, manchmal muss man gegen den Strom schwimmen und braucht Geduld. Aber auch in einer solchen Phase kann man etwas tun für die Bekanntmachung und Verankerung der Konzeptionen und Sichtweisen im Kollegium, kann für seine Ideen werben, kollegialen Austausch und Selbstreflexion zur gegenseitigen Unterstützung der fachlichen Arbeit sowie Fortbildungen anregen und durchführen.

Möglicherweise ist man mit seinen neuen Kompetenzen und Einsichten zunächst allein – aber auch dann kann man davon profitieren, kann sein eigenes pädagogisches Handeln überprüfen, neu gestalten und Strafen, Ausgrenzen und Beschämen durch pädagogische Präsenz, konsequentes Reagieren auf Regelverstöße bei gleichzeitigem respektvollem und wertschätzendem Umgang durch Verdeutlichen der Normen ohne Ausgrenzung ersetzen. Sicher ist das Nicht-Vorhandensein eines »Trainingsraums« und die mangelnde Implementierung in der Schulordnung ein Manko – aber dies stellt keine Begründung dafür dar, alles beim Alten zu lassen, zu verzweifeln und dem Burn-out entgegenzuschlittern.

Schule muss heute auf ein gesellschaftliches Leben in Vielfalt vorbereiten und das lässt sich früh einüben. Es geht dabei unter anderem auch um pädagogische und gesellschaftspolitische Haltungen. Alles, was im Unterricht an die Tradition des/der mit Macht ausgestatteten LehrerInnen erinnert, die die Schüler und Schülerinnen normieren und disziplinieren wollen und die »Abweichler« ausgrenzen, beschämen und aussortieren, muss ersetzt werden durch eine Schule der Vielfalt, des Respekts verschiedener Lebensweisen unter strikter Vermeidung jeglicher Diskriminierung wegen des Geschlechts, der Herkunft, der ethnischen Abstammung, des Glaubens, der religiösen oder politischen Anschauungen, einer Behinderung oder sexuellen Orientierung. Dass das möglicherweise nicht von jedem Schüler und jeder Schülerin oder den Eltern selbst so gesehen und praktiziert wird, formuliert den pädagogischen Auftrag im gesellschaftlichen Kontext.

Wenn die Erziehungs- und Handlungskompetenz von Lehrkräften im Sinne der in diesem Buch geschilderten Methoden gestärkt werden soll, dann müssen die Kompetenzen im Hinblick auf die Erkennung von Konflikten und die Reaktion darauf verbessert werden. Diese Stärkung diagnostischer Kompetenzen, aber auch der Kommunikations- und Mediationskompetenz sollte zum einen bereits in der universitären und praktischen LehrerInnenausbildung erfolgen, aber auch in der Fort- und Weiterbildung. Sie dient den Lehrkräften selbst, in dem präventiv auf die Probleme vorbereitet wird, die den Unterricht vor allem stören. Solche Verbesserungen der Ausbildung und berufsbegleitenden Fort- und Weiterbildung fördern aber vor allem die sozialen Kompetenzen der jungen Menschen und dienen damit mittelbar auch der Gewaltprävention.

Viele Präventionsprogramme sind hinsichtlich ihrer Wirksamkeit noch nicht hinreichend nach sozialwissenschaftlichen Standards evaluiert. Das gilt ganz besonders hinsichtlich spezifischer Zielgruppen und innovativer Weiterentwicklungen von Methoden. Manche einfachen Evaluationsmethoden können in den Weiterbildungsveranstaltungen vermittelt werden.[307] Darüber hinaus aber bedarf es breiter angelegter Studien, die sich auf viele SchülerInnen und LehrerInnen und langfristige nachhaltige Wirkungen beziehen und unterschiedliche Variablen der Institution Schule und betroffenen Personen erfassen.

Nimmt man all dies zusammen, so können wir auch in der Schule ohne Strafen, Ausgrenzungen sowie Machtdemonstrationen, die zur Eskalationen führen statt zu mündigen Bürgern und Bürgerinnen, mit Respekt, Wertschätzung, Achtsamkeit, Achtung der Vielfalt, pädagogischer Präsenz und Konsequenz erziehen. Unser pädagogisches Handeln ist am Wohl des Kindes zu orientieren und wirkt damit nicht nur allein auf den gegenwärtigen Unterricht und Schulalltag, sondern auf die Sozialisation einer ganzen Generation und gegebenenfalls darüber hinaus auf deren Erziehungsverhalten hinsichtlich ihrer Kinder. Und das ist ein wunderbarer Ausblick auf eine verantwortungsvolle, zukunftsträchtige und gesellschaftlich sehr wichtige Tätigkeit.

---

307 So werden beispielsweise in den Kursen und Seminaren an der Alice Salomon Hochschule zur Vermittlung sozialer Kompetenzen und Gewaltprävention selbstverständlich auch praxisnahe Evaluationsmethoden vermittelt.

Literaturverzeichnis

Adorno, T. (1971a): Erziehung nach Auschwitz. In: Adorno, T. Erziehung zur Mündigkeit, hg. von Gerd Kadelbach, Frankfurt am Main, S. 88–104
Adorno, T. (1971b): Erziehung zur Mündigkeit. In: Adorno, T. Erziehung zur Mündigkeit, hg. von Gerd Kadelbach, Frankfurt am Main, S. 133–147
Adorno, T. u. a. (1975): Studies in the authoritarin personality. In: Adorno, T. Gesammelte Schriften, Band 9 I, Frankfurt am Main, S. 143–509
Ahrbeck, B./Winkler, D. (2010): Denn sie wissen nicht was sie tun. Die Konfrontative Pädagogik und das väterliche Prinzip, In: Dörr, M./Herz, B. (Hg.): »Unkulturen« in Bildung und Erziehung, Wiesbaden, S. 87–100
Ahrendt, H. (1955/1956): »Was ist Autorität?«, in: Der Monat 8, Heft 89 Februar 1956), S. 29–44
Altenburg-van Dieken, M./Rademacher, H. (Hg.) (2011): Konzepte zur Gewaltprävention in Schulen. Prävention und Intervention, Berlin
Baer, U./Frick-Baer, G (2008): Vom Schämen und Beschämtwerden. Weinheim und Basel
Balke, S. (2003): Die Spielregeln im Klassenzimmer. Das Handbuch zum Trainingsraum-Programm. Ein Programm zur Lösung von Disziplinkonflikten in der Schule, 2. Auflage, Bielefeld
Bandura, A. (1979): Aggression. Eine sozial-lerntheoretische Analyse, Stuttgart
Bandura, A. (1994): Self efficacy. The exercise of control. New York
Bandura, A.: (1986): Social foundation of thought and actions. A social cognitive theory. Englewood Cliffs: Prentice Hall
Bannenberg, B. (2010): Herausforderung Gewalt. Von körperlichen Angriffen bis Cybermobbing: Erkennen – Vorbeugen – Intervenieren. Eine Handreichung für Lehrkräfte und andere pädagogische Fachkräfte. Hg.: Programm Polizeiliche Kriminalprävention der Länder und des Bundes, Stuttgart
Bannenberg, B./Rössner, D. (Hg.) (2006): Erfolgreich gegen Gewalt in Kindergärten und Schulen. München
Bauer, C./Hegemann, T. (2012): Ich schaffs! – Cool ans Ziel. Das lösungsorientierte Programm für die Arbeit mit Jugendlichen. 3. Auflage, Heidelberg
Baumann-Habersack, F. (2015): Mit neuer Autorität in Führung. Warum wir heute präsenter, beharrlicher und vernetzter führen müssen. Wiesbaden
Baumrind, D. (1967): Child care practices anteceding three patterns of preschool behavior, in: Genetic Psychology Monographs, p.43–88
Behn, S. u. a. (2006): Mediation an Schulen. Eine bundesdeutsche Evaluation. Wiesbaden
Bernfeld, S. (1931): Über die allgemeinste Wirkung der Strafe. In: Zeitschrift für psychoanalytische Pädagogik Band V, S. 285–300
Bernfeld, S. (1967): Sisyphos oder die Grenzen der Erziehung. Frankfurt a. M
Bernfeld, S. (1969/1970): Antiautoritäre Erziehung und Psychoanalyse. Ausgewählte Schriften in 3 Bänden, herausgegeben von Lutz von Werder und Reinhart Wolff, Frankfurt am Main
Bilstein, J. (2011): Psychoanalyse und Pädagogik: Kritische Theorie des Subjekts und Antiautoritäre Erziehung. In: Baader, M.S./Herrmann, U. (Hg.): 68 – Engagierte Jugend und Kritische Pädagogik, Weinheim und München, S. 217–231
Bindel-Kögel, G./Karliczek, K.-M./Stangl, W. (2016): Bewältigung von Gewalterlebnissen durch außergerichtliche Schlichtung, Weinheim und Basel

Blum, H./Beck, D. (2016): No Blame Approach, Köln
Böhm, C/Kaeding, P. (2015): Prävention und Intervention bei Gewalt an Schulen. In: Melzer, W. u. a. (Hg.) Handbuch Aggression, Gewalt und Kriminalität bei Kindern und Jugendlichen, Bad Heilbrunn, S. 404–410
Bolwlby, J. (1975): Bindung. München
Braunmühl, E.v. (1980): Antipädagogik. Weinheim/Basel
Bründel, H. (2015): Konfrontationspädagogische Ansätze in der Schule. In: Melzer, W. u. a. (Hg.): Handbuch Aggression, Gewalt und Kriminalität bei Kindern und Jugendlichen, Bad Heilbrunn, S. 444–447
Bründel, H./Simon, E. (2007): Die Trainingsraum-Methode. Umgang mit Unterrichtsstörungen: Klare Regeln, klare Konsequenzen. 2. Auflage. Weinheim
Büchner, R. (2003): Konfliktbearbeitung als Gewaltprävention an der Schnittstelle Schule – Ausbildung – Beruf. Weiterbildungsmodell: Berufs- und arbeitsweltbezogene Schulsozialarbeit, Institut für berufliche Bildung und Weiterbildung e.V. (Hg.). Göttingen
Büchner, R. (2013): Soziale Kompetenz und Gewaltprävention – das Interventionsprogramm »Konfrontative Methodik in der Schule«. In: Kilb, R./Weidner, J./Gall, R. (Hg.): Konfrontative Pädagogik in der Schule - Anti-Aggressivitäts- und Coolness-Training, 3. Auflage. Weinheim und München, S. 175–234
Büchner, R. (2016): »Konfrontierende Methoden – Konfrontatives Sozial-Kompetenz-Training (KSK®). In: Kilb, R./Peter, J. (Hg.): Methoden der Sozialen Arbeit in der Schule. 2. Auflage, München, S. 240–251
Büchner, R./Ziegler, M. (2005): »Konflikt- und Teamkompetenz ist trainierbar!« – Konfrontative Soziale Kompetenz-Trainings (KSK®) an der Schnittstelle von Schule, Ausbildung und Beruf. In: Koch-Laugwitz, U./Büchner, R. (Hg.): »Konfrontative Pädagogik« – Neue Handlungsstrategien im Umgang mit Kinder und Jugendlichen als Täter und Opfer in einer Erziehenden Schule. Dokumentation zur Fachtagung am 26. April 2005 in der Friedrich-Ebert-Stiftung. Berlin, S. 58–72
Büchner, R./Ziegler, M. (2009): Konfrontatives Sozial-Kompetenz-Training (KSK®) – ein innovatives Praxismodell zur Förderung der sozialen Kompetenz und Gewaltprävention in der Schule und Jugendhilfe. In: Berliner Forum Gewaltprävention, Landeskommission Berlin gegen Gewalt (Hg.): Berlin
Bund für Soziale Verteidigung (2003) (Hg.): Seminarunterlagen Konfliktlotsen-Ausbildung in der Schule. Zusammengestellt von: Detlef Beck: http://www.soziale-verteidigung.de/¬uploads/tx_ttproducts/datasheet/HuD_3_gesamt.pdf (abgerufen am 12.06.2017)
Claßen, A./Nießen, K. (2006): Das Trainingsraum-Programm. Unterrichtsstörungen pädagogisch auflösen. Mühlheim an der Ruhr
Comenius, J.A. (1985): Große Didaktik, Stuttgart
Cornel, H. (1988): Ist Erziehung ohne Strafe möglich? In: Maelicke, B./Ortner, H. (Hg.) Alternative Kriminalpolitik, Weinheim und Basel 1988, S. 89–102
Cornel, H. (1989): Zum Verhältnis von Strafe und Erziehung im Jugendkriminalrecht. In: Rehling, B. (Hg.): Jugendkriminalität und Freiheitsentzug, Frankfurt am Main, S. 7–38
Cornel, H. (2006): Aktualität, Wirkungen und Relevanz von Antigewaltkonzepten, in: Unsere Jugend 2006 S.146 ff.
Cornel, H. (2007): Prävention schwerer Gewaltdelinquenz vor dem Hintergrund der Rolle von Männlichkeit. In: Holstein, W./ Matzner, M. (Hg.), Soziale Arbeit mit Jungen und Männern, München, S. 320 ff.
Deutsches Rotes Kreuz – Jugendnotkreuz (2003): Still angry. Arbeitshilfe zum Streitschlichtungs-Programm für Schulen. Berlin
Dodge, A. (1993): Social-cognitive mechanisms in the development of conduct disorder and depression. Annual Review Psychology, 44, 559–584.
Durach, B./Grüner, B./Napast, N. (2002): »Das mach ich wieder gut!« Mediation – Täter-Opfer-Ausgleich – Regellernen. Soziale Kompetenz und Gewaltprävention an Grundschulen. Lichtenau
Eichhorn, C (2012): Classroom-Management. Wie Lehrer, Eltern und Schüler guten Unterricht gestalten, 6. Auflage, Stuttgart

Eichhorn, C (2014): Die Klassenregeln. Guter Unterricht mit Classroom-Management. Stuttgart
Elias, N. (1976): Über den Prozess der Zivilisation. Frankfurt a. M.
Eschenburg, T. (1965): Über Autorität. Frankfurt a. M.
Elschenbroich, D. (1977): Kinder werden nicht geboren. Frankfurt a. M
Fahrenberg, J./Steiner, J.M. (2004): Adorno und die autoritäre Persönlichkeit. In: Kölner Zeitschrift für Soziologie und Sozialpsychologie Jahrgang 56, S. 127–152
Faller, K./Kerntke, W./Wackmann, M. (2009): Konflikte selber lösen. Trainingshandbuch für Mediation und Konfliktmanagement in Schule und Jugendarbeit, 2. Auflage. Mülheim an der Ruhr
Fechler, B. (2000): Miteinander Klarkommen im Betrieb. Handbuch soziale Trainings und Konfliktmanagement in der Jugendberufshilfe. Frankfurt am Main
Flitner, A./ Hornstein, W. (1964): Kindheit und Jugendalter in geschichtlicher Betrachtung. In: Zeitschrift für Pädagogik 10, 311–339
Ford, E. E. (1997): Discipline for Home and School. Book I. Scottsdale 1997
Ford, E. E. (1999): Discipline for Home and School. Book II. Scottsdale 1999
Foerster, F.W. (1906): Jugendlehre, Berlin
Foerster, F.W. (1967): Hauptaufgaben der Erziehung, Freiburg/ Basel/ Wien
Freud, A. (1934): Die Erziehung des Kleinkindes vom psychoanalytischen Standpunkt aus, In: Zeitschrift für psychoanalytische Pädagogik Band VIII, S. 17–25
Freud, S. (1969): Neue Folge der Vorlesungen zur Einführung in die Psychoanalyse. In: Freud, S., Gesammelte Werke Band XV, Frankfurt am Main
Fromm, E. (1932): Über Methode und Aufgaben einer analytischen Sozialpsychologie. In: Zeitschrift für Sozialforschung Jahrgang 1, Seite 28–54
Fromm, E. (1932): Die psychoanalytische Charakterologie und die Bedeutung für die Sozialpsychologie. In: Zeitschrift für Sozialforschung Jahrgang 1, Seite 253–277
Fromm, E. (1987): Studien über Autorität und Familie. Sozialpsychologischer Teil. In: Horkheimer, M. u. a. (Hg.): Studien über Autorität und Familie. Forschungsberichte aus dem Institut für Sozialforschung. Schriften des Instituts für Sozialforschung Band 5, Lüneburg (Erstveröffentlichung 1936), S. 77–135
Furman, B. (2013): Ich schaff's. Spielerisch und praktisch Lösungen mit Kindern finden, 5. Auflage. Heidelberg
Fuhrer, U. (2006): Erziehungskompetenz. Was Eltern und Familien stark macht. Bern
Gall, R. (2000): »Verstehen, aber nicht einverstanden sein«. Coolness-Training für Schulen. In: Weidner, J./Kilb, R./ Kreft, D. (Hg.): Gewalt im Griff Bd. I. Neue Formen des Anti-Aggressivitäts-Trainings. Weinheim, S. 150–171
Geißler, E. (1993): Erziehungsmittel, Bad Heilbrunn
Glasl, F. (1999): Konfliktmanagement. Ein Handbuch für Führungskräfte, Beraterinnen und Berater. 11. Auflage. Bern
Grawe, K. (2000): Psychologische Therapie, Göttingen/Bern/Toronto/Seattle
Grotius, H. (1950): Vom Recht des Krieges und des Friedens. Tübingen
Grüner, T. (2006): Erfolgsbedingungen von Mehr-Ebenen-Programmen zur Gewaltprävention. In: Bannenberg, B./Rössner, D.: Erfolgreich gegen Gewalt in Kindergärten und Schulen, S. 81–134, München
Grüner, T./Hilt, F. (2002): Konflikt-Kultur. Soziale Kompetenz und Gewaltprävention. In: Reinbold, K.-J. (Hg.): Konflikt-Kultur. Soziale Kompetenz und Gewaltprävention, Berichte aus der Praxis, Freiburg, S. 9–30
Grüner, T. (2008): Der Täter-Opfer-Ausgleich. In: Schröder, A./Rademacher, H./Merkle, A. (Hg.): Handbuch Konflikt- und Gewaltpädagogik. Verfahren für Schule und Jugendhilfe. Schwalbach, S. 121–133.
Grüner, T./Hilt, F. (2004): Wirksamkeitskriterien in der Praxis. Das Präventionsprogramm Konflikt-KULTUR. In: ajs informationen 2/2004, Aktion Jugendschutz, Landesarbeitsstelle Baden-Württemberg (Hg.), S. 4–9
Grüner, T./Hilt, F./ Tilp, C. (2015): Bei STOPP ist Schluss! Regeln und Werte vermitteln, 12. vollständig überarbeitete Neuauflage, Lichtenau

Hafeneger, B. (2013): Beschimpfen, bloßstellen, erniedrigen. Beschämung in der Pädagogik. Frankfurt am Main
Hagedorn, O. (2000): Konfliktlotsen. Lehrer und Schüler lernen die Vermittlung im Konflikt. Leipzig
Hagedorn, O. (2005): Mediation – durch Konflikte lotsen. 58 schüler- und handlungsorientierte Unterrichtsmethoden. Leipzig
Hanke, O. (2004): Erziehen: Handlungsrezepte für den Schulalltag in der Sekundarstufe. Konflikte bearbeiten und lösen. Berlin
Hanke, O. (2007): Strategien der Gewaltprävention an Schulen. In: Arbeitsstelle Kinder- und Jugendkriminalitätsprävention (Hg.): Strategien der Gewaltprävention im Kinder- und Jugendalter. Eine Zwischenbilanz in sechs Handlungsfeldern, München, S. 104–130
Hermann, D. (2015): Werte und Gewalt. In: Melzer, W. u. a. (Hg.): Handbuch Aggression, Gewalt und Kriminalität bei Kindern und Jugendlichen, Bad Heilbrunn, S. 76–80
Himmelseher, S. (2009): Warum ist der autoritative Erziehungsstil erfolgreicher als andere? Erziehung unter den Gesichtspunkten Moral, Delinquenz und Kreativität. München
Hobbes, T. (1976): Leviathan. Stuttgart.
Hobbes, T. (1977): Vom Bürger. Vom Menschen. Hamburg.
Hörmann, G./Trapper, T. (2007): Konfrontative Pädagogik im inter- und intradisziplinären Diskurs. Hohengehren
Horkheimer, M. (1977): Autorität und Familie. In: Horkheimer, M.: Kritische Theorie, Frankfurt am Main, S. 277–360 (Erstveröffentlichung 1936)
Horn, K. (1967): Dressur oder Erziehung, Frankfurt am Main
Humpert, W. (2015): Lehrertrainingsprogramme zur Konfliktlösung und Gewaltprävention. In: Melzer, W. u. a. (Hg.): Handbuch Aggression, Gewalt und Kriminalität bei Kindern und Jugendlichen, Bad Heilbrunn, S. 448–451
Hunziker, D. (2015): Hokuspokus Kompetenz? Kompetenzorientiertes Lehren und Lernen ist keine Zauberei. Bern
Jefferys-Duden, K. (2008): Das Streitschlichtungsprogramm – Mediatorenausbildung für Schülerinnen und Schüler der Klassen 3-6. 3. Auflage. Weinheim
Jefferys-Duden, K. (2016): Das neue Streitschlichterprogramm – Lehrerband: 5. bis 10. Klasse (Bergedorfer Grundsteine Schulalltag - SEK). Hamburg
Jerusalem, M./Klein-Heßling, J. (2002): Soziale Kompetenz: Entwicklungstrends und Förderung in der Schule, In: Zeitschrift für Psychologie, Band 210 (4), S. 164-174
Jugert, G./Kabak, S./Notz, P. (2006): Fit for Differences. Training interkultureller und sozialer Kompetenz für Jugendliche. Weinheim
Jugert, G./Rheder, A./Notz, P./Petermann, F. (2011): Training sozialer Kompetenz für Jugendliche. Grundlagen und Training. Weinheim
Jugert, G./Rheder, A./Notz, P./Petermann, F. (2011): FIT FOR LIFE. Module und Arbeitsblätter zum Training sozialer Kompetenzen für Jugendliche, 9., überarbeitete Auflage. Weinheim und München
Juul, J. (2013): Schulinfarkt: Was wir tun können, damit es Kindern, Eltern und Lehrern besser geht. München
Kanning, U. P. (2003): Diagnostik sozialer Kompetenzen. Göttingen
Kant, I. (1968): Über Pädagogik, in: ders., Werke, Band 9, Berlin, S. 437–499
Kant, I. (1968a): Grundlegung zur Metaphysik der Sitten. In: I. Kant, Werke, Bd 4, Berlin, S. 385–463
Kant, I. (1968b): Die Metaphysik der Sitten. In: I. Kant, Werke, Bd 6, Berlin, S. 203–493
Kant, I. (1968c): Über Pädagogik. In: I. Kant, Werke, Bd 9, Berlin, S. 437–499
Keller, J./Novak, F. (2002): Kleines Pädagogisches Wörterbuch. Grundbegriffe, Praxisorientierungen, Reformideen. Stuttgart
Kerner, H.-J. (2015): Kriminologie. In: Melzer, W. u. a. (Hg.): Handbuch Aggression, Gewalt und Kriminalität bei Kindern und Jugendlichen, Bad Heilbrunn, S. 122–128
Kilb, R./Weidner, J./Gall, R. (2013): Konfrontative Pädagogik in der Schule - Anti-Aggressivitäts- und Coolness-Training. Weinheim und München
Koller, H.-C. (2008): Grundbegriffe, Theorien und Methoden der Erziehungswissenschaft. Stuttgart.

Körner, B./Lemme, M. (2011): Neue Autorität als Haltungs- und Handlungskonzept im eigenen professionellen Handeln. In: Systhema Heft 3/2011. 25. Jg., S. 205–217

Ksienzyk, B./Schaarschmidt, U. (2005): Beanspruchung und schulische Arbeitsbedingungen. In: Schaarschmidt, U. (Hg.): Halbtagsjobber? Psychische Gesundheit im Lehrerberuf – Analyse eines veränderungsbedürftigen Zustandes. Weinheim, S. 72–87

Landeskriminalamt Niedersachsen/ Gemeinde-Unfallversicherungsverband Hannover (Hg.) (2009): PaC – Prävention als Chance. Soziales Lernen im Unterricht. Übungen für die Sekundarstufe I und Grundschulen, Hannover

Larsson, L. (2012): Wut, Schuld und Scham. Drei Seiten einer Medaille. Paderborn

Leimer, C. (2011): Vereinbarungskultur an Schulen. Österreichisches Zentrum für Persönlichkeitsbildung und soziales Lernen im Auftrag des Bundesministeriums für Unterricht, Kunst und Kultur (Hg.), Wien

Lemme, M./Bojarzin, R./Tepaße, F. (2011): Autorität durch Beziehung in der Schule. In: Zeitschrift für Systemische Therapie und Beratung. Jg. 29 (2), S. 62–72

Lemme, M./Eberding, A./Tillner, R. (2009): Neue Autorität in der Schule. In: Familiendynamik. Systemische Praxis und Forschung. 34 (3), S. 276–283

Lemme, M./Körner, B. (2016): »Neue Autorität« in der Schule. Präsenz und Beziehung im Schulalltag. Heidelberg

Lessing, N./Greve, W. (2015): Psychologie. In: Melzer, W. u. a. (Hg.): Handbuch Aggression, Gewalt und Kriminalität bei Kindern und Jugendlichen, Bad Heilbrunn, S. 128–134

Lohmann, G. (2013): Mit Schülern klarkommen. Professioneller Umgang mit Unterrichtsstörungen und Disziplinkonflikten. 12. Auflage, Berlin

Manertz, R. (1982): Das pädagogische Problem der Strafe bei Johann Heinrich Pestalozzi, In: Pädagogische Rundschau Jahrgang 36, S. 521–533

Mannheim, R. (1931): Kann man direkte Strafen vermeiden? In: Zeitschrift für psychoanalytische Pädagogik Band V, S. 361–363

Marks, S. (2005): Von der Beschämung zur Anerkennung. In: bildung & wissenschaft 10, Frankfurt am Main, S. 6–13

Marks, S. (2013): Scham – die tabuisierte Emotion. Ostfildern (4.Auflage)

Melzer, W. (2004): Von der Analyse zur Prävention – Gewaltprävention in der Praxis. In: Melzer, W./Schwind (Hg.): Gewaltprävention in der Schule. Grundlagen –Praxismodelle – Perspektiven. Dokumentation des 15. Mainzer Opferforums 2003, Band 38. Baden-Baden, S. 35–49

Miller, R. (2000): Den Schulalltag meistern. Bd. 1: Gesundbleiben in der Schule. Seelze

Miller, R. (2004): »Das ist ja wieder typisch!« 25 Trainingsbausteine für gelungene Kommunikation in der Schule, 4. überarbeitete Auflage, Weinheim und Basel

Miller, R. (2015): Beziehungstraining. 50 Übungseinheiten für die Schulpraxis. Weinheim und Basel

Mitscherlich, A. (1963): Auf dem Weg zur vaterlosen Gesellschaft, München

Möller, K. (2015): Gender und Gewalt. In: Melzer, W. u. a. (Hg.): Handbuch Aggression, Gewalt und Kriminalität bei Kindern und Jugendlichen, Bad Heilbrunn, S. 63–66

Mollenhauer, K. (1973): Erziehung und Emanzipation, München

Montesquieu, C. L. d. (1976): Vom Geist der Gesetze. Stuttgart

Mutzeck, W. (2002): Kooperative Beratung. Grundlagen und Methoden der Beratung und Supervision im Berufsalltag. Weinheim

Neill, A.S. (1969): Theorie und Praxis der antiautoritären Erziehung. Das Beispiel Summerhill, Reinbek bei Hamburg

Neubauer, G./Hurrelmann, K. (1993): »Schwierige« und sozial auffällige Kinder. In: Markefka, M./Nauck, B. (Hg.): Handbuch der Kindheitsforschung, Neuwied, S. 275–288

Nohl, H. (1931): Die Theorie der Bildung. In: Nohl, H./Palat, L.: Handbuch der Pädagogik, Band I, Langensalzar/Berlin/Leipzig, S. 3–73

Nolting, H.-P. (2002): Störungen in der Schulklasse. Ein Leitfaden zur Vorbeugung und Konfliktlösung. Weinheim

Oertel, L/Bilz, J./Melzer, W. (2015): Häufigkeiten, Ursachen und Entwicklungstendenzen von Aggression und Gewalt in Schulen. In: Melzer, W. u. a. (Hg.): Handbuch Aggression, Gewalt und Kriminalität bei Kindern und Jugendlichen, Bad Heilbrunn, S. 256–263

Oestreich, P. (1975): Schulreform, Texte und Diskussion, Rheinstetten
Olweus, D. (2006): Gewalt in der Schule. Was Lehrer und Eltern wissen sollten – und tun können. 4., korrigierte Auflage. Bern
Olweus, D. (2011): Gewalt in der Schule. Wie Eltern ihren Kindern ein guter Anker sind. Bern
Omer, H. (2015): Wachsame Sorge. Göttingen
Omer, H./von Schlippe, A. (2004): Autorität durch Beziehung. Die Praxis des gewaltlosen Widerstands in der Erziehung. Göttingen
Omer, H./von Schlippe, A. (2010): Stärke statt Macht. Neue Autorität in Familie, Schule und Gemeinde. Göttingen
Omer, H./von Schlippe, A. (2012): Autorität ohne Gewalt, 6. Auflage, Göttingen
Omer, H./Nahi, A./von Schlippe, A. (2007): Feindbilder. Psychologie der Dämonisierung. Göttingen
Palmowski, W. (2007): Nichts ist ohne Kontext. Systemische Pädagogik bei »Verhaltensauffälligkeiten«. Dortmund
Pestalozzi, J. H. (1781): Lienhard und Gertrud. Frankfurt a. M.
Pestalozzi, J.H. (1983): Brief an einen Freund über seinen Aufenthalt in Stanz, In: Pestalozzi, Ausgewählte Schriften, Frankfurt/ Berlin/ Wien, S. 223–246
Plewig, H.-J. (2007): Neue deutsche Härte – Die »Konfrontative Pädagogik« auf dem Prüfstand (Teil 1). In: Zeitschrift für Jugendkriminalrecht und Jugendhilfe 4/07, S. 363–370
Plewig, H.-J. (2008): Neue deutsche Härte – Die »Konfrontative Pädagogik« auf dem Prüfstand (Teil 2). In: Zeitschrift für Jugendkriminalrecht und Jugendhilfe 1/08, S. 52–60
Powers, W. T. (1973): Behaivor. The Control of Perception. Chigago
Powers, W. T. (1998): Making Sense of Behaivor. The Meaning of Control. New Canaan
Prengel, A./Winklhofer, U. (Hg.) (2014): Kinderrechte in pädagogischen Beziehungen Band 1: Praxiszugänge und Band 2: Forschungszugänge. Berlin & Toronto
Rabenstein, R. u. a. (2001): Das Methoden-Set. 5 Bücher für Referenten und Seminarleiterinnen. 1. Anfangen. Münster
Rademacher, H. (2008): Mediation in der Erziehungs- und Bildungsarbeit. In: Schröder, A./Rademacher, H./Merkle, A. (Hg.): Handbuch Konflikt- und Gewaltpädagogik, Schwalbach/Ts, S. 107–119
Rademacher, H. (2011): Mediation in der Schule. In: Rademacher, H./Altenburg-van Dieken, M. (Hg.): Konzepte zur Gewaltprävention in Schulen. Prävention und Intervention, Berlin, S. 106–117
Redl, F./Wineman, D. (1984): Kinder, die hassen. Auflösung und Zusammenbruch der Selbstkontrolle. München
Reichenbach, R. (2011): Pädagogische Autorität. Macht und Vertrauen in der Erziehung. Stuttgart
Rosa, H./Endres, W. (2016): Resonanzpädagogik. Wenn es im Klassenzimmer knistert, 2. Auflage, Weinheim und Basel
Rousseau, J.-J. (1978): Emil oder Über die Erziehung. Paderborn
Rutschky, K. (Hg.) (1977): Schwarze Pädagogik, Quellen zur Naturgeschichte der bürgerlichen Erziehung. Frankfurt, Berlin, Wien.
Schaarschmidt, U./Kieschke, U. (2007): Beanspruchungsmuster im Lehrerberuf. In: Rothland, M. (Hg.): Belastung und Beanspruchung im Lehrerberuf. Wiesbaden, S. 81–98
Scheithauer, H. (2015): Förderung sozialer Kompetenzen. In: Melzer, W. u. a. (Hg.): Handbuch Aggression, Gewalt und Kriminalität bei Kindern und Jugendlichen, Bad Heilbrunn, S. 431–436
Scherr, A. (2015): Legitime und illegitime Gewalt. In: Melzer, W. u. a. (Hg.): Handbuch Aggression, Gewalt und Kriminalität bei Kindern und Jugendlichen, Bad Heilbrunn, S. 51–54
Schleiermacher, F. (1957): Pädagogische Schriften. Die Vorlesungen aus dem Jahre 1826. 1 Bd, Düsseldorf, München.
Schubarth, W./Melzer, W. (2015): Schulische Strategien und Programme der Gewaltprävention. In: Melzer, W. u. a. (Hg.): Handbuch Aggression, Gewalt und Kriminalität bei Kindern und Jugendlichen, Bad Heilbrunn, S. 397–404

Schubarth, W./Niproschke, S./Wachs, S. (2016): Schulische Gewaltprävention. Rahmenbedingungen und Vernetzung für eine nachhaltige Gewaltprävention. In: Voß, S./ Marks, E. (Hg.), 25 Jahre Gewaltprävention im vereinten Deutschland. Bestandsaufnahme und Perspektiven, Berlin, S. 351–365
Sennet, R. (2008): Autorität. Berlin
Silbereisen, R./Schuler, P (1993): Prosoziales Verhalten, in: Markefka, M./Nauck, B. (Hg.): Handbuch der Kindheitsforschung, Neuwied, S. 275–288
Steffen, W. (2004): Diskussion und Ergebnisse des 15. Mainzer Opferforums – ein Resümee. In: Melzer, W./Schwind: Gewaltprävention in der Schule. Grundlagen – Praxismodelle – Perspektiven. Dokumentation des 15. Mainzer Opferforums 2003. Weißer Ring e.V. (Hg.) Band 38. Baden-Baden, S. 349–362
Sykes, G.M./Matza, D. (1968): Techniken der Neutralisierung. In: Sack, F./König, R. (Hg.) Kriminalsoziologie, Frankfurt am Main, S. 360–371
Tenorth, H.-E. (2008): Geschichte der Erziehung. Einführung in die Grundzüge ihrer neuzeitlichen Erziehung. 4. Auflage, München
Tischner, W. (2004): Konfrontative Pädagogik – die vergessene »väterliche« Seite der Erziehung. In: Weidner, J./Kilb. R. (Hg.): Konfrontative Pädagogik. Konfliktbearbeitung in Sozialer Arbeit und Erziehung, Wiesbaden, S. 25–49
Tischner, W. (2007): Die vergessene »väterliche« Seite der Pädagogik. In: Hörmann, G./ Trapper, T. (Hg.): Konfrontative Pädagogik im intra- und interdisziplinären Diskurs, Hohengehren, S. 127–147
Toprak, A. (2005): Jungen und Gewalt. Die Anwendung der Konfrontativen Pädagogik in der Beratungssituation mit türkischen Jugendlichen. Herbolzheim
Toprak, A./Alshut, M./Keskin, N. (2012): Konfrontative Pädagogik. Herbolzheim
Trapper, T. (2007): »Konfrontative Pädagogik« als »pädagogische ultima ratio«? oder eine Chance zur gelingenden Integration? In: Hörmann, G./Trapper, T. (Hg.): Konfrontative Pädagogik im intra- und interdisziplinären Diskurs, Hohengehren, S. 99–110
Ury, W./Brett, J./Goldberg, St. (1991): Konfliktmanagement. Frankfurt am Main
Walkenhorst, P. (2004): Anmerkungen zu einer »konfrontativen Pädagogik«. In: Weidner, J. / Kilb. R. (Hg.): Konfrontative Pädagogik. Konfliktbearbeitung in Sozialer Arbeit und Erziehung, S. 51–90, Wiesbaden
Walkenhorst, P. (2010): Anmerkungen zu einer »konfrontativen Pädagogik«. In: Weidner, J. / Kilb. R. (Hg.): Konfrontative Pädagogik. Konfliktbearbeitung in Sozialer Arbeit und Erziehung, S. 87–126, Wiesbaden
Walker, J. (2001): Mediation in der Schule. Konflikte lösen in der Sekundarstufe I. Berlin
Weidner, J. (2000): Das Anti-Aggressivitäts-Training in der öffentlichen Diskussion. Der »heiße Stuhl« in der sozialpädagogisch-psychologischen Praxis. In: Weidner, J./Kilb, R./ Kreft, D. (Hg.): Gewalt im Griff Bd. I. Neue Formen des Anti-Aggressivitäts-Trainings. Weinheim, S. 9–13
Weidner, J. (2001): Vom Straftäter zum Gentleman - über konfrontative Pädagogik als Erziehungs-ultima ratio, in: Colla, H./Scholz, C./Weidner, J. (Hg.): »Konfrontative Pädagogik« – Das Glen Mills Experiment, Godesberg, S. 7-54
Weidner, J. (2004): Konfrontation mit Herz: Eckpfeiler eines neuen Trends in Sozialer Arbeit und Erziehungswissenschaft. In: Weidner, J. / Kilb. R. (Hg.): Konfrontative Pädagogik. Konfliktbearbeitung in Sozialer Arbeit und Erziehung, Wiesbaden, S. 11–24
Weidner, J./Gall, R. (2003): Das Anti-Aggressivitäts- und Coolness-Training – zum theoretischen Rahmen konfrontativ orientierter Methodiken. In: Weidner, J./Kilb, R./Jehn, O. (Hg.): Gewalt im Griff, Bd. III. Weiterentwicklung des Anti-Aggressivitäts- und Coolness-Trainings, Weinheim, S. 9–33
Weidner, J./Kilb, R./Kreft, D. (2000): Gewalt im Griff Bd. I. Neue Formen des Anti-Aggressivitäts-Trainings. Weinheim
Weidner, J./Kilb, R. (Hg.) (2004): Konfrontative Pädagogik. Konfliktbearbeitung in Sozialer Arbeit und Erziehung. Wiesbaden
Weidner, J./Kilb, R. (Hg.) (2010): Konfrontative Pädagogik. Konfliktbearbeitung in Sozialer Arbeit und Erziehung. 4. Auflage, Wiesbaden

Weidner, J./Kilb, R./Jehn,O. (2004): Gewalt im Griff, Bd. III. Weiterentwicklung des Anti-Aggressivitäts- und Coolness-Trainings, Weinheim
Weinblatt, U. (2016): Die Nähe ist ganz nah! Scham und Verletzungen in Beziehungen überwinden. Göttingen
Weiß, E. (1931): Die Strafe in der Erziehung. In: Zeitschrift für psychoanalytische Pädagogik Band V, S.291–300
Weithöner, H. (2011): Das Trainingsraumkonzept. In: Rademacher, H./Altenburg-van Dieken (Hg.): Konzepte zur Gewaltprävention in Schulen. Prävention und Intervention. Berlin, S. 118–129
Werner, S. (2014): Konfrontative Gewaltprävention, Weinheim und Basel
Wood, M.M./Bergsson, M (1996): Texte zur Entwicklungstherapie/Entwicklungspädagogik, In: M.M. Wood (1996): Developmental Therapy – Developmental Teaching, Austin, S. 98–114
Zimbardo, P.G. (1995): Psychologie, 6.Auflage, Berlin/ Heidelberg/ New York
Zitzmann, Ch. (2007): Alltagshelden. Aktiv gegen Gewalt und Mobbing – für mehr Zivilcourage. Praxishandbuch für Schule und Jugendarbeit. Schwalbach/Ts.
Zullinger, H. (1974): Helfen statt Strafen auch bei jugendlichen Dieben, Stuttgart

Autorenverzeichnis

Roland Büchner

Dipl. Politologe, Dipl. Sozialarbeiter/-pädagoge; Mediator (Berliner Konfliktlotsen-Modell®); Ausbilder/Trainer für Konfrontatives Sozial-Kompetenz-Training (KSK®); Antiaggressivitäts- und Coolnesstrainer (AAT®/CT®); Coach für Kollegiale Beratung/Classroom-Management; Trainer/Berater für Interkulturelle Handlungskompetenz & Prävention; Systemischer Coach für Neue Autorität (SyNA®). Von 1984–2017: Konfliktbearbeitung und -beratung, Vermittlung sozialer Kompetenzen und Prävention für sozial benachteiligte Jugendliche und jungen Migranten/innen sowie Coaching für Lehrkräfte (Classroom-Management) an einer berufsbildenden Schule in Berlin-Kreuzberg. Durchführung von schulinternen Fortbildungen sowie Trainings für Multiplikatoren/innen mit Sozialkompetenz förderndem, interkulturellem und gewaltpräventivem Ansatz; Dozent am Zentrum für Weiterbildung der Alice Salomon Hochschule Berlin (ASH) und am Sozialpädagogischen Fortbildungsinstitut Berlin-Brandenburg (SFBB); Mitgründer und Vorstandsvorsitzender des »Berliner Instituts für Soziale Kompetenz & Gewaltprävention e.V. (BISG)«; Preisträger im Rahmen des bundesweiten Wettbewerbs »Im Netz gegen Rechts – Arbeitswelt aktiv« des DGB – Bildungswerks Düsseldorf (gemeinsam mit Martin Ziegler); Mitglied der »Deutschen Vereinigung für Jugendgerichte und Jugendgerichtshilfen e.V. (DVJJ)«; Mitglied der New Authority Network International (N.A.N.I.); Mitglied der Gewaltakademie Villigst.

Heinz Cornel

Jurist, Sozialpädagoge und Kriminologe, Dr.phil., seit 1988 Professor für Jugendrecht, Strafrecht und Kriminologie an der Alice Salomon Hochschule Berlin, dort von 2006–2010 Prorektor, seither Leiter der wissenschaftlichen Weiterbildung der Hochschule. Von 2009–2015 Präsident des DBH-Fachverbandes für Soziale Arbeit, Strafrecht und Kriminalpolitik (vormals Deutsche Bewährungshilfe), seit 1988 Mitglied des Vorstandes der Deutschen Vereinigung für Jugendgerichte und Jugendgerichtshilfen Berlin. Seit den 1990er Jahren Studien, Weiterbildungen und Publikationen zur Gewaltprävention, beispielsweise zur Aktualität, Wirkungen und Relevanz von Antigewaltkonzeptionen (Unsere Jugend 2006). Seit 2006 wissenschaftlicher Leiter des Weiterbildungskurses ›Pädagogik für Vermittlung sozialer Kompetenzen und Gewaltprävention‹ an der Alice Salomon Hochschule. Der jeweils über 14 Monate laufende Intensivkurs wurde inzwischen 13 mal durchgeführt. An Publikationen seien von etwa 200 hier genannt die Herausgabe des ›Handbuchs der Resozialisierung‹ in vier Ausgaben (letzte Auflage: Nomos 2017), der Gesetzessammlung ›Recht der Resozialisierung‹ in sechs Ausgaben (letzte Auflage: Nomos 2012), die Mitherausgabe des Sammelbandes ›Kriminologie und Soziale Arbeit‹ (Beltz 2014) als Gründer des Arbeitskreises HochschullehrerInnen für Kriminologie und Straffälligenhilfe in der Sozialen Arbeit, die Mitherausgabe der Fachzeitschrift ›Neue Kriminalpolitik‹ seit 1988 bei Nomos und die langjährige Herausgabe der Zeitschrift ›Bewährungshilfe‹ im Forum-Verlag (jetzt im Redaktionsbeirat). Im Januar 2016 war er Mitveranstalter der Tagung »25 Jahre Gewaltprävention im vereinten Deutschland« an der Alice Salomon Hochschule und seit vier Jahren ist er im wissenschaftlichen Beirat der Arbeitsstelle Jugendgewaltprävention in Berlin.

Stefan Fischer

Diplom-Sozialpädagoge – Schwerpunkt »Familiennetzwerkarbeit«; 2. Vorsitz des Berliner Instituts für Soziale Kompetenz und Gewaltprävention BISG e.V.; Mitglied der Systemischen Gesellschaft; Pädagoge für Vermittlung sozialer Kompetenzen & Gewaltprävention (ASH); Trainer für Konfrontatives Sozial-Kompetenz-Training (KSK®); Berater für Kollegiale Supervisionsgruppen; Systemischer Coach für Neue Autorität (SyNA®); Systemischer Berater (IST/SG); Systemischer Supervisor (IST/SG); pädagogische Fachkraft in Entwicklungstherapie/Entwicklungspädagogik nach Mary M. Wood; beteiligt am SyNA®-Netzwerk; Dozent am Zentrum für Weiterbildung der Alice Salomon Hochschule Berlin (ASH) und am Sozialpädagogischen Institut Berlin-Brandenburg (SFBB); langjährige Erfahrung in der Arbeit mit schuldistanzierten Jugendlichen im SEK 1 Bereich sowie langjährige Erfahrung und aktuelle Arbeit im Grundschulbereich in Berlin-Wedding.

Wachs/Hess/Scheithauer/Schubarth

Mobbing an Schulen
Erkennen – Handeln – Vorbeugen

2016. 217 Seiten, 8 Abb.,
20 Tab. Kart. € 29,-
ISBN 978-3-17-023071-2

Brennpunkt Schule

Mobbing an Schulen ist ein sehr altes Phänomen, das existiert, seitdem es die Institution Schule gibt. Heute wird Mobbing nicht mehr als „Randerscheinung des Erwachsenwerdens" bagatellisiert, sondern als nicht tolerierbares soziales Fehlverhalten betrachtet. Das Buch beginnt mit einem ausführlichen Einblick in die Mobbing-Forschung, u. a. zu Merkmalen und Erscheinungsformen von Mobbing. Darüber hinaus werden Ursachen und Folgen von Mobbing, aber auch neue Formen wie das Cyber-Mobbing thematisiert. Im weiteren Verlauf stehen dann das Eingreifen bei und Vorbeugen von Mobbing im Mittelpunkt. Dabei werden etablierte Interventions- und Präventionsprogramme verständlich präsentiert, konkrete Empfehlungen gegeben, wie man in Mobbing-Situationen handeln kann, und Gelingensbedingungen beschrieben, wie es gar nicht erst zu Mobbing kommt. Gespickt mit vielen Fallbeispielen und einer ausführlichen Materialsammlung zum Download wird die Darstellung anschaulich und der praktische Transfer des präsentierten Wissens erleichtert.

Leseproben und weitere Informationen unter www.kohlhammer.de

W. Kohlhammer GmbH
70549 Stuttgart

Bernd Stickelmann

Provokation Jugendgewalt

Sozialpädagogisches Handeln
in Krisen und Konflikten

*2014. 204 Seiten, 3 Abb.,
2 Tab. Kart. € 27,99
ISBN 978-3-17-018544-9*

Die öffentliche Diskussion zu delinquenten und gewaltorientierten Jugendlichen neigt zu Skandalisierung. Der Tenor lautet: Jugendliche werden immer gewalttätiger. Und: Erziehung und Pädagogik laufen zunehmend ins Leere. Demgegenüber arbeitet das Buch Gründe für die Gewaltbereitschaft bei Kindern und Jugendlichen heraus und entwickelt daraus Ansätze für einen sozialpädagogischen Zugang. Um Konflikte im Vorfeld angehen und Gewaltformen bei Jugendlichen bearbeiten zu können, bedarf es präventiver Arbeit mit Kindern und Jugendlichen, einschließlich deeskalierender Ansätze in der Jugendarbeit. Dazu werden methodische Möglichkeiten vorgestellt, die sich in der praktischen Arbeit mit Jugendlichen bewährt haben.

Leseproben und weitere Informationen unter www.kohlhammer.de

W. Kohlhammer GmbH
70549 Stuttgart

Kohlhammer